蘇州全書

甲編

《蘇州全書》編纂出版委員會 編

・音學五書

蘇州大學出版社
古吳軒出版社

唐韻正下平聲卷之四

一先

古與十七眞十八諄十九臻二十文二十一殷二十二元二十三魂二十四痕二十五寒二十六桓二十七刪二十八山通爲一韻

蠲　古玄切

古音圭　詩吉蠲爲饎韓詩作吉圭　書多方不蠲烝蠲吉玄反一音圭　周禮蜡氏大祭祀令州里除不蠲註蠲讀如吉圭爲饎之圭　儀禮士虞禮哀子某圭爲而哀薦之饗註圭潔也詩曰吉圭爲饎　左傳成九年鄭人使伯蠲行成蠲古玄反又音圭　襄十一年鄭人賂晉侯以師悝師觸師蠲蠲古玄反又音圭　後漢書循吏傳贊推忠

以及衆瘼自蠲始與鮮弦賢爲韻　當改入齊韻

二仙

古與十七眞十八諄十九臻二十文二十一殷二十二元二十三魂二十四痕二十五寒二十六桓二十七删二十八山一先通爲一韻

鮮　相然切

古音犀　漢書匈奴傳黄金犀毗一師古曰犀毗胡帶之鉤也亦曰鮮卑亦謂師比總一物也語有輕重耳　楚辭大招小腰秀頸若鮮卑只註鮮卑衮帶頭也此卽師古所云犀毗亦曰鮮卑者也　爾雅釋畜疏引魏時西卑獻千里馬西卑卽鮮卑也　詩有兔斯首箋云斯白也今俗語斯白之字作鮮齊魯之間聲近斯　尚書大傳西方者何

鮮方也白虎通洗者鮮也西本音先今讀犀鮮本音犀今讀仙洗本音銑今讀先禮反三字互誤　今𩆓字在五支韻音斯說文从雨鮮聲上聲則先禮反　詩新臺首章新臺有泚河水瀰瀰燕婉之求籧篨不鮮　當改入齊韻

按先仙部中之字其偏旁多从眞部中字古人本爲一韻不必一一而註之也如天田二字見於經者必與人爲韻顏師古註急就章云古者田陳聲相近而鄭氏箋詩東山常棣云古者聲寘塡塵同音陸德明云依字皆是田音故陳公子完奔齊以田爲氏而說文云田陳也水經注洧水又東南逕辰亭東俗謂之田城非也蓋田辰聲相近詩信彼南山維禹甸之韓詩作敶而周禮爾雅註引詩應朄縣鼓今文乃作田字箋云田當作朄朄聲轉字誤變而作田又稍人註曰四丘爲甸讀與維禹敶之之敶同史記天官封禪書鎭星皆作塡星而高帝紀鎭國家撫百姓之類亦並作塡周禮典瑞王執鎭圭小行人作瑱其它可以類推矣

按詩北門首章貞殷魂山同用皇矣八章元寒山仙同用梟鷖五章文殷魂山同用崧高首章貞元寒仙同用其二三韻同用者不能盡載漢魏以下竝然　李因篤曰此韻之通用卽唐人亦然杜甫彭衙行用眞韻一字文韻二字魂韻四字寒韻四字桓韻一字删韻二字山韻三字先韻三字仙韻一字諫韻一字而還字則删仙二韻兼有之此猶古人之遺後人分眞先爲二部者非也

三蕭

四宵

古與三蕭通爲一韻

五肴

古與三蕭四宵通爲一韻

呶　女交切

古音奴　詩賓之初筵四章賓既醉止載號載呶亂我籩豆豆田故反　漢王褒僮約見頭字下　說文呶从口奴聲　當改入模韻

六豪

古與三蕭四宵五肴通爲一韻

七歌

鼉　徒河切

古音徒官反　漢司馬相如子虛賦其中則有神龜蛟鼉毒冒鼈黿　馬融廣成頌濟薄汾撓淪滅潭淵左挈夔龍右提蛟鼉春獻王鮪夏薦鼈黿　說文鼉从黽單聲　禮記月令命漁師伐蛟取鼉　鼉大多反又徒丹反　中庸黿鼉蛟龍　鼉徒河反一音直丹反　按鼉字自淮南子主術訓始入歌韻見罷字下　亦作鱓　說文魚名皮可爲鼓从魚單聲　史記晉世家曲沃桓叔子鱓　索隱曰鱓音時戰反又音善又音陁　呂氏春秋古樂篇帝顓頊令鱓先爲樂倡鱓乃偃浸以其尾鼓其腹其音英　鱓即鼉也　按字从單者往往轉爲多音　史記高祖功臣表封周緤子應爲鄲侯　索隱曰鄲蘇林音多而鄲字亦音丁可反　皆鼉音陀之類也　當改入桓韻

八戈

古與七歌通爲一韻

蓑 蘇禾切

古音初危反　漢張衡南都賦布緑葉之萋萋敷華蘂之蓑蓑玄雲合而重陰谷風起而增哀　郭璞山海經註蓑辟雨之衣也音催　公羊傳定元年不蓑城也音素戈反一音初危反　今此字兩收於十五灰八戈部中　當改入支韻

皤 薄波博禾二切

古音皤　易賁六四賁如皤如白馬翰如董遇云皤溥官反馬鼻足横行曰皤鄭玄陸績本作蹯音煩　按蔡邕述行賦乘馬蹯而不進兮心鬱伊而憤思即此字　當改入桓韻

又按晉陸雲贈鄭曼季詩以皤字與嘉阿和沱華何同用今皤字在二十六桓韻

鄱

古音同上　史記六國年表趙王遷四年秦拔我狼孟鄱吾軍鄴索隱曰鄱音盤縣名在常山　亦作番史記趙世家番吾君自代來徐廣曰番音盤正義曰今作蒲吾番蒲古今音異耳按韓非子趙主父令工施鉤梯而緣潘吾字作潘　當改入桓韻

番　博禾切

古音翻又音潘　詩崧高五章申伯番番既入于謝徒御嘽嘽周邦咸喜戎有良翰不顯申伯王之元舅文武是憲番嘽翰憲爲韻　史記河渠書河東守番係索隱曰番音婆又音潘詩小雅番維司徒番氏也　吳世家吳王使太子夫差伐楚取番索隱曰番音潘　楚世家吳復伐楚取番正義曰片寒反又音婆括地志云今饒州鄱陽縣春秋

詩爲楚東境秦爲番縣屬九江郡按此則鄱陽之鄱亦音片寒反　朝鮮傳嘗略屬眞番徐廣曰番音普寒反　漢書百官表右內史番係師古曰番音普安反　地理志張掖郡番和如淳曰番音盤　遼東郡番汗番音盤　南海郡番禺如淳曰番音潘　漢白石神君碑子子孫孫永永番昌俗作蕃字　今此字四收於二十二元二十六桓八戈部中　當削去併入元桓二韻

九麻

此韻當分爲二

麻

莫霞切　當作莫騧

詩丘中有麻見施字下　東門之枌見差字下　東門之池首章東門之池可以漚麻彼美淑姬可與晤歌　晉人

讀麻爲磨不知古音寬緩歌麻之合而爲一正猶支微齊佳灰之合而爲一也故但讀如今音自經文及楚辭而外亦不備列

嗟

子邪切　當作子些

易離九三見離字下　六五出涕沱若戚嗟若　詩丘中有麻見施字下　節南山見猗字下　楚辭天問到擊紂躬叔旦不嘉何親揆發足周之命以咨嗟

瘥

子邪在何二切　當從在何

詩節南山見猗字下

騧

古華切　當作古麻

論語見隨字下　宋明帝以騧字類禍改作䯄不知瓜乃
音孤不與此同部此漢以下相沿而訛其音
古牙切　當作居沙

嘉

詩東山見縭字下　破斧見錡字下　節南山見猗字下
魚麗四章物其多矣維其嘉矣　頍弁首章有頍者弁
實維伊何爾酒既旨爾殽既嘉豈伊異人兄弟匪他　賓
之初筵見儀字下　既醉見儀字下　鳧鷖見爲字下
抑見儀字下　楚辭天問見上

加

詩女曰雞鳴見宜字下　楚辭天問見虧字下

珈

詩君子偕老見宐字下

差　初牙切　當作初沙

見支韻

鯊　所加切

詩魚麗首章魚麗于罶鱨鯊君子有酒旨且多

沙　詩鳧鷖見宐字下

髽　莊華切　當作莊麻

說文髽从髟坐聲

以上字當與七歌八戈通爲一韻　凡从麻从差从咼从加从沙从坐从過之屬皆入此

蟆

莫霞切

古音謨亦作蟇　史記龜策傳神龜知吉凶而骨直空枯日爲德而君於天下辱於三足之烏月爲刑而相佐見食於蝦蟇蝟辱於鵲騰蛇之神而殆於即且竹外有節理中直空虛松柏爲百木長而守門閭日辰不全故有孤虛黃金有疵白玉有瑕事有所疾亦有所徐物有所拘亦有所據罔有所數亦有所疏人有所貴亦有所不如　易林遯之屯穴有狐鳥坎生蝦蟆象云萬里不可得捕　困之睽坎中蝦蟆作盈作虛三夕二朝形消無餘　急就篇水蟲科斗䵷蝦蟇通章皆用模韻　說文蟆从虫莫聲

車 尺遮切

古音居 易睽上九睽孤見豕負塗載鬼一車先張之弧後說之弧 困九四來徐徐困于金車 詩何彼襛矣首章何彼襛矣唐棣之華曷不肅雝王姬之車 北風三章莫赤匪狐莫黑匪烏惠而好我攜手同車 有女同車首章有女同車顏如舜華將翱將翔佩玉瓊琚彼美孟姜洵美且都 采薇四章彼爾維何維常之華彼路斯何君子之車 何人斯五章見上聲舍字下 韓奕三章韓侯出祖出宿于屠顯父餞之清酒百壺其殽維何炰鼈鮮魚其蔌維何維筍及蒲其贈維何乘馬路車籩豆有且侯氏燕胥 江漢首章旣出我車旣設我旟匪安匪舒淮夷來鋪

楚辭離騷爲余駕飛龍兮雜瑤象以爲車何離心之可同兮吾將遠逝以自疏 惜誓建日月以爲蓋兮載玉女於後車馳騖於杳冥之中兮休息虖崑崙之墟 越語越王問范蠡吾百姓之不圖惟舟與車上天降禍於越委制

於吳　爾雅疏引歸藏齊母經辭君子戒車小人戒徒
莊子山木篇君無形倨無畱居以爲君車　戰國策齊宣
王見顔斶曾必太牢出必乘車妻子衣服麗都　史記孟
嘗君傳見下　滑稽傳見籌字下　漢賈誼弔屈原文騰
駕罷牛驂蹇驢兮驥垂兩耳服鹽車兮　司馬相如美人
賦古之避色孔墨之徒聞齊饋女而遐逝望朝歌而迴車
譬於防火水中避溺山隅此乃未見其可欲何以明不好
色乎　枚乘七發鍾岱之牡齒至之車前佀飛鳥後類駏
虛　鹽鐵論上無德教下無法則任刑必誅劓鼻盈蔂斷
足盈車舉河以西不足以受天下之徒　易林訟之坤見
頭字下　之離見下　觀之隨躓馬破車惡婦破家青蠅
汙白恭子離居　賁之晉徒行離車冒厭泥塗利以休居
剝之訟見下　復之蠱雨雪載塗東行破車旅人無家
晉之節重載傷車婦女無夫三十不室獨坐空廬　說
苑尊賢篇蟹堁者宜禾洿邪者百車傳之後世洋洋有餘
太玄經礥次六將其車入于丘虛　衆次三見下　歛

次七夫牽于車妻爲剥荼利于王姑不利公家　居次七老夫擐車少女提壺利考家　止次五柱奠廬蓋蓋車轂均疏　將次七見下　揚雄酒箴鴟夷滑稽腹如大壺盡日盛酒人復俗酤常爲國器託于屬車出入兩宮經營公家繇是言之酒何過乎　馬融廣成頌營傅說於胥靡求伊尹於庖廚索膠鬲於魚鹽聽甯戚於大車　後漢書五行志桓帝時童謡小麥青青大麥枯丈夫何在西擊胡吏買馬君具車請爲諸君鼓嚨胡　城上烏尾畢逋公爲吏子爲徒一徒从百乘車　魏陳思王應詔詩肅承明詔應會皇都星陳夙駕秣馬脂車　晉武元楊皇后哀策文設祖布紼告駕啟塗服翬褕狄寄象容車　釋名車古者曰車聲如居言行所以居人也今曰車車舍也行者所處若屋舍也　王應麟曰古車本音居至說文有尺遮之音乃自漢而轉其聲陸氏釋文引韋昭云古皆尺遮反後漢始有居音非也　陳第曰車之韻歌自魏程曉詩平生三伏口道路無行車閉門避暑臥出入不相過再轉而韻麻

按漢張衡西京賦含利颬颬化爲仙車驪駕四鹿芝葢九葩蟾蜍與龜水人弄蛇蔡邕協和昏賦既臻門屏結軌下車阿傅御豎鴈行蹉跎麗女盛飾曄如春華又後漢書循吏傳註引東觀記一馬兩車茨子河則車之韻歌不始於程曉詩也　今此字兩收於九魚九麻韻中

奢　式車切

古音都　左傳昭二十七年去朝吳出蔡侯朱喪太子建殺連尹奢　史記滑稽傳見籥字下　太史公自序維建遇讒爰及子奢尚既匡父伍員奔吳　漢書鼂錯傳肉刑不用辠人亾帑非誹不治鑄錢者除通關去塞不孽諸侯賓禮長老愛卹少孤辠人有期後宮出嫁尊賜孝弟農民不租明詔軍師愛士大夫求進方正廢退姦邪除去陰刑害民者誅憂勞百姓列侯就都親耕節用視民不奢　急就篇耿潘扈焦滅胡晏奇能邢麗奢顏師古曰奢音都[illegible]

子佹詩閭娵子奢注云奢當爲都漢鼂錯對策奢叶都揚雄少府箴嗜不可不察欲不可不圖未嘗失之於約常失於奢府臣司共敢告執觚　越絕書紀策考夫差驕奢釋越之圍子胥諫而誅宰嚭諛心卒以亾吳夫差窮困請爲匹夫范蠡不許滅於五湖　參同契溢度過節爲女所拘魄以鈐魂不得淫奢　荀子閭娵子奢註即子都也唐人有朱子奢亦當讀爲子都

賖

古音舒　說文賖从貝余聲

畬

古音余　易无妄六二不菑畬詩臣工如何新畬竝音余說文畬从田余聲　今此字兩收於九魚九麻韻中

邪 以遮侶嗟二切

韻中有二音以遮切者古音餘侶嗟切者古音徐

詩北風其虛其邪既亟只且箋邪讀如徐　駉四章薄言駉者有駰有騢有驔有魚思無邪思馬斯徂　管子水地篇一則欲不汙民心易則行無邪　靈樞經邪客篇補其不足寫其有餘調其虛實以通其道而去其邪　官能篇審於虛實無犯其邪是得天之露遇歲之虛　淮南子時則訓審用法誅必辜備盜賊禁姦邪　尚書考靈曜陰氣相佐德乃弗邪子助母收母合子符　易林剝之需上下惟邪寡婦無夫歡心隔塞君子離居　太玄經法次八正彼有辜格我無邪　急就篇灸刺和藥逐去邪通章皆用模韻　漢書敘傳見上　班彪北征賦降几杖於藩國兮折吳濞之逆邪惟太宗之蕩蕩兮豈覊秦之所圖　班固十八侯銘邑邑將軍育養烝徒建謀正直行不屑邪人軍討敵預定天都佩雀雙印百里爲家　蔡邕釋誨夫華

離蔕而萎條去幹而枯女冶容而淫士背道而辜人毀其滿神疾其邪利端始萌害漸亦芽　參同契守禦固密閼絕姦邪曲閣相連狀似蓬壺　黃庭經隱藏羽蓋看天舍朝拜太陽樂相呼明神八威正辟邪脾神還歸是胃家耽養靈根不復枯閉塞命門保玉都萬年方作壽有餘　專守諸神轉相呼觀我諸神辟除邪其成還歸與大家至於胃管通虛無關塞命門如玉都壽專萬歲將有餘　以上並音徐

史記太史公自序爲布所襲禽其荊吳營陵激呂乃王琅邪　漢司馬相如上林賦沙棠櫟櫧華楓枰櫨留落胥邪仁頻并閭　揚雄徐州牧箴降周任姜鎭于琅邪姜姓絕苗田氏攸都事由細微不慮不圖禍如丘山本在萌芽牧臣司徐敢告僕夫　呂氏春秋舉大木者前呼輿謣高誘註或作邪謣　史記匈奴傳與彊弩都尉會涿涂山徐廣曰涂音邪　水經注涿水枝分入匈奴者謂之涿邪猶言涿餘也　以上並音餘

陳第曰詩其虚其邪箋邪讀如徐爾雅作徐說文作邪史記歷書歸邪於終以邪爲餘及魏晉轉入歌韻陳思王大魏篇白虎戲西除含利從辟邪騏驥躡足舞鳳皇拊翼歌潘岳河陽詩依水類浮萍寄松佀懸蘿朱博紏舒慢楚鼠被琅邪是其證也又轉則入麻韻矣　按古人凡不定之辭皆曰與論語求之與抑與之與孟子伯夷之所築與抑亦盜跖之所築與是也後變而曰邪易繫辭傳易之興也其當殷之末世周之盛德邪當文王與紂之事邪莊子天之蒼蒼其正色邪其遠而無所至極邪是也與邪一義亦一音也陸德明釋文邪也嗟反此是漢魏以下之音古無之耳　楊慎曰史記淳于髡言甌窶滿溝汙邪滿車二句四韻荀子註引說苑蟹螺者宜禾汙臾者滿車亦二句四韻邪與臾聲益同

琊

見上

斜

古音餘　漢揚雄長楊賦先命右扶風左太華而右褒斜椓嶻嶭而爲弋紆南山以爲罝羅千乘於林莽列萬騎於山隅帥軍踤阹錫戎獲胡搤熊羆拖豪豬木擁槍纍以爲儲胥　急就篇板柞所產谷口斜　說文斜从斗余聲　史記匈奴傳悉遠其累重於余吾水北徐廣曰余一作斜　漢司隸校尉楊孟文石門頌斜谷作余谷

遮

止奢切

古音止余反　淮南子詮言訓倍道棄數以求苟遇變常易故以知要遮　說文遮从辵庶聲　按遮本音摭轉平聲則音諸故唐韻於遮下收入諸字易晉卦辭康侯用錫馬蕃庶鄭康成讀庶爲遮釋名庶摭也庶音摭遮亦音摭

楚茨以庶韻客是也至漢車華等字竝轉入歌戈而司馬相如上林賦遮字與和波歌爲韻揚雄羽獵賦遮字與羅波爲韻班固西都賦庶字與化歌爲韻雖與古不合然亦可以證遮庶之同音矣　釋名渚遮也體高能遮水使從旁廻也

諸

古音同上　今此字兩收於九魚九麻部中九麻部既云姓也而九魚部叙義之外復云又姓集韻諸止奢切姓也風俗通漢有雒陽令諸於今此姓甚多皆作止余反不聞麻部之音惟越大夫諸稽郢史記世家作柘稽或其所本爾是知晉人作韻兼採方言本非一律而魚麻二韻一字二音者皆可以類求之矣　路史密之諸城漢諸縣止奢切或如字

袓 子邪切

說文袓事好也从衣且聲才與切　按此字在八語部中音慈呂切與說文音正同而此音子邪切註曰縣名者漢書武帝紀西臨袓厲河而還李斐曰袓厲音嗟賴故也其字从衣與祖宗之祖不同　漢書地理志袓厲應劭曰袓音罝

罝

古音子余反　詩兔罝首章肅肅兔罝椓之丁丁赳赳武夫公侯干城罝與夫爲韻二章三章同　漢揚雄長楊賦見上

華

戶花呼瓜二切

古音敷　易大過九五枯楊生華老婦得其士夫无咎无譽　詩桃夭首章桃之夭夭灼灼其華之子于歸宜其室家　何彼襛矣見上　有女同車見上　山有扶蘇首章山有扶蘇隰有荷華不見子都乃見狂且　著首章俟我於著乎而充耳以素乎而尚之以瓊華乎而　萇楚二章隰有萇楚猗儺其華夭之沃沃樂子之無家　采薇見上　出東四章昔我往矣黍稷方華今我來思雨雪載塗王事多難不遑啟居豈不懷歸畏此簡書　楚辭九歌大司命折疏麻兮瑤華將以遺兮離居老冉冉兮既極不寖近兮愈疏　漢書禮樂志郊祀歌齋房篇玄氣之精回復此都蔓蔓日茂芝成靈華　司馬相如大人賦見下　易林蒙之兑冬生不華老女無家霜冷蓬室竟為枯株　大有白虎張牙征伐東華朱鳥前驅　觀之恒春早榮華長女宜夫　困之觀桃夭少華婚悅宜家君子樂胥長利止居　急就篇鳥喙附子椒芫華　揚雄反離騷橫江湘以南淮兮云丞乎彼蒼梧馳江潭之汎溢兮將折衷乎重華

春秋佐助期不當華而華易大夫不當實而實易相室　參同契見下　後漢書皇后紀仕宦當作執金吾娶妻當得陰麗華　黃庭經見下　爾雅華荂也註今江東呼華爲荂荂音敷陸德明曰古讀華如敷不獨江東也今十虞部有荂字　說文荂从𠌶亏聲今十虞部別出荂字　玉篇亦以荂華分二部　陳第曰華本音敷至魏晉轉爲和音嵇康贈秀才入軍詩雖有好音誰與淸歌雖有姝顏誰與發華陸機吳趨行潘岳河陽作亦以華與阿波爲韻豈敷轉爲和和轉爲今音邪　毛先舒曰華之入歌不始嵇康後漢酈炎見志詩絳灌臨衡宰謂誼崇浮華賢才抑不用遠投荆南沙蔡邕祖德頌析薪之業畏不克荷矧貪靈貺以爲己華已先之矣　按華之入歌不始酈炎蔡邕漢司馬相如上林賦外發芙蓉蔆華內隱鉅石白沙東方朔誡子詩是故才盡者身危好名者得華有羣者累生孤貴者失和遺餘者不匱自盡者無多班固荅賓戲雖馳辯如濤波摛藻如春華傅毅舞賦貌嫽妙以妖蠱兮紅顏曄其

揚華眉連娟以增繞兮目流睇而横波張衡西京賦方今聖上同天號于帝皇掩四海而爲家富有之業莫我大也徒恨不能以靡麗爲國華獨儉嗇以齷齪忘蟋蟀之謂何又先之矣　易說卦傳震爲旉王肅音孚干寶云花之通名鏵爲花朶謂之旉然則華之與旉音同而義亦同也

按花字下註曰俗今通用考花字自南北朝以上不見於書隋書禮儀志梁武帝引孔安國傳尚書山龍華蟲曰華者花也今傳無此語爾朱子固已疑此傳爲非漢人之作矣晉以下書中間用花字或是後人改易惟後魏書李諧傳載其述身賦曰樹先春而動色艸迎歲而發花又曰肆雕章之腴旨咀文藝之英華花字與華並用而五經楚辭諸子先秦兩漢之書皆古本相傳凡華字未有改爲花者又考太武帝始光二年三月初造新字千餘頒之遠近以爲楷式如花字之比得非造於魏晉以下之新字乎　玉篇花今華荂字　碑表之文見於世者惟北齊武平四年青州龍興寺碑文含靈賦名盡值優花覺花常吐懸葉恒

春始以花作華字　張弨曰嘗見嘉靖間先達手書其詩尚有作華州者凡具識見之人亟當審辨未可靡然隨俗

鋘

古音吴　今此字兩收於十一模九麻部中

鏵

古音同上　釋名鏵刳也刳地爲坎也

瓜

古華切

古音孤　詩木瓜首章投我以木瓜報之以瓊琚　七月六章七月食瓜八月斷壺九月叔苴采荼薪樗食我農夫　信南山四章中田有廬疆埸有瓜是剝是菹獻之皇祖曾孫壽考受天之祜　左傳哀十七年登此昆吾之虚緜

緜生之瓜余爲渾良夫叫天無辜　荀子非相篇皋陶之狀色如削瓜閎夭之狀面無見膚　急就篇遠志續斷參土瓜　本艸栝樓李時珍註曰古者瓜姑同音故有澤姑之名齊人謂之天瓜　韻補瓜攻乎切說文孤罛⿰阝瓜柧皆以瓜得聲　陳第曰瓜本音孤後轉音歌道藏歌僊童掇朱實神女獻玉瓜浴身丹液池濯髮甘泉波　按漢張衡南都賦若其園圃則有蓼蕺蘘荷藷蔗薑𤄃菥蓂芋瓜已先之矣

姱　苦瓜切

古音枯　楚辭九歌緪瑟兮交鼓簫鍾兮瑤簴鳴篪兮吹竽思靈保兮賢姱翾飛兮翠曾展詩兮會舞　九章抽思憍吾以其美好兮覽余以其修姱與余言而不信兮蓋爲余而造怒　大招朱脣皓齒嫭以姱只比德好閒習以都只豐肉微骨調以娛只魂乎歸徠安以舒只　去聲十一暮部中嫭字即此姱字異文齊王融淨行頌腐毒緣芳旨

夭伐實修嫮用楚辭修姱語也

夸

古音同上　老子朝甚除田甚蕪倉甚虛服文采帶利劒厭飲食財貨有餘是謂盜夸　晉左思吳都賦列寺七里俠棟陽路屯營櫛比廨署棊布横塘查下邑屋隆夸長干延屬飛甍舛互　說文夸从大于聲又洿刳瓠絝字皆以夸得聲楊慎据韓非子改老子盜夸爲盜竽恐非

公羊昭三十一年傳有子馬謂之盱夏父者盱許于反又許孤反本或作胯一音夸今胯字廣韻不收

挐

女加切

古音女居反　漢王逸九思嗟嗟兮悲夫殽亂兮紛挐茅絲兮同綵冠屨兮共絇督萬兮侍宴周召兮負芻白龍兮

見射靈龜兮執拘　魏應瑒慜驥賦懷殊姿而困遇兮勵遠跡而自舒思奮行而驤首兮叩纏絏之紛挐牽繁縶而增制兮心慉結而槃紆涉通逵而方舉兮迫輿僕之我拘

後周庾信奉和永豐殿下言志詩崩堤壓故柳衰社卧寒槎野鶴能自獵江鷗解獨漁漢陰逢荷蓧緇林見杖挐阮籍長思酒嵇康懶著書　春秋僖元年獲莒挐挐音女居反又女加反　定十五年齊侯衛侯次于渠蒢左傳作蘧挐挐音女居反又女加反　今此字兩收於九魚九麻部中　唐張參五經文字以挐爲女居反拏爲女加反恐未然　韓愈集李花詩當春天地爭奢華雒陽園苑尤紛挐或作拏方氏註董彥遠云挐从如今人从奴唐韻以拏爲或體非也考司馬相如子虛賦王逸九思皆只作挐

今廣韻先列拏字亦非

笯

古音奴　今此字兩收於十一模九麻部中

家　古牙切

古音姑　書洪範汝弗能使有好于而家時人斯其辜　詩桃夭見上　萇楚見上　鴟鴞三章予手拮据予所捋荼予所蓄租予口卒瘏曰予未有室家　常棣八章宜爾室家樂爾妻帑是究是圖亶其然乎　采薇首章靡室靡家玁狁之故不遑啟居玁狁之故　家與居爲韻　我行其野首章我行其野蔽芾其樗昏姻之故言就爾居爾不我畜復我邦家　雨無正七章謂爾遷于王都曰余未有室家　緜五章乃召司空乃召司徒俾立室家　左傳僖十五年歸妹睽孤寇張之弧姪其從姑六年其逋逃歸其國而棄其家明年其死于高梁之虛　襄四年武不可重用不恢于夏家獸臣司原敢告僕夫　楚辭離騷羿淫遊以佚田兮又好射夫封狐固亂流其鮮終兮浞又貪夫厥家

老子修之家其德乃餘　管子小問篇浩浩者水育育者魚未有室家而安召我居　莊子秋水篇差其時逆其俗者謂之纂夫當其時順其俗者謂之義之徒默默乎河伯女惡知貴賤之門小大之家　徐無鬼篇故三徙成都至鄧之虚而十有萬家　讓王篇故曰道之眞以治身其緒餘以爲國家其土苴以治天下眞與身爲韻餘與家爲韻苴與下爲韻　呂氏春秋同　墨子尚同篇治天下之國若治一家使天下之民若使一夫　韓非子揚權篇有國之君不大其都有道之臣不貴其家　史記孟嘗君傳馮驩歌長鋏歸來乎食無魚長鋏歸來乎出無車長鋏歸來乎無以爲家　滑稽傳見篝字下　龜策傳泉陽令乃使吏案籍視圖水上漁者五十五家上流之廬名爲豫且

易林蒙之兑見上　訟之坤見頭字下　之離西徙無家破其新車王孫失利不如止居　師之損解衣毛羽飛入大都晨門戒守鄭忽失家　比之師千歲之墟大兵所屠不見子都城空無家　小畜之未濟三足孤烏靈明爲

御司過罰惡自殘其家　履之升戰大破胡長安國家
泰之剥淵涸龍憂箕子爲奴干叔隕命殷破其家　否之
觀天之奥隅堯舜所居可以存身保我邦家　隨之離口
穼出孤毀其良家　觀之隨見上　賁之乾八口九頭長
舌破家帝辛沈湎商滅其墟　剥之訟二人輦車徙去其
家井沸釜鳴不可安居　復之蠱見上　大過之觀去室
離家來奔大都　遯之恒襁絲孩孤冠帶成家　大壯之
乾見下　家人之頤東山辭家處婦思夫　之損剛柔相
呼二姓爲家　損之乾見下　困之觀見上　井之大有
皇父司徒使君失家　兌之姤徙巢去家南遇白鳥　列
女傳陶荅子妻頌獨泣姑怒送厥母家荅子逢禍復歸養
姑　急就篇簡札檢署槧牘家　太玄經歛次七見上
居次七見上　楊雄酒箴見上　越絶書紀策考變君如
軀憂邦如家　吴越春秋越王夫人歌始事君兮去家終
我命兮君都終來遇兮何辜離我國兮去吴　班固十八
侯銘見上　黄庭經見上　玉篇家本音姑今音加誤

後漢書虞美人傳冲帝母虞大家曹世叔妻傳帝數召入
宮令皇后諸貴人師事焉號曰大家本書無音胡三省通
鑑註曰曹大家今人相傳讀曰姑　何孟春曰家與姑同
音漢曹昭已有大家之稱葢尊之如母姑云爾晉書列女
傳孟昶妻周氏曰事之不成當於奚官中奉養大家宋書
范曄傳曄妻罵曄曰君不爲百歲阿家又謂曄母曰罪人
阿家莫念孫棘傳棘妻寄語曰大家臨亾以小郎屬君北
齊書南陽王綽傳綽兄弟皆呼嫡母爲家家琅邪王儼傳
和士開謀廢至尊剃家家頭使作阿尼又後主啟太后曰
有緣更見家家無緣永别又儼呼曰乞見家家尊兄崔達
拏傳樂安公主曰唯阿家憎兒家竝音姑　陳第曰家本
音姑漢曹大家讀作姑後轉而音歌雉朝飛操我獨何命
兮未有家時將暮兮可柰何魏程曉嘲熱客詩亦以家與
過何爲韻陸機前緩聲歌以家與歌波爲韻今乃音加蓋
之遞變也　按漢東方朔誡子詩聖人之道一龍一蛇形
見神藏與物變化隨時之宜無有常家揚雄逐貧賦汝在

唐韻正　卷四　十八

六極投棄荒遐好爲庸卒刑戮是加匪惟幼稚嬉戲土砂居非近鄰接屋連家班彪北征賦隮高平而周覽兮望山谷之嵯峨野蕭條以莽蕩迴千里而無家漢書敘傳文陻棗野武作瓠歌成有平年後遂滂沱爰及溝渠利我國家張衡西京賦若夫翁伯濁質張里之家擊鍾鼎食連騎相過東京公侯壯何能加巳先之矣　又見華字下　今山東青州以東猶存此音如張家莊李家莊之類皆呼爲姑至幽薊之閒則又轉而爲各矣

葭

古音同上　詩騶虞首章彼茁者葭壹發五豝于嗟乎騶虞　漢司馬相如子虛賦其埤溼則生藏莨蒹葭東蘠彫胡蓮藕觚盧菴閭軒于衆物居之不可勝圖

豭

古音同上　左傳定十四年野人歌之曰既定爾婁豬盍歸我艾豭

葭字廣韻未收宋書樂志曰葭杜摯笳賦云李伯陽入西戎所造漢舊注曰箛號曰吹鞭晉先蠶注車駕住吹小箛發吹大箛箛卽葭也又有胡笳漢舊箏笛録有其曲不記所出本末是則箛葭笳同爲一字今廣韻箛字在十一模部而九麻部止收笳字其字从加則變而與嘉珈同讀矣

遐

胡加切

古音胡　太玄經將次七跌船跋車其害不遐　詩隰桑心乎愛矣遐不謂矣表記引作瑕註瑕之言胡也　儀禮士冠禮永受胡福註胡猶遐遠無窮也按詩天保云降爾遐福古胡遐字同音

霞

古音同上　楚辭遠游餐六氣而飲沆瀣兮漱正陽而含朝霞保神明之清澄兮精氣入而麤穢除　漢司馬相如大人賦回車朅來兮絕道不周會食幽都呼吸沆瀣兮餐朝霞咀噍芝英兮嘰瓊華　黃庭經調血理命身不枯外應口舌吐五華臨絕呼之亦登蘇久久行之飛太霞　羽服一整八風驅控駕三素乘晨霞金華正立從玉輿何不登山誦我書

瑕

古音同上　詩狼跋二章狼疐其尾載跋其胡公孫碩膚德音不瑕　左傳閔元年心苟無瑕何恤乎無家　宣十五年伯宗引諺見上聲垢字下　史記龜策傳見上　淮南子本經訓抑微滅瑕霜文沈居若簟籧篨纏錦經冗似數而疏　太玄經衆次三軍或纍車大人摧孥內蹈之瑕參同契上善若水清而無瑕道之形象真一難圖變

補瑕洪孤切禮記引詩心乎愛矣瑕不謂矣鄭註云瑕之言胡也　陳第曰古瑕胡音同故記用其字後轉入歌韻程曉嘲熱客詩莫謂爲小事亦是一大瑕傳戒諸高明熱行宜見呵　陸機文賦混妍蚩而成體累良質而爲瑕象下管之偏疾故雖應而不和　今又轉入麻韻矣　按楚辭九辯彼日月之照明兮尚黯黮而有瑕何況一國之事兮亦多端而膠加　已入麻韻　淮南子說林訓若珠之有纇玉之有瑕置之而全去之而虧　虧音科　此爲後人讀胡加切之祖

鰕

古音同上　急就篇鯉鮒蟹鱓鮐鮑鰕　易林損之乾鯉鰱鮒鰕積福多魚資所　撫富我窮家　一作蝦　吳越春秋越王夫人歌彼飛鳥兮鳶鳥已迴翔兮翕蘇　心在專兮素蝦何居食兮江湖

騢

古音同上　詩駉見上

鴉

於加切

古音烏　按古但有烏字無鴉字漢以下始以烏虞模韻轉入於麻而烏字亦別爲鴉遂混於詩大小雅之雅後人因之以鴉訓雅愈穿鑿而不通矣　元戴侗六書故曰烏與鴉乃一聲之轉皆因其鳴聲以謂之非有二字也　漢書西域傳烏秅烏音一加反此足以明烏之爲鴉亦西音也

巴

伯加切

古音伯吾反　史記張儀傳苴蜀相攻擊徐廣曰譙周曰益州天苴讀爲芭黎之芭音與巴相近索隱曰按芭黎即

織木茸所以爲葦籬也今江南亦謂葦籬曰芭籬　漢書司馬相如傳諸蔗巴苴史記作猼且

豝

古音同上　詩騶虞見上

牙　五加切

古音吾　詩祈父首章祈父予王之爪牙胡轉予于恤靡所止居　管子版法篇外之有徒禍乃始牙衆之所忿置不能圖　漢枚乘七發血脉淫濯手足惰窳越女侍前齊姬奉後往來游讌縱恣乎曲房隱間之中此甘餐毒藥戲猛獸之爪牙也　漢書東方朔傳令壺齟老柏塗伊優亞狋吽牙塗字當讀如字　易林訟之鼎虎聚磨牙以待豚豬往必傷亾宜待止居　大有見上　大壯之乾金齒鐵牙壽考宜家年歲有儲　急就篇款冬貝母薑狼牙　太

玄經夷次四夷其牙或飫之徒　毅上九豨毅其牙發以張㳌　揚雄豫州牧箴豫野所居爰在鶉墟四隩咸宅寓內莫如陪臣執命不慮不圖王室陵遲嵒其爪牙　劇秦美新見上聲嘔字下　漢石里謠石里之勇商子華綦虎見之藏爪牙　唐韓愈毛穎傳見侯字下　韻補牙訛乎切漢地理志允吾字音牙　詩騶虞字山海經墨子竝作騶吾漢書東方朔傳作騶牙曰其齒前後若一齊等無牙故謂之騶牙　易大畜豶豕之牙鄭讀爲互　周禮牛人凡祭祀共其牛牲之互徐音牙按詩楚茨傳曰或陳于互或齊于肉正義亦引周禮文竝誤作牙陳氏禮書曰互牙古字通用非也　宋劉攽中山詩話古稱駔儈今謂牙非也劉道原云本稱互郎主互市唐人書互爲𠀋𠀋似牙字因訛爲牙耳按舊唐書史思明傳互市郎安祿山傳互市牙郎互郎卽牙也蓋爲後人不通者添一牙字今通鑑亦作互市牙郎　史記樂書註迭牙也淮南子註外牙也竝互字之誤　漢書劉向傳宗族磐互師古曰磐結而交互也

字或作牙謂若犬牙相交入之意也谷永傳百官盤互師古註同按今廣韻去聲十一暮互字下註云俗作𠀋唐玄度九經字樣亦云俗作𠀋者訛是昔人以𠀋爲互字後轉而作牙師古乃曲爲之說耳今考後漢書滕撫傳磐牙連歲及黨錮傳註引謝承書中官黃門磐牙境界三國志曹爽傳根據槃牙陸瑁傳九域槃牙晉書宣帝紀王濬傳各云根據磐牙桓溫傳彊蠻盤牙則皆互字之誤而南齊書謝超宗傳沈浮互見梁書安成王秀傳互相譏毀魏書出帝紀互窺上國竝誤作牙又其顯而易明者也　文選宋玉高唐賦陬互横啎五臣本作陬牙　顔延之曲水詩序延帷接枑五臣本作接枒　晉束皙近游賦井則兩家共一閑則去舍百步貫雞彀於歲首收縘纚於物互今本誤作物牙　抱朴子省煩篇重出互見作牙見　水經注甘水下今說牙出淇水下牙得通稱皆互字之誤　杜氏通典互市監作牙市監　李鼎祚易解互體作牙體　韓文公文集贈張籍張徹詩交驚舌𠀋礚註或作牙誤𠀋俗互

字也　柳子厚文集夢歸賦乎參差之白黑註乎卽亙字
唐高宗御製李英公勣墓碑文黃龍白騎亙動干戈丹
浦綠林遞與氛祲書亙爲乎　李邕嶽麓寺碑文竝建場
所亙爲住持書亙爲乎　秦望山法華寺碑文一體和合
亙用住持書亙爲乎　騎都尉李文墓誌陵谷更貿桑海
亙遷書亙爲乎　張不矜憫忠寺塔頌隮穹崇陟迴亙書
亙爲乎　楊承和邠國公功德銘三身亙相書亙爲乎
安國寺寂照和上碑銘生于亙鄉詭狀雲亙竝書爲乎
歐陽詢書皇甫誕碑文橫劒椳柾書柾爲枰　褚遂良太
宗皇帝哀冊文三靈慘而雲沍書沍爲泘

芽

古音同上　禮記月令是月也安萌芽養幼少存諸孤
漢揚雄徐州牧箴見上　參同契古記題龍虎黃帝美金
華淮南煉秋石玉陽加黃芽賢者能持行不肖毋與俱
蔡邕釋誨見上　按晉書童謠艸木萌芽殺長沙則轉爲

今音矣

衙

古音同上　楚辭九辯左朱雀之茇茇兮右蒼龍之躍躍
屬雷師之闐闐兮通飛廉之衙衙　衙五乎切　徐邈讀　說
文衙从行吾聲　漢書地理志允吾吾音衙　周禮田僕
註逆衙還之使不出圍衙本又作御　儀禮既夕禮註皆
取其香且御溼御劉本作衙音御　漢司隸校尉楊孟文
石門頌綏億衙疆北海相景君銘強衙改節　漢氏隸釋並
以衙爲禦　韻補衙牛居切　釋名敔衙也衙止也所以止
樂也　今此字三收於九魚九麻八語部中

吾

今此字兩收於十一模九麻部中

齇 側加鉏加二切

古音側魚反　今此字兩收於九魚九麻部中　亦作齟

漢書東方朔傳見上

茶 宅加切

古音塗　詩出其東門見下　鴟鴞見上　說文荼苦荼也从艸余聲臣鉉等曰此卽今之茶字　宋魏了翁邛州先茶記曰今所謂韻書自二漢以前上泝六經凡有韻之語如平聲魚模上聲麌姥以至去聲御暮之同是音者本無他訓乃自音韻分於孫沈反切盛於羌胡然後別爲麻馬等音於是魚歌二音併入於麻而魚麻二韻一字二音以至上去二聲亦莫不然其不可通則更易字文以成其說且荼之始其字爲荼春秋書齊荼漢志書荼陵之類陸顏諸人雖已轉入麻韻而未敢輒易字文也若爾雅若本艸猶从艸从余而徐鼎臣訓荼猶曰卽今之茶也惟自陸

羽茶經盧仝茶歌趙贊茶禁以後則遂易荼爲茶其字从
艸从人从木而謂荼爲茅秀爲苦菜終無有命荼爲茶者
矣　今此字三收於十一模九麻部中　按荼𦯶之荼與
荼苦之荼本是一字古時未分麻韻荼𦯶字亦只讀爲徒
漢魏以下乃音宅加反而加字音居何反猶在歌戈韻案
以下始有今音又妄減一畫爲茶字愚游泰山岱嶽觀覽
唐碑題名見大曆十四年刻荼藥字貞元十四年刻荼宴
字皆作荼又李邕娑羅樹碑徐浩不空和尚碑吳通微楚
金禪師碑荼毗字崔琪靈運禪師碑荼椀字亦作荼其時
字體尚未變至會昌元年柳公權書玄祕塔碑銘大中十
年裴休書圭峰禪師碑茶毗字俱減此一畫則此字變於
中唐以下也鶴山之論篤矣　漢書王子侯表荼陵節侯
訢師古曰荼音塗地理志荼陵師古曰荼音弋奢反又音
丈加反一人註書前後不同今湖廣長沙府荼陵州字音
作荼而讀爲宅加反不知有塗音矣路史引衡圖經曰荼
陵者所謂山谷生荼茗也

又音舒 春秋哀六年齊陳乞弒其君荼左傳釋文音舒又音徒又丈加反穀梁傳音同公羊傳作舍舍亦音舒 禮記玉藻諸侯荼註荼讀爲舒 考工記弓人斲目必荼豐肉而短寬緩以荼註荼古文舒假借字鄭司農云荼讀爲舒 易困九四來徐徐子夏作荼荼 困學紀聞引書多方洪舒于民古文作荼薛氏曰大爲民荼毒也 世本魏獻子名荼左傳作舒 荀子大略篇諸侯御荼註荼古舒字 山海經神荼楊愼曰神荼者神舒也 史記建元以來侯者年表荊荼是徵荼音舒 儒林傳董仲舒弟子呂步舒徐廣曰一作荼亦音舒 漢書高帝紀燕將臧荼鄭氏曰荼音荼毒之荼如淳曰音舒 尚書大傳厥咎荼厥罰恒奥陽盛則吁荼萬物而養之竝音舒

鄌

通作屠詩韓奕見上

梌

塗

古音並同上　漢書東方朔傳見上　今此二字並兩收於十一模九麻部中　今人讀塗朱傅粉之塗爲宅加切　唐元稹石榴詩二十韻花字韻中押一塗字胭脂嬾頰塗是也後人又改而爲搽字日趨於鄙俗矣

𣘻

此卽今茶荈之茶廣韻于此下又出一𣘻字註曰俗　唐權德輿陸宣公翰苑集序領新𣘻一串而已作此字　今

秅

此字兩收於十一模九麻部中

古音都故反　今此字兩收於九麻十一暮部中

闍　視遮切

古音都　詩出其東門二章出其闉闍有女如荼雖則如荼匪我思且縞衣茹藘聊可與娛　禮記月令註闍者謂之臺闍音都禮器註同　晉書天文志南夷氣如闍臺闍音視奢反又音都　今此字兩收於十一模九麻部中

佘

即九魚部余字廣韻既出於此註曰視遮切而字未變今人則竟改爲佘从入从示又古來字書之所無矣　宋郭忠恕佩觿集序曰余有亦居咸遮二反亦未嘗作佘字楊慎曰余之音蛇本余字轉音而俗從入下示乃未見說文而強名字學者也　吳興志佘山上有東漢佘將軍廟不知漢時無此音唐時無此字也今松江府有佘山志云

其土空荼而土人亦呼爲丈加反矣宋書符瑞志有吳興烏程余山其時字尚未變　漢書景十三王傳使男子荼恬上書蘇林曰荼音食邪反卽今佘姓之祖也後人省其艸頭耳　路史則云姓氏書漢有余丘炳余音蛇夫荼丘以地爲姓又安知非春秋公子慶父所伐之於餘丘而流俗改其音乎　說文有𨚕字从邑余聲讀若塗趙宧光曰今百越土著民有佘姓自爲一類方言讀若蛇當卽𨚕改作

窊　烏瓜切

古音烏　此與孟子數罟不入洿池之洿同是一字後漢楊方雜詩爾根深且堅予宅淺且洿移植良無期歎息將如何則幷洿字亦讀爲烏過反矣

杷　蒲巴切

古音蒲吾反　漢王褒僮約屈竹作杷削治鹿盧　急就篇捃穫秉把插捌杷

琶

此字亦當音蒲吾反後轉音婆　搜神記琵琶一名鞶婆

查　鉏加切

古音租　亦作柤三國志朱然傳赤烏五年征柤中註引襄陽記曰柤音如租稅之租　晉書成帝紀李陽與蘇逸戰于柤浦柤音側孤反又側加反

苴

古音子魚反　儀禮士虞禮苴刌茅長五寸苴子徐反劉音子者反　今此字四收於九魚九麻八語部中

以上字當與九魚十虞十一模通爲一韻　凡从者从余从邪从華从夸从叚从且从巴从牙从吾之屬皆入此韻中之字與魚虞模韻同者甚多葢繇昔人作韻兼採方言而此韻有新舊二音故或從魚或從麻或兩收而竝存之此正鶴山先生所謂魚歌二音併入於麻而魚麻二韻一字二音以至上去二聲亦莫不然者也今考以上諸字竝當入魚虞模而麻嗟瘥嘉加珈鯊沙等字則自入歌戈見於三百篇者井然具列也又考漢武帝時張騫入西域得摩訶兜勒二曲習而傳之李延年因胡曲更造新聲二十八解故魏應璩與滿公琰書卽有牙嚝高徽義渠哀激之語苻堅之末呂光平西域得胡戎之樂因又改變雜以秦聲號爲秦漢伎魏太武平河西得沮渠蒙遜之伎賓嘉大禮皆雜用焉宣武以後尤愛胡聲後周太祖輔魏之時高昌內附及得其伎教習以備饗宴之禮其後帝聘皇后于突厥得其所獲康國龜茲等樂更雜以高昌之舊竝于大司樂習焉傳至隋唐設九部十部樂有西涼天竺龜茲

安國疏勒高昌康國之伎隋書音樂志云今曲項琵琶竪頭箜篌之徒竝出自西域非華夏舊器楊澤新聲神白馬之類生於胡戎非漢魏遺曲故其樂器聲調悉與書史不同而杜氏通典以爲此音所由源出西域諸天諸佛韻調婁羅胡語感其聲者莫不奢溪躁競蹻腳彈指撼頭弄日形貌如此心亦隨之者也以今論之九麻一韻亦大抵本西音故漢時有聖人制禮樂篇全以邪字爲韻正如梵書所謂眞言而烏孫公主嫁昆彌始有琵琶之制世說王丞相之語胡人曰蘭闍蘭闍鄭譯述龜兹人蘇祇婆所奏七聲曰婆陁力曰沙識曰沙侯加濫曰沙臘而天竺之書曰南無曰曩謨竝讀如麻音其書中所用無非闍迦伽邪沙乂吒等字又唐書所載吐蕃突厥西域人名地名亦多此類豈非其出於西音邪至元時而麻部之中又分遮部遼史樂志謂雅樂之存於今者其器雅而音則西然則經文之存於今者其字經而音則西矣此世變升降之由不可以不論

又按模韻轉入歌戈始於漢人不獨車華等字班彪北征賦以圖韻娑那張衡西京賦以𪘲韻峩羅南都賦以鷵韻鵞波王逸九思以𨃐模圖塗悪虛蘇隅韻阿沱司隸校尉魯峻碑文以孤韻何嘉又吳才老韻補所引道藏歌以都徒途圖徂字竝入歌戈韻又如周禮巾車疏飾故書疏作揟杜子春讀揟爲沙是知東京以後魚虞模歌戈麻六韻全無分别晉宋以下始稍正之而其雜入於麻者遂不可反矣

[illegible]卷之四終

唐韻正下平聲卷之五

十陽

十一唐

古與十陽通爲一韻

十二庚

此韻當分爲二

庚

古行切

古音古郎反　詩七月二章春日載陽有鳴倉庚女執懿筐遵彼微行爰求柔桑　大東六章雖則七襄不成報章

睆彼牽牛不以服箱東有啟明西有長庚有捄天畢載施之行 史記孝文紀大橫庚庚余爲天王夏啟以光 太史公自序管蔡相武庚將寧舊商及旦攝政二叔不饗殺鮮放度周公爲盟太任十子周以宗彊 晉陸機管叔鮮贊公旦居攝三監叛亾或放或殛弁禍武庚 韻補庚居郎切說文庚位西方象秋時萬物庚庚有實也釋名庚剛也堅彊貌也 莊子庚桑楚音義曰庚桑姓也太史公書作亢桑按今史記莊周傳作亢桑子列子作亢倉子 又按說文唐穅皆以庚得聲

更

古音同上 禮記少儀怠則張而相之廢則埽而更之 漢司馬相如長門賦衆雞鳴而愁予兮起視月之精光觀衆星之行列兮畢昴出於東方望中庭之藹藹兮若季秋之降霜夜曼曼其若歲兮懷鬱鬱其不可再更澹偃蹇而

待曙兮羌亭亭而復明妾人竊自悲兮究年歲而不敢忘

越絕書計倪內經王無忽忘愼無如會稽之饑不可再

更　太玄經更次六入水載車出水載杭空于王之更

測童牛角馬變天常也車杭出入其道更也更不更能自

臧也駟馬跙跙更御乃良也不終之代不可長也　玄衝

裝徒鄉止不行衆溫柔堅寒剛密不可開成不可更　焦

仲卿妻詩中有雙飛鳥自名爲鴛鴦仰頭相向鳴夜夜達

五更行人駐足聽寡婦起彷徨多謝後世人戒之愼勿忘

後漢書樊宏傳封族兄忠更父侯更父卽亢父也　張

弨曰說文㪅从攴丙聲玉篇从正文末註今作更

秔

古音同上　急就篇稻黍秫稷粟麻秔通章皆用陽韻

說文秔从禾亢聲

羹

古音同上　詩蕩六章文王曰咨咨女殷商如蜩如螗如
沸如羹小大近喪人尚乎由行內奰于中國覃及鬼方
閟宮四章秋而載嘗夏而楅衡白牡騂剛犧尊將將毛炰
胾羹籩豆大房萬舞洋洋孝孫有慶俾爾熾而昌俾爾壽
而臧保彼東方魯邦是常　禮記禮運然後退而合亨體
其犬豕牛羊實其簠簋籩豆鉶羹祝以孝告嘏以慈告是
謂大祥　楚辭招魂室家遂宗食多方些稻粢穱麥挐黃
粱些大苦鹹酸辛甘行些肥牛之腱臑若芳些和酸若苦
陳吳羹些臑鼈炮羔有柘漿些鵠酸臇鳧煎鴻鶬些露雞
臛蠵厲而不爽些粔籹蜜餌有餦餭些瑤漿蜜勺實羽觴
些挫糟凍飲酎清涼些華酌既陳有瓊漿些歸反故室敬
而無妨些　大招五穀六仞設菰粱只鼎臑盈望和致芳
只內鶬鴿鵠味豺羹只魂乎歸徠恣所嘗只　韓非子內
儲說下夫挾相爲則責望自爲則事行故父子或怨譟取
庸作者進美羹說枉文公之先宣言與句踐之稱如皇也
故桓公藏蔡怒而攻楚吳起懷瘳實而吮傷　淮南子人

聞訓糲粢之飯藜藿之羹冬日則寒凍夏日則暑傷　泰族訓家老異飯而食殊器而言子婦跣而上堂跪而斟羹　史記龜策傳紂有諫臣名爲左彊誇而目巧教爲象郎將至於天又有玉牀犀玉之器象箸而羹　急就篇餅餌麥飯甘豆羹　易林豫之小畜蝙蝠夜藏不敢晝行酒爲酸漿魴鯉䱇羹　隨之艮封羊不當血少無羹女執空筐不得採桑　漢揚雄蜀都賦甘甜之和芍藥之羹江東鮐鮑隴西牛羊　張衡東京賦物牲辨省設其楅衡毛炰豚胉亦有和羹滌濯靜嘉禮儀孔明萬舞奕奕鐘鼓喤喤靈祖皇考來顧來饗神具醉止降福穰穰　後漢書李固傳坐則見堯於牆食則覩堯於羹　梁江淹學梁王兔園賦乃射宿餌魴前繳鶬鶂青黏黃粱臛鼈䳄羹臑豘柘漿左傳昭十一年楚子城陳蔡不羹釋文音郎正義曰古者羹臛之羹音亦爲郎故魯頌楚辭急就章與房漿糠爲韻近世以來獨以此地音爲郎耳　陳第曰羹音岡

阬　客庚切

古音苦岡反　楚辭九歌大司命高飛兮安翔乘清氣兮御陰陽吾與君兮齊速導帝之兮九阬　莊子天運篇吾又奏之以陰陽之和燭之以日月之明其聲能短能長能柔能剛變化齊一不主故常在谷滿谷在阬滿阬塗卻守神以物爲量其聲揮綽其名高明　左傳哀十四年阬氏葬諸丘輿阬音苦庚反或音岡　漢書揚雄傳甘泉賦陳衆車於東阬兮校獵賦跐巒阬註竝讀作岡　說文阬从𨸏亢聲　今此字兩收於十二庚四十二宕部中

坑

古音同上　漢東方朔七諫高山崔巍兮水流湯湯死日將至兮與麋鹿同坑坑文苑作岡　說苑敬慎篇吾嘗見江河乾爲坑正冬采榆葉仲夏雨雪霜千乘之君萬乘之主死而不葬　易林大壯之困道涇爲坑輪陷蹪僵　馬

融圜基賦已下險口兮鑿道清坑窌其中罻兮如鼠入囊收夗卒兮無使相迎當會不會兮反受其殃

盲

武庚切

古音武郎反　老子五色令人目盲五音令人耳聾五味令人口爽馳騁田獵令人心發狂難得之貨令人行妨惟聾字非韻　荀子佹詩天地易位四時易鄉列星隕墜旦暮晦盲　昭昭乎其知之明也郁郁乎其遇時之不祥也拂乎其欲禮義之大行也闇乎天下之晦盲也　呂氏春秋尊師篇且天生人也而使其耳可以聞不學其聞不若聾使其目可以見不學其見不若盲使其口可以言不學其言不若爽使其心可以知不學其知不若狂惟聾字非韻　任數篇何以知其聾以其耳之聰也何以知其盲以其目之明也　易林乾之遯翅折目盲為鳩所傷　否之噬嗑伯蹇叔盲足痛難行終日至暮不離其鄉　大有之益左眇右盲視暗不明下民多孽君失其常　急就篇痂

疕疥瘍癡聾盲　太玄經沈測沈于美作聾盲也宛雛沈視擇食方也雕鷹高翔在腐糧也見票如累其道明也離婁赤肉食不臧也　參同契謬誤失事緒言還自敗傷別序斯四象以曉後生盲　說文盲从目亾聲　釋名盲茫也茫茫無所見也　周禮內饔豕盲眡而交睫腥杜子春云盲眡當爲望視

蝱

古音同上　亦作虻管子地員篇其山之芴有彼黃虻及彼白昌山藜葦芒羣藥安聚以圍民殃　易林解之晉去如奔虻害不能傷　淮南子見啄穿下　晉書潘岳傳激矢蝱飛蝱音莫亾反　說文蝱从䖵亾聲

莔

古音同上　亦作蝱詩載馳三章陟彼阿丘言采其蝱女子善懷亦各有行許人尤之衆穉且狂　韻補莔貝母艸

說文莔从艸朙省聲朙謨郎切徐鍇繫傳曰貝母一名莔治目眩不得返顧許穆夫人思歸衞不得而作詩曰言采其莔今詩作蝱假借恖按蝱莔二字同音葢傳寫之誤漢張衡西京賦王芻莔臺蔡邕述行賦蕫葌與與臺莔皆作莔

橫　戶盲切

古音黃　楚辭九辯收恢台之孟夏兮然欿傺而沈藏葉菸邑而無色兮枝煩挐而交橫顏淫溢而將罷兮柯彷彿而萎黃萷櫹槮之可哀兮形銷鑠而瘀傷惟其紛糅而將落兮恨其失時而無當擥騑轡而下節兮聊逍遙以相佯歲忽忽而遒盡兮恐余壽之弗將悼余生之不時兮逢此世之俇攘澹容與而獨倚兮蟋蟀鳴此西堂心怵惕而震盪兮何所憂之多方仰明月而太息兮步列星而極明

宋玉高唐賦於是水蟲盡暴乘渚之陽黿鼉鱣鮪交積縱

橫　戰國策蘇秦說秦惠王約從連橫兵革不藏　荀子佹詩幽闇登昭日月下藏公正無私反見從橫　靈樞經師傳篇鼻隧以長以候大腸脣厚人中長以候小腸目下果大其膽乃橫　論勇篇其肝大以堅其膽滿以傷怒則氣盛而胷張肝舉而膽橫眥裂而目揚毛起而面蒼　漢嚴忌哀時命車既弊而馬罷兮蹇邅徊而不能行身既不容於濁世兮不知進退之宜當冠崔嵬而切雲兮劒淋離而從橫衣攝葉以儲與兮左袪挂於榑桑右衽拂於不周兮六合不足以肆行　司馬相如長門賦左右悲而垂淚兮涕流離而從橫舒息悒而增欷兮蹝履起而彷徨揄長袂以自翳兮數昔日之諐殃無面目之可顯兮遂頹思而就牀　淮南子說林訓未嘗稼穡粟滿倉未嘗桑蠶絲滿囊得之不以道用之必橫　泰族訓輪員輿方轅從衡橫或從或橫或合衆弱或輔富強　王褒九懷芷閭兮葯房奮搖兮衆芳菌閣兮蕙樓觀道兮從橫　季春兮陽陽列艸兮成行余悲兮蘭生委積兮從橫　易林屯之否佮

從散橫𦾡奏以強　列女傳魯莊哀姜傳哀姜好邪淫于魯莊延及二叔驕妒縱橫慶父是依國適以亡齊桓征伐酖殺哀姜　急就篇烏承祿令狐橫通章皆用陽韻　太玄經應次三一從一橫天綱罠罠　常次五其從其橫大地之常　攵瑩立天之經曰陰與陽形地之緯曰從與橫表人之行曰晦與明　玄文故君子得位則昌失位則良小人得位則橫失位則喪　揚雄冀州牧箴冀土麋沸炫沄如湯更盛更衰載從載橫　解嘲上說人主下談公卿目如燿星舌如電光一從一橫論者莫當　崔駰河南尹箴諸夏勁強是從是橫徹我牆屋而師尹不匡　後漢書丁鴻傳臣聞天不可以不剛不剛則三光不明王不可以不彊不彊則宰牧從橫　周舉傳五經從橫周宣光　參同契委志歸虛無無念以爲常證驗以推移心專不縱橫寢寐神相抱覺寤候存亡顏色浸以潤骨節益堅強　魏文帝廣陵觀兵詩觀兵臨江水水流何湯湯戈矛成山林玄甲耀日光猛將懷暴怒膽氣正縱橫誰云江水廣一葦

可以航　於黎陽作千騎隨風靡萬騎正龍驤金鼓震上

下干戚紛縱横白旄若素霓丹旗發朱炎　雜詩俯視清

水波仰看明月光天漢回西流三五正縱横艸蟲鳴何悲

孤鴈獨南翔　悼夭賦氣紆結以填胷不知涕之縱横時

徘徊於舊處覩靈衣之在牀感遺物之如故痛爾身之獨

亾　陳思王贈白馬王彪詩大谷何寥廓山樹鬱蒼蒼霖

雨泥我塗流潦浩縱横中逵絶無軌改轍登高岡修坂造

雲日我馬玄以黄　阮籍莊論見下　吴録吴民歌時歲

倉卒賊縱横大戟强弩不可當賴遇賢令彭子陽　晋張

華博陵王宫俠曲騰超如激電廻旋如流光奮擊當手決

交厀自縱横寧爲殤鬼雄義不入圜牆　左思蜀都賦都

人士女袨服靚粧賈貿墆鬻舛錯縱横異物詭譎奇於八

方　蘇彦語箴爾乃游説縱横騁技時王銜刃懷毒吐膏

示芳利動春露害重冬霜　夏侯湛彈棊賦滑石周散勢

縱横捭撥搓擽應無方　後魏衛操桓帝頌遼遺寇纂白

骨交横猲賊𢩀虐六郡凋傷羣惡相應圖及華堂旌旗輕

指羯黨破巻　隋書天文志臣有姦心上不明臣下從橫大水浩洋　天下大亂兵士亂行戰从於野積尸從橫餘殃不盡爲水旱兵飢疾疫之殃　禮記緇衣引詩狐裘黃黃徐本作橫音黃　白虎通璜者橫也　釋名簧橫也於管頭橫施於中也以竹鐵作於口橫鼓之亦是也　陳第曰橫音黃說文橫从木黃聲　按橫字自漢傅毅舞賦羅衣從風長袖交橫始與傾聲幷驚輕清冥爲韻

又音光　史記外戚世家先驅旄騎出橫城門如淳曰橫音光　三輔黃圖漢長安城北面西頭第一門名橫門橫音光　水經注左傳昭公二十一年樂大心豐愆華牼禦華向於橫杜預曰梁國睢陽縣南有橫亭今在睢陽縣西南世謂之光城　淮南子玉橫維其西北之隅註橫猶光也

去聲則古曠反　禮記明堂位夏后氏以嶡註中足爲橫距之象橫音古曠反又音光　樂記號以立橫橫以立武音古曠反　詩閟宮箋其制足間有橫橫古曠反又音光

今此字三收於十一唐十二庚四十三映部中

蝗

古音同上　說文蝗从虫皇聲　宋庠國語補音蝗字下云范宣音禮記作橫聲類集韻並音蝗爲橫是知古人讀橫爲皇也　今此字三收於十一唐十二庚四十三映部中

瑝

古音同上　說文瑝从玉皇聲

喤

古音同上　詩斯干八章乃生男子載寢之牀載衣之裳載弄之璋其泣喤喤朱芾斯皇室家君王　執競不顯成

康上帝是皇自彼成康奄有四方斤斤其明鐘鼓喤喤磬管將將降福穰穰　說文喤从口皇聲

鍠

古音同上　魏陳思王文帝誄鑾輿幽藹龍旂太常爰迄太廟鐘鼓鍠鍠　晉傳玄鐃歌曲神祇應嘉瑞章恭宮禮薦先皇樂時奏磬管鏘鼓殷殷鐘鍠鍠　說文鍠从金皇聲

韹

古音同上　今此字兩收於十一唐十二庚部中

閍

甫盲切

古音甫郎反　爾雅釋宮閍謂之門李巡曰閍廟門名孫炎曰詩云祝祭于祊是也詳見下

祊

古音同上　詩楚茨二章濟濟蹌蹌絜爾牛羊以往烝嘗或剝或亨或肆或將祝祭于祊祀事孔明先祖是皇神保是饗孝孫有慶報以介福萬壽無疆　周禮大司馬羅弊致禽以祀祊註祊當爲方聲之誤也詩曰以社以方　禮記禮器設祭於堂爲祊乎外鄭氏曰祊祭明日之繹祭也謂之祊者於廟門之旁因名焉　說文鬃門內祭先祖所以徬徨詩曰祝祭于鬃从示彭聲一作祊　按祊字自魏王粲思親詩咨于靡及退守祧祊始與寧征娉爲韻

騯

古音旁　說文騯从馬旁聲　今此字三收於十一唐十二庚部中

觵

古横反

古音光　說文觵从角黃聲

觥

同上　詩卷耳三章陟彼高岡我馬玄黃我姑酌彼兕觥維以不永傷　七月八章九月肅霜十月滌場朋酒斯饗曰殺羔羊躋彼公堂稱彼兕觥萬壽無疆　漢泰山都尉孔宙碑辭南戒孔艋山有夷行豊年多黍稱彼兕觥帝賴具勳民斯是皇　魏陳思王車渠椀賦何明麗之可悅超羣寶而特章俟君子之閑宴酌甘醴於斯觥既娛情而可貴故永御而不忘　劉楨魯都賦承彝執冪納觶授觴引滿輒釂滴瀝受觥　韻補觥姑黃切說文觵从角黃聲又曰俗觵从光

侊

古音同上　說文炗从人炗聲　今此字兩收於十一唐十二庚部中

彭

薄庚切

古音旁　詩清人首章清人在彭駟介旁旁二矛重英河上乎翱翔　載驅三章汶水湯湯行人彭彭魯道有蕩齊子翱翔　出車三章王命南仲往城于方出車彭彭旂旐央央天子命我城彼朔方赫赫南仲玁狁于襄　北山三章四牡彭彭王事傍傍嘉我未老鮮我方將旅力方剛經營四方　大明八章牧野洋洋檀車煌煌駟騵彭彭維師尚父時維鷹揚涼彼武王肆伐大商會朝清明　烝民七章四牡彭彭八鸞鏘鏘王命仲山甫城彼東方　韓奕四章百兩彭彭八鸞鏘鏘不顯其炗　駉首章有驕有皇有驪有黃以車彭彭思無疆思馬斯臧　漢劉歆遂初賦求仁得仁固其常兮守信保志比老彭兮　蔡邕祖餞祝文神龜吉兆休氣煌煌著卦利貞天見三炗鸞鳴雍雍四牡

彭彭君既升輿道路開張風伯雨師灑道中央陽遂求福蚩尤辟兵蒼龍夾轂白虎扶行　易大有九四匪其彭子夏傳本作旁王弼註亦作匪其旁云旁謂三也　春秋成十八年晉侯使士魴來乞師襄十二年晉侯使士魴來聘公羊傳並作彭　釋名彭排軍器也彭旁也在旁排敵禦攻也

榜

見去聲四十三映韻

篣

古音旁　今此字兩收於十一唐十二庚部中

搒

古音同上　說文搒从手旁聲

蒡

古音北朗反　今此字兩收於十二庚三十七蕩部中

亨

許庚切

古音許郎反　易坤彖傳坤厚載物德合无疆含弘光大品物咸亨　小畜彖傳健而巽剛中而志行乃亨　履彖傳見下　大有彖傳其德剛健而文明應乎天而時行是以元亨　噬嗑彖傳見下　大過彖傳剛過而中巽而說行利有攸往乃亨　遯彖傳遯亨遯而亨也剛當位而應與時行也小利貞浸而長也　升彖傳巽而順剛中而應是以大亨用見大人勿恤有慶也南征吉志行也　鼎彖傳見下　旅彖傳見下　小過彖傳小過小者過而亨也

過以利貞與時行也　既濟彖傳既濟亨小者亨也利貞剛柔正而位當也　太玄經事測丈人扶孤小子知方也男女事終家不亨也到耳順止逆聞順行也　漢班固典引厥道至乎經緯乾坤出入三光外運混元內浸豪芒性類循理品物咸亨　禰衡魯夫子碑文終日乾乾配天之行在險而正在困而亨窮達之運委諸穹蒼日月則陰天地不光聖叡殂崩大猷不綱　華陽國志後語陽升三九品物始亨帝紘失振任非其良趙昌禍階亂是用長羅州播蕩朱旗莫亢皮張不造戎醜攸行哀哀元黎顒瞻靡望　黃庭經五嶽之雲氣彭亨保灌玉盧以自償五形完堅無災殃　按亨字自漢王延壽魯靈光殿賦荷天衢以元亨始與精寧爲韻　張弨曰說文作亯玉篇註俗作亨

瞠　丑庚切

古音丑郎反　莊子夫子奔逸絕塵而回瞠若乎後矣瞠敕庚反又丑郎反　王篇瞠丑庚丑郎二切

樘

古音同上　漢司馬相如長門賦刻木蘭以爲榱兮飾文杏以爲梁羅丰茸之游樹兮離樓梧而相樘

說文有樘字从木堂聲玉篇樘達郎丑庚二切廣韻但收入十一唐部

鎗

楚庚切

古音七羊反　晉書潘岳傳衛牙錚鎗慕容儁載記令之鏗鎗鎗竝音七將反　說文鎗从金倉聲

鐺

註云俗本音當俗者謂俗書鎗字爲鐺也鐺本音當　晉書石季龍載記漆瓦金鐺音當　說文鐺从金當聲　今此字兩收於十一唐十二庚部中

槍

古音七羊反　宋謝瞻張子房詩伊人感代工聿來扶興王婉婉幙中畫輝輝天業昌鴻門銷薄蝕垓下隕欃槍爵仇建蕭宰定都護儲皇　今此字兩收於十陽十二庚部中

霙

於驚切

鍈

古竝音央　今此二字兩收於十陽十二庚部中

英

古音同上　詩清人見上　有女同車二章有女同行顏如舜英將翱將翔佩玉將將彼美孟姜德音不忘　著三

章俟我於堂乎而充耳以黃乎而尚之以瓊英乎而　汾沮洳二章彼汾一方言采其桑彼其之子美如英美如英殊異乎公行　爾雅見下　楚辭離騷朝飲木蘭之墜露兮夕餐秋菊之落英苟余情其信姱以練要兮長顑頷亦何傷　九歌雲中君浴蘭湯兮沐芳華采衣兮若英靈連蜷兮既留爛昭昭兮未央蹇將憺兮壽宮與日月兮齊光龍駕兮帝服聊翺游兮周章　九章涉江登崑崙兮食玉英與天地兮比壽與日月兮齊光哀南夷之莫吾知兮旦余濟乎江湘　遠游聞至貴而遂徂兮忽乎吾將行仍羽人於丹丘兮留不死之舊鄉朝濯髮於湯谷兮夕晞余身兮九陽吸飛泉之微液兮懷琬琰之華英　管子地員篇五色雜英各有異章　荀子佹詩仁人絀約敖暴擅彊天下幽險恐失世英　漢嚴忌哀時命道壅塞而不通兮江河廣而無梁願至崑崙之懸圃兮采鍾山之玉英　王褒九懷乘虬兮登陽載象兮上行朝發兮葱嶺夕至兮明光北飲兮飛泉南采兮芝英宣游兮列宿順極兮彷徉　易

林薄之唉鷩駭逐狼不見雄英　揚雄甘泉賦靡薜荔而為席兮折瓊枝以為芳噏清雲之流霞兮飲若木之露英集乎禮神之囿登乎頌祇之堂　馮衍顯志賦高吾冠之岌岌兮長吾佩之洋洋飲六醴之清液兮食五芝之茂英
席後右銘冠帶之貳從容有常威儀之華惟德之英
張衡南都賦及其糾宗綏族禴祠蒸嘗以速遠朋嘉賓是將揖讓而升宴于蘭堂珍羞琅玕充溢圓方琢琱狎獵金銀琳琅侍者蠱媚巾構鮮明被服雜錯履躡華英儇才齊敏受爵傳觴　爾其則有謀臣武將皆能攫戾執猛破堅摧剛排揵陷扃巔蹈咸陽高祖階其塗光武攬其英是以關門反距漢德久長　思玄賦占既吉而無悔兮簡元辰而俶裝旦余沐於清源兮晞余髮於朝陽漱飛泉之瀝液兮咀石菌之流英　蔡邕胡栗賦因本心以誕節兮凝育蘖之綠英形猗猗以豔茂兮似翠玉之清明何根莖之豐美兮將蕃熾以悠長適禍賊之災人兮嗟夭折以摧傷
魏文帝倉舒誄既哲且仁爰柔克剛彼德之容茲義肇行

猗與公子終然允臧宜逢介祉以永無疆如何昊天彫斯俊英　陳思王迷迭香賦信繁華之速實兮弗見彫於嚴霜芳暮秋之幽蘭兮麗崑崙之芝英既經時而收采兮遂幽殺以增芳　漢高帝贊由雲斬蛇靈母告祥朱旗既抗九野披攘禽嬰克羽掃滅雄英承機帝世功著武湯　大司馬曹休誄年未弱冠志在雄英高揖名師發言有章東夏翕然稱曰龍光　劉劭趙都賦若乃季春元巳辰火熾光挺新贈往祓于水陽朱幕蔽野綵帷連岡妖冶呈飾顏如春英　黃庭經日月列布設陰陽兩神相會化玉英淡然無味天人糧　上伏命門合明堂通利六府調五行金木水火土爲王日月列宿張陰陽二神相得下玉英　晉陸雲贈顧尚書詩披雲藻繡來此舊鄉謙光自抑厥輝愈揚麗容雖翕孔好已張既照平林具我華英　宋王僧達祭顏光祿文義窮幾彖文蔽班揚性婞剛潔志度淵英

梁書劉之遴傳載漢書古本韓彭英盧吳述云淮陰毅毅杖劒周章邦之傑子實惟彭英化爲侯王雲起龍驤　詩

出其東門正義引白旆央央作英英　旆旐央央本亦作英　韓詩英英白雲作泱泱潘岳射雉賦天泱泱以垂雲

說文英从艸央聲　按英字自班固西都賦軼埃壒之混濁鮮顥氣之清英始與榮生嶸莖刑庭寧爲韻白雉詩發皓羽兮奮翹英與精成爲韻王延壽魯靈光殿賦駢密石與琅玕齊玉璫與璧英與嶸泠驚精爲韻琴操處女吟變化垂枝含蕤英兮與榮名幷清生爲韻袁山松後漢書天下忠貞魏少英天下才英趙仲經此爲變韻之始

瑛

古音同上　易林豫之蠱茹芝餌黃飲食玉瑛

磅

撫庚切

古音普郎反　今此字兩收於十一唐十二庚部中

烹

古音同上亦作亨　詩楚茨見上　瓠葉首章幡幡瓠葉采之亨之君子有酒酌言嘗之　禮記禮運見上　墨子耕柱篇鼎成三足而方不炊而自烹不舉而自臧不遷而自行　韓非子內儲說下狡兔盡則良犬烹敵國滅則謀臣亡　史記越世家蜚鳥盡良弓藏狡兔死走狗烹　伍子胥傳事成爲卿不成而烹　淮陰侯傳狡兔死良狗烹高鳥盡良弓藏敵國破謀臣亡　淮南子說林訓狡兔得而獵犬烹高鳥盡而強弩藏　文子同　易林蠱之損弩弛弓藏良犬不烹內無怨女征夫在堂　太玄經竈次七脂牛正肪不濯釜而烹　按烹字自魏陳思王矯志詩芝桂雖芳難以餌烹始與名爲韻　張弨曰說文亯許兩切又普庚切又許庚切俗改享亯亨三體廣韻亨註俗作烹

京

擧卿切

古音疆　詩定之方中二章望楚與堂景山與京降觀于桑卜云其吉終然允臧　下泉首章冽彼下泉浸彼苞稂愾我寤歎念彼周京　正月首章正月繁霜我心憂傷民之訛言亦孔之將念我獨兮憂心京京我小心癙憂以痒　甫田四章曾孫之稼如茨如梁曾孫之庾如坻如京乃求千斯倉乃求萬斯箱黍稷稻粱農夫之慶報以介福萬壽無疆　文王五章侯服于周天命靡常殷士膚敏祼將于京　大明二章摯仲氏任自彼殷商來嫁于周曰嬪于京乃及王季維德之行太任有身生此文王　六章有命自天命此文王于周于京纘女維莘長子維行篤生武王保右命爾燮伐大商　皇矣六章依其在京侵自阮疆陟我高岡　下武首章下武維周世有哲王三后在天王配于京　文王有聲七章考卜維王宅是鎬京　篤公劉三章迺陟南岡迺覯于京　左傳莊二十二年懿氏卜繇是謂鳳皇于飛和鳴鏘鏘有嬀之後將育于姜五世其昌竝于正卿八世之後莫之與京　易林蠱之歸妹下泉苞

秖十年九王荀伯遇時憂念周京　急就章門戶井竈廡囷京　揚雄趙充國頌營平守節屢奏封章料敵制勝威謀靡亢遂克西戎還師于京　雍州牧箴上帝不寧命漢作京隴山以徂列爲西荒　法言寡見篇昔在姬公用於周而四海皇皇奠枕于京孔子用於魯齊人章章歸其侵疆　馮衍顯志賦發軔新豐兮裴回鎬京陵飛廉而太息兮登平陽而懷傷悲時俗之險阸兮哀好惡之無常棄衡石而意量兮隨風波而飛揚　班固東都賦遂綏哀牢開永昌春王三朝會同漢京　梁鴻五噫歌陟彼北芒兮噫顧瞻帝京兮噫　魏武帝薤露歌惟漢廿二世所任誠不良沐猴而冠帶知小而謀彊猶豫不敢斷因狩執君王白虹爲貫日巳亦先受殃賊臣持國柄殺王滅宇京蕩覆帝基業宗廟以燔喪播越西遷移號泣而且行瞻彼雒城郭微子爲哀傷　陳琳武軍賦漢季世之不辟青龍紀乎大荒熊羆競以拏攫神寶播乎鎬京　黃庭經取津玄膺入明堂下潄龍喉通神明坐侍華蓋游貴京飄飄三帝席淸

涼　晉成公綏魏相國舞陽宣文侯司馬公誄巴蜀作寇侵我邊疆乃眷西顧董統雍京丹麾所指莫之敢抗　晉鼙舞歌天命篇諸葛不知命肆逆亂天常擁徒十餘萬數來寇邊疆我皇邁神武秉鉞鎮雍京亮乃畏天威未戰先仆僵　陸雲寒蟬賦飈如飛焱之遺驚風眇如輕雲之麗太陽華靈鳳之羽儀晞皇都乎上京跨天路於萬里豈蒼蠅之尋常　故散騎常侍陸府君誄迹在九五違嶮即康猗歟高懿避風遠臧帝降大命丘園是揚祿將天邑舒藻舊京　張載扇賦夫製素製圓剖竹爲方五明起於名都九華興於上京　山海經海外北經北方禺彊莊子註一作禺京　魏應璩與滿炳書是京臺之樂也得無流而不反乎與從弟君苗君冑書楚人流遁於京臺是用戰國策魯共公强臺之樂語　說文涼𩞯諒掠皆以京得聲　按京字自漢韋孟諷諫詩乃眷南顧授漢于京始與寧征平爲韻韋玄成自劾詩致我小子越留于京與形聲爲韻班固西都賦博我以皇道弘我以漢京與情爲韻乃眷西顧

寔惟作京與靈成爲韻幽通賦皇十紀而鴻漸兮有羽儀於上京與靈聲爲韻崔駰河南尹箴茫茫天區畫冀爲京與營爲韻

麠

古音同上　說文麠从鹿畺聲

麖

同上　說文麠或从京聲

明

武兵切

古音謨郎反今以字母求之佀當作彌郎反　書益稷元首明哉股肱良哉庶事康哉　洪範無虐煢獨而畏高明

人之有能有爲使羞其行而邦其昌　詩雞鳴二章東方明矣朝旣昌矣匪東方則明月出之光　東方未明首章東方未明顛倒衣裳　黃鳥二章黃鳥黃鳥無集于桑無啄我粱此邦之人不可與明言旋言歸復我諸兄　大東楚茨並見上　信南山六章是烝是亯苾苾芬芬祀事孔明先祖是皇神保是饗報以介福萬壽無疆　甫田二章以我齊明與我犧羊以社以方我田旣臧農夫之慶　大明見上　旣醉二章旣醉以酒爾殽旣將君子萬年介爾昭明　民勞首章民亦勞止汔可小康惠此中國以綏四方無縱詭隨以謹無良式遏寇虐憯不畏明柔遠能邇以定我王　板八章昊天曰明及爾出王　蕩見下　烝民四章肅肅王命仲山甫將之邦國若否仲山甫明之　執競見上　敬之日就月將學有緝熙于光明佛時仔肩示我顯德行　有駜首章有駜有駜駜彼乘黃夙夜在公在公明明　易履彖傳履柔履剛也說而應乎乾是以履虎尾不咥人亨剛中正履帝位而不疚光明也　大有彖傳

見上　謙彖傳謙亨天道下濟而光明地道卑而上行　噬嗑彖傳噬嗑而亨剛柔分動而明雷電合而章柔得中而上行　晉彖傳明出地上順而麗乎大明柔進而上行　睽彖傳説而麗乎明柔進而上行得中而應乎剛　鼎彖傳巽而耳目聰明柔進而上行得中而應乎剛是以元亨　艮彖傳時止則止時行則行動靜不失其時其道光明　旅彖傳旅小亨柔得中乎外而順乎剛止而麗乎明

屯象傳求而往明也屯其膏施未光也泣血漣如何可長也　訟象傳不永所事訟不可長也雖小有言其辯明也　履象傳跛能履不足以有行也眇能視不足以與明也咥人之凶位不當也武人爲于大君志剛也愬愬終吉志行也夬履貞厲位正當也元吉在上大有慶也　噬嗑象傳屨校滅趾不行也噬膚滅鼻乘剛也遇毒位不當也利艱貞吉未光也貞厲无咎得當也何校滅耳聰不明也　夬象傳其行次且位不當也聞言不信聰不明也中行无咎中未光也无號之凶終不可長也　困象傳入于幽

谷幽不明也困于酒食中有慶也據于蒺藜乘剛也入于其宫不見其妻不祥也　豐象傳豐其蔀位不當也日中見斗幽不明也遇其夷主吉行也六五之吉有慶也豐其屋天際翔也闚其戶闃其無人自藏也　乾文言潛龍勿用陽氣潛藏見龍在田天下文明終日乾乾與時偕行　禮記月令是月也毋用火南方可以居高明可以遠眺望　呂氏春秋同　郊特牲是故喪國之社屋之不受天陽也薄社北牖使陰明也　祭義其氣發揚于上爲昭明焄蒿悽愴　孔子閒居無聲之樂日聞四方無體之禮日就月將無服之喪純德孔明　中庸果能此道矣雖愚必明雖柔必強　爾雅見下　楚辭九歌東君暾將出兮東方照吾檻兮扶桑撫余馬兮安驅夜皎皎兮既明　天問何闔而晦何開而明角宿未旦曜靈安藏　九章惜誦擣木蘭以矯桂兮糳申椒以爲糧播江蘺與滋菊兮願春日以爲糗芳恐情質之不信兮故重著以自明　懷沙玄文處幽兮矇瞍謂之不章離婁微睇兮瞽以爲無明　悲回風

悲回風之搖蕙兮心寃結而內傷物有微而隕性兮聲有隱而先倡夫何彭咸之造思兮暨志介而不忘萬變其情豈可蓋兮孰虛僞之可長鳥獸鳴以號羣兮艸苴比而不芳魚葺鱗以自別兮蛟龍隱其文章故荼苦不同畮兮蘭茝幽而獨芳惟佳人之永都兮更統世而自貺眇遠志之所及兮憐浮雲之相羊介眇志之所惑兮竊賦詩之所明

卜居夫尺有所短寸有所長物有所不足智有所不明

九辯見上　竊悲夫蕙華之曾敷兮紛旖旎乎都房何曾華之無實兮從風雨而飛颺以爲君獨服此蕙兮羌無以異於衆芳閔奇思之不通兮將去君而高翔心閔憐之慘悽兮願一見而有明重無怨而生離兮中結軫而增傷

大招田邑千畛人阜昌只美冒衆流德澤章只先威後文善美明只魂乎歸徠賞罰當只　雄雄赫赫天德明只三公穆穆登降堂只諸侯畢極立九卿只昭質既設大侯張只執弓挾矢揖辭讓只魂乎徠歸尚三王只　老子復命曰常知常曰明　不自見故明不自是故彰　跂者不

立跨者不行自見者不明自是者不彰　知人者智自知者明勝人者有力自勝者強　是謂微明柔勝剛弱勝強見小曰明守柔曰強用其光復歸其明無遺身殃是謂習常　知和曰常知常曰明益生曰祥心使氣曰強　管子問篇度必明失經常　心術下篇能戴大圓者體乎大方鏡大清者視乎大明　五行篇三曰黃鍾灑光四曰景鍾昧其明五曰黑鍾隱其常　七臣七主篇申主任勢守數以爲常周聽近遠以續明　侵主好惡反法以自傷喜決難知以塞明　孫子火攻篇故以火佐攻者明以水佐攻者強　莊子天運篇見上　知北游篇邀於此者四枝彊思慮恂達耳目聰明其用心不勞其應物無方天不得不高地不得不廣日月不得不行萬物不得不昌　墨子尚賢篇若日之光若月之明與天地同常　愼子不聽不明不能爲王　荀子不苟篇通則文而明窮則約而詳儒效篇炤炤兮其用知之明也脩脩兮其用統類之行也綏綏兮其有文章也熙熙兮其樂人之臧也隱隱兮其恐

人之不當也　王霸篇詩云如霜雪之將將如日月之光明爲之則存不爲之則亾　禮論篇天地以合日月以明四時以序星辰以行江河以流萬物以昌好惡以節喜怒以當以爲下則順以爲上則明萬物變而不亂貳之則喪也　大戴禮同　史記禮書同　解蔽篇傳曰知賢之謂明輔賢之謂彊勉之彊之其福必長　詩曰墨以爲明狐狸其蒼　成相篇請成相道聖王堯舜尚賢身辭讓許由善卷重義輕利行顯明　契玄王生昭明居於砥石遷于商十有四世乃有天乙是成湯　請成相言治方君論有五約以明君謹守之下皆平正國乃昌　君法明論有常表儀既設民知方進退有律莫得貴賤孰私王　賦篇非絲非帛文理成章非日非月爲天下明生者以壽死者以葬城郭以固三軍以彊　佹詩見上　大戴禮曾子天圓篇天道曰圓地道曰方方曰幽而圓曰明　司馬法定爵篇物既章目乃明慮既定心乃強　逸周書小開武解三極既明五行乃常　大戒解其位不尊其謀不陽我不畏

敬材在四方無擅于人塞匿勿行悲慼慼服孝悌乃明
周祝解故惡姑幽惡姑明惡姑陰陽惡姑短長　六韜守
土篇因其明順其常　文啟篇求而得之不可不藏既以
藏之不可不行既以行之勿復明之　素問生氣通天論
陽氣者若天與日失其所則折壽而不彰故天運當以日
光明　陰陽應象大論天不足西北故西北方陰也而人
右耳目不如左明也地不滿東南故東南方陽也而人左
手足不如右強也　六節藏象論五氣入鼻藏於心肺上
使五色脩明音聲能彰　著至教論別而未能明明而未
能彰足以治羣僚不足至侯王願得受樹天之度四時陰
陽合之別星辰與日月光以彰經術後世益明上通神農
著至教疑於二皇　示從容論今夫脉浮大虛者是脾氣
之外絕去胃外歸陽明也夫二火不勝三水是以脉亂而
無常也四支解墮此脾精之不行也喘欬者是水氣并陽
明也血泄者脉急血無所行也若夫以為傷肺者由失以
狂也不引此類是知不明也　疏五過論診病不審是謂

失常謹守此治與經相明上經下經揆度陰陽奇恒五中決以明堂審於終始可以橫行　方盛衰論脉動無常散陰頗陽脉脫不具診無常行診必上下度民君卿受師不卒使術不明不察逆從是爲妄行持雌失雄棄陰附陽不知幷合診故不明傳之後世反論自章　是以診有大方坐起有常出入有行以轉神明　靈樞經終始篇凡刺之道氣調而止補陰寫陽音氣益彰耳目聰明反此者血氣不行　外揣篇五音不彰五色不明五藏波蕩　陰陽二十五人篇余願得而明之金匱藏之不敢揚之　大惑論篇是故瞳子黑眼法於陰白眼赤脉法於陽也故陰陽合傳而精明也　呂氏春秋盡數篇見下　任數篇見上　審時篇百日食之耳目聰明心意叡智四衛變彊𣧑氣不入身無苛殃　史記秦始皇紀鄒嶧山刻石文二十有六年上薦高號孝道顯明既獻泰成乃降專惠親巡遠方　琅邪臺刻石文古之五帝三王知教不同法度不明假威鬼神以欺遠方實不稱名故不久長其身未歿諸侯倍叛

法令不行　之罘東觀刻石文維二十九年皇帝春游覽
省遠方逮于海隅遂登之罘昭臨朝陽觀望廣麗從臣咸
念原道至明聖法初興清理疆內外誅暴彊武威旁暢振
動四極禽滅六王闡并天下菑害絕息永偃戎兵　會稽
山刻石文遂登會稽宣省習俗黔首齋莊羣臣誦功本原
事迹追首高明秦聖臨國始定刑名顯陳舊章初平法式
審別職任以立恒常六王專倍貪戾慠猛率衆自彊暴虐
恣行負力而驕數動甲兵　天官書玄色甚明江池其昌
不利起兵　書見而經天是謂爭明彊國弱小國彊女主
昌　封禪書德星昭衍厥維休祥壽星仍出淵耀光明信
星昭見皇帝敬拜太祝文言　龜策傳殺周太子歷囚文
王昌投之石室將以昔至明陰兢活之與之俱亡　太史
公自序虛者道之常也因者君之綱也羣臣竝至使各自
明也　漢既初定文理未明蒼爲主計整齊度量　陸賈
新語術事篇書爲曉者傳事爲見者明制事者因其則服
藥者因其良書不必起仲尼之門藥不必出扁鵲之方合

之者善可以爲法因世而權行　至德篇爲威不強還自
亾立法不明還自傷　賈誼新書大政上篇知善而弗行
謂之不明知惡而弗改必受天殃　修政語上篇故道以
數取之爲明以數行之爲章以數施之萬姓爲藏　說苑
同　漢武帝悼李夫人賦既激感而心逐兮包紅顏而弗
明驩接狎以離別兮宵寤夢之茫茫　司馬相如長門賦
見上　東方朔七諫世俗更而變化兮伯夷餓於首陽獨
廉潔而不容兮叔齊久而愈明　漢書天文志太白經天
天下革民更王是謂亂紀人民流亾晝見與日爭明彊國
弱小國彊女主昌　禮樂志郊祀歌天地篇長麗前掞炗
耀明寒暑不忒況皇章　天門篇幡比翄回集貳雙飛常
羊月穆穆以金波日華燿以宣明　安世房中歌孔容之
常承帝之明下民之樂子孫休炗　承容之常承帝之明
下民安樂受福無疆　鼂錯傳言者不狂而擇者不明
使夫不明擇于不狂是以萬聽而萬不當也　淮南子原
道訓約而能張幽而能明弱而能強柔而能剛　文子同

日月以之明星歷以之行麟以之游鳳以之翔全人之治也掩其文章滅其聰明　文子同　筋力勁強耳目聰明　文子同　俶眞訓能戴大圓者履大方鏡大清者視大明立大平者處大堂能游於冥冥者與日月同光　文子同　天文訓天道曰圓地道曰方方者主幽圓者主明　登于扶桑爰始將行是謂朏明至于曲阿是謂旦明　又見下　時則訓與天合德與神合明所欲則得所惡則亡自古及今不可移匡　敦敦陽陽唯德是行養長化育萬物蕃昌以成五穀以實封疆其政不失天地乃明　覽冥訓消知能修太常隳肢體絀聰明　文子同　精神訓夫天地之道至紘以大尚猶節其章光愛其神明　文子同　本經訓焜昱錯眩照燿煇煌偃蹇蓼糾曲成文章雕琢之飾鍛錫文鏡乍晦乍明　道應訓吾知道之可以弱可以強可以柔可以剛可以陰可以陽可以窈可以明可以包裹天地可以應待無方　文子同　兵略訓所謂道者體圓而法方背陰而抱陽左柔而右剛履幽而戴明

變化無常得一之原以應無方是謂神明　文子同　彼非輕死而樂傷也爲其賞信而罰明也　約束信號令明兩軍相當鼓錞相望未至兵交接刃而敵人奔亾　文子同　先忤而後合前冥而後明若鬼之無迹若水之無創　說林訓石生而堅蘭生而芳少自其質長而愈明　文子同　百星之明不如一月之光十牖畢開不若一戸之明　文子同　修務訓見眠字下　舜二瞳子是謂重明作事成法出言成章　泰族訓其生物也莫見其所養而物長其殺物也莫見其所喪而物亾此之謂神明　文子同　文子自然篇清虚者天之明也無爲者治之常也上執大明下用其光　下德篇日月清淨而揚光五星不失其行此清淨之所明也　上禮篇主闇昧而不明道廢而不行德滅而不揚　鶡冠子王鈇篇埤以全犧正以齋明四時育之祀以家王　泰鴻篇是故有道南面執政以衛神明左右前後靜侍中央　舉載神明華天上揚　春秋繁露能冥則明能昏則彰　說苑建本篇少而好學如

日出之陽壯而好學如日中之光老而好學如炳燭之明炳燭之明孰與昧行乎　敬慎篇大功之效在於用賢積道浸章浸明衰滅之過在於得意而怠浸蹇浸亡　談叢篇心如天地者明行如繩墨者章　喜怒不當是謂不明　雜物篇晨鳴曰發明晝鳴曰保長飛鳴曰上翔集鳴曰歸昌　能爲幽能爲明能爲短能爲長　列女傳湯妃有㜪頌湯妃有㜪賢行聰明媵從伊尹自夏適商勤慤治中九嬪有行化訓內外亦無愆殃　魯季敬姜頌文伯之母號曰敬姜通達知禮德行光明　晉趙衰妻頌趙衰姬氏制行分明身雖尊貴不妬偏房　齊靈仲子頌齊靈仲子仁智顯明靈公立牙廢姬子光仲子強諫棄適不祥公既不聽果有禍殃　魏曲沃負頌見下　郃陽友娣頌見下急就篇載護郡景君明　易林坤之未濟履離載光天下照明功業不長蝦蟆代王　屯之既濟棟隆輔強寵貴日光福善茲作樂以高明　蒙之乾海爲水王聰聖且明之暎戌亥滅明顏子隱藏　比之賁見下　之兌陰不

奉陽上失其明　小畜之復　心狂精傷莫使爲明不見日
光　履之小過離婁之明無益爲光　否之復出和入明
動作有光運轉休息所爲允康　大有之師三火起明雨
滅其光高位疾顛驕恣誅傷　之泰稍進陽光登入溫湯
功德昭明　之臨離載陽光天下昭明　之遯三癡六狂
欲之平鄉迷惑失道不知昏明　之益見上　謙之屯東
壁餘光數暗不明　之蠱裸臥失明蓺我貝囊衛卸道旁
蠱之比視暗不明雲蔽日光不見子都鄭人心傷　之
豫昧視無光夜不見明冥抵空牀季棄逃亾　之震德惠
孔明主君復章係其室堂　之節英俊在堂福祿光明
臨之師六人俱行各遺其囊鴻鵠失珠無以爲明　觀之
訟目闇不明讒夫在堂右臂疾痺君失其光　賁之革日
出阜東山蔽其明章甫薦履箕子佯狂　剝之大有庭燎
夜明追願日光　之萃兩目失明日奪無光脛足跛曳不
可以行頓於丘旁　復之同人惡災殆盈日益章明禍不
可救三郤夷傷　无妄之蒙鬱映不明陰積無光日在北

陸萬物彫藏　大畜之萃雞狗相望仁道篤行不吠昏明
各安其鄉　之渙夜視失明不利遠鄉　頤之渙火息無
光千歲不長殷湯遠明　大過之臨陰制其陽唐叔失明　坎
之大畜車馬疾傷不利越鄉幽人無貪去晦就明
之泰朝不見光夜不見明暝抵空牀季女奔亾愴然心傷
離之觀陰蔽其陽目暗不明君憂其國求騂得黃駒犢
從行之大壯綏德孔明履祿久長貴且有光　恒之隨
昧旦不明日暗無光晝滅失常使我心傷　大壯之姤婚
禮不明男女失常　解之豐雷鼓東行稼穡彫傷大夫執
政君替其明　益之鼎仁德孔明患禍不傷　之節宰宙
滅明不見三光　夬之損見慶字下　姤之恒霧露雪霜
日暗不明陰孽爲疾年穀大傷　萃之謙爵秩不明爲臣
所傷衆陰羣聚共奪日光　升之賁日鏡不明冬災大傷
盜華失寶十年消亾　之革日居月諸遇暗不明長夜晝
甲絕其紀綱　困之泰陰雲四方日在中央人雖昏霧我
獨昭明　之明夷塞聰閉明殷人買傷　井之剝媒妁無

明雖期不行擠女長子亂我紀綱　小過之大過冥昧失明奪精無炎棄于道旁　既濟之需乘龍炎土先暗後明燎獵大得太師以昌　太玄經童測見去聲慶字下達測中冥獨達內曉無方也迷腹達目以道不明也蒼木維流內恕以量也小達大迷獨曉隅方也　更測冥化否貞少更方也時七時九不失當也化白于泥變不明也更之小得民所望也　疆次四爰聰爰明左右橿橿　睟陽氣約睟清明物咸重炎保厥昭陽　法測見下　常測見下視初一內其明不用其炎　沈測見上　晦測賴提明德將遵行也視非夷目國以替也晦冥之利不得獨明也止測止于止智足明也車軔馬止不可以行也闔其門戶禦不當也　玄攡知陰知陽知止知行知晦知明者其唯玄乎　玄瑩見上　玄文昆侖旁薄資懷無方神戰于玄邪正兩行龍出于中法度文明庳虛之否臣道不當曰正于天乘乾之剛　玄棿攡張之瑩明之　玄告上連下連非一方也遠近無常以類行也或多或寡事適乎明也

揚子法言問神篇天、天明照知四方　先知篇車服
以彰之藻色以明之聲音以揚之詩書以光之　揚雄元
后誄見去聲慶字下　越絕書德序外傳記經百八章上
下相明　敘外傳記禹來東征死葬其疆不直自斥託類
自明　山海經註引連山繇辭空山之蒼蒼八極之既張
乃有夫羲和是主日月職出入以爲晦明　尚書考靈曜
秋政不失人民昌冬政不失少疾瘞五政不失百穀稚熟
日月光明　通天文者明審地理者昌　樂稽耀和角致
發明身仁徵致焦明身禮商致鸕鷀身義羽致鳳皇身智
宮致幽昌身信　馮衍顯志賦驅素虯而馳騁兮乘翠雲
而相佯就伯夷而折中兮得務光而愈明　班固辟雍詩
見下　馬融廣成頌彼固未識夫雷霆之爲天常金華之
作昏明也　張衡東京賦見上　南都賦見上　黃香九
宮賦握璇璣而布政總四七而持綱和日月之光曜均節
度以運行序列宿之煥爛咸垂景以煌煌歷天陰之晦暗
陽土石以炳明　蔡邕胡栗賦見上　鄭氏詩譜舉一綱

而萬目張解一卷而衆篇明　荀悅漢紀贊其在中葉實
有陶唐丕顯伊則配天惟明蕩蕩厥猷有煥其章至于有
周對日重光　諸葛亮司馬季主墓碑辭玄漠太寂混合
陰陽天地交泮萬品滋彰先生理著分别柔剛鬼神以觀
六度顯明　博雅木神謂之畢方火神謂之游光金神謂
之清明　龍能高能下能小能巨能幽能明能短能長淵
渼是藏敷和其光　後漢書丁鴻傳見上　五行志註引
說文五方神鳥東方曰發明南方曰焦明西方曰鷫鷞北
方曰幽昌中央曰鳳皇　漢從事武梁碑辭懿德玄通幽
以明兮隱居靖處休曜章兮樂道忽榮垂蘭芳兮身沒名
存傳無疆兮　成陽令唐扶頌以仁恤弱以義抑彊恩由
春夏威如秋霜賞罰分審白黑著明　小黃門譙敏碑辭
於穆使君盛德昭明爰惟懿業帥由舊章　漢三神鑑銘
吾作明鏡幽鍊三商配像禺彊競從序道敬奉賢良周刻
典祀百身長樂衆事主陽福祿正明富貴安樂子孫蕃昌
賢者高顯至于公卿與師命長　清明鑑銘漢有善銅出

丹陽和以銀錫清且明左龍右虎尚三光朱雀玄武順陰陽　三國志管輅傳雖有爪牙微而不強雖有文章蔚而不明　魏阮籍通易論自乾元以來施平而明盛衰有時剛柔無常或得或失一陰一陽出入吉凶由闇察彰　黃庭經外應尺宅氣色芳光華所生以表明黃錦玉衣帶虎章注念三老子輕翔長生高僊遠死殃　又見上　我神魂魄在中央隨鼻上下知肥香立於懸廱通神明　下於喉嚨通神明過華蓋下清且涼　晉傅玄鼓吹曲見下　吏部尚書箴處唯舌者患銓衡之無常不患於不明　張華應詔祖道趙王詩崇選穆穆利建明明於顯穆親時惟我王　宋鮑照學劉公幹體詩白日正中時天下共光明北園有細艸當晝正含霜　隋書天文志見上　白虎通四十五日清明風至清明者清芒也　春秋考異郵四十五日清明風至清明者精芒挫收也　水經注洛陽清明門亦曰芒門　按明字自素問四氣調神大論秋三月此謂容平天氣以急地氣以明早臥早起與雞俱興使志安

寧以緩秋刑收斂神氣使秋氣平無外其志使肺氣清始
韜入平清等字爲韻然古文中亦有一二不拘者此篇明
與二字亦可不入韻六韜奇兵篇將不智則三軍大疑將
不明則三軍大傾乃音之始變也　漢世之文自王襃四
子講德論天符既章人瑞又明與精靈爲韻班婕妤自悼
賦蒙聖皇之渥惠兮當日月之盛明與靈庭成爲韻漢書
敘傳龔行天罰赫赫明明與經平爲韻炫炫上天縣象著
明與精成形爲韻馮公矯魏增主之明與平爲韻四國絕
祀河間賢明與輕營聲盈爲韻勒成一家大略孔明與荊
精經爲韻廣漢尹京克聰克明與平刑聲爲韻班固西都
賦天人合應以發皇明與靈成爲韻北征頌資天心謨神
明與冥城經庭爲韻泗水亭碑銘炎火之德彌光以明與
榮爲韻傅毅北海王誄維王勤德是昭是明與銘聲縈爲
韻崔駰大理箴熙乂帝載亢施作明與平清聽迸爲韻崔
瑗尚書箴無曰我審而忽爾明與庭成清榮經聲爲韻張
衡東京賦含德章臺天祿宣明與寧爲韻王逸九思陽氣

發兮清明與靈榮嫇爲韻王延壽魯靈光殿賦粤若稽古帝漢祖宗濬哲欽明與精寧爲韻古辭王子喬養民若子事父明與平寧爲韻蔡琰胡笳十八拍鞞鼓喧兮從夜達明與城生驚情營成平爲韻自此以後庚耕清青四韻中字雜然同用矣

盟

古音同上　詩巧言三章君子屢盟亂是用長　靈樞經終始篇和氣之方必通陰陽五藏爲陰六府爲陽傳之後世以血爲盟敬之者昌慢之者亡無道行私必得夭殃　史記太史公自序不背柯盟桓公以昌九合諸侯霸功顯彰田闞爭寵姜姓解亡　又見上　祭仲要盟鄭久不昌　易林解之益黄池要盟越國以昌　列女傳楚成鄭瞀頌子瞀先識執節有常興於不顧卒配成王知商臣亂言之甚強自嫌非子以殺身盟　黄庭經十讀四拜朝太上

先謁太帝後北向黃庭內經玉書暢授者曰師受者盟

䳟

古音同上　漢司馬相如上林賦拂翳鳥捎鳳皇捷鵷雛揜焦䳟史記作明亦作明劉向九歎駕鸞鳳以上游兮從玄鶴與焦明孔鳥飛而送迎兮騰羣鶴於瑤光

棖

直更切

古音長　詩丰俟我乎堂兮箋堂當作棖　孔子弟子申棖史記作申黨　說文棖从木長聲

𣥺

古音同上　考工記弓人弓有六材馬維幹強之張如流水維體防之引之中參維角𣥺之　說文𣥺从止尚聲

今此字兩收於十二庚三十六養部中

兵

甫明切

古音必良反　詩擊鼓首章擊鼓其鏜踴躍用兵土國城漕我獨南行　無衣三章豈曰無衣與子同裳王于興師修我甲兵與子偕行　抑四章肆皇天弗尚如彼流泉無淪胥以亡夙興夜寐灑埽廷內維民之章修爾車馬弓矢戎兵用戒戎作用逷蠻方　左傳哀九年是謂沈陽可以興兵利以伐姜不利子商　禮記月令是月也不可以稱兵稱兵必天殃　呂氏春秋同　管子問篇備用必足人有餘兵詭陳之行以慎國常　吳子治兵篇投之所往天下莫當名曰父子之兵　應變篇募吾材士與敵相當輕足利兵以為前行分陣列騎隱於四旁相去數里無見其兵　司馬法定爵篇凡五兵五當長以衛短短以救長迭戰則久皆戰則強　用衆篇選良次兵是謂益人之強

荀子佹詩志愛公利重樓疏堂無私罪人憼革貳兵　大略篇非其人而教之齎盜糧借賊兵也　戰國策蘇秦說秦惠王綴甲厲兵效勝於戰場　呂氏春秋侈樂篇樂不樂者其民必怨其生必傷其王之與樂也若冰之於炎日反以自兵　音律篇夷則之月修法飭刑選士厲兵詰誅不義以懷遠方　史記秦始皇紀之罘東觀刻石文會稽山刻石文並見上　天官書五星同色天下偃兵百姓寧昌　又見上　又見下　龜策傳艸木畢分化爲甲兵戰勝攻取莫如元王　枚乘七發其始起也洪淋淋焉若白鷺之下翔其少進也浩浩溰溰如素車白馬帷蓋之張其波涌而雲亂擾擾焉如三軍之騰裝其旁作而奔起也飄飄焉如輕車之勒兵　淮南子天文訓爲疾爲喪爲饑爲兵出入無常　太陰治春則欲行柔惠溫涼太陰治夏則欲布施宣明太陰治秋則欲修備繕兵太陰治冬則欲猛毅剛彊三歲而改節六歲而易常故三歲而一饑六歲而一衰十二歲一康　時則訓勤衆興兵必有天殃上潤

溽暑大雨時行利以殺艸糞田疇以肥土疆　說山訓得

萬人之兵不如聞一言當　文子同　說林訓蘭芝以芳

未嘗見霜鼓造辟兵壽盡五月之望　文子同鼓造作蟾

蜍　鶡冠子王鈇篇文則寢天下之兵武則天下莫能當

說苑指武篇兩壘相當旌旗相望塵埃相接接戰構兵

談叢篇口者關也舌者兵也出言不當反自傷也　列

女傳魏曲沃負頌魏負聰達非刺哀王王子納妃禮別不

明負款王門陳列紀綱王能自修卒無敵兵　急就篇爰

展世高辟兵　易林訟之夬亾失刀兵身全不傷　比之

蒙盜堯衣裳桀跖荷兵青禽照夜三日夷傷　无妄之謙

東行辟兵南去不祥坎從我雎陽可避刀兵與福俱行

有命久長　蹇之離見下　之夬向日揚光火爲正王消

金厭兵雷車避藏陰雨不行民定其鄉　益之臨帶季兒

良時利權兵將師合戰敵不能當趙魏以強　艮之坎銷

金鑄兵雷車不行民安其鄉　嚴遵座右銘讒佞者刎頸

之兵殘酷者絕世之殃陷害者滅嗣之場　揚雄甘泉賦

於是乃命羣僚歷吉日協靈辰星陳而天行詔招搖與太陰兮伏鉤陳使當兵屬堪輿以壁壘兮捎夔魖而抉獝狂　并州牧箴太上曜德其次曜兵德兵俱顛靡不悴荒牧臣司并敢告執綱　劇秦美新獨秦崛起西戎邠荒岐雍之疆因襄文宣靈之僭跡基孝公茂惠文奮昭莊至政破從擅衡并吞六國遂稱乎始皇盛從鞅儀韋斯之邪政馳騖起翦恬賁之用兵　劉歆遂初賦荀寅肆而額恣兮吉射叛而擅兵憎人臣之若兹兮責趙鞅於晉陽　越絕書敘外傳記動作不當天與其殃知此上事乃可用兵　漢書天文志五星同色天下匽兵百姓安寧歌舞以行不見災疾五穀蕃昌　又見下　春秋合誠圖大陵星主死喪東井主水衡獄漢主遂王五殘主國亡旬始主爭兵　白虎通武王望羊是謂攝揚盱目陳兵天下富昌　吳越春秋望敵設陳飛矢揚兵履腹涉屍血流湯湯　馬融圍棊賦略觀圍棊兮法於用兵三尺之局兮爲戰鬭場陳聚士卒兮兩敵相當拙者無功兮弱者先亡　蔡邕祖餞祝文

見上　漢幽州刺史朱龜碑辭撫以仁德渙若風翔分命部隊出竟觀兵　晉書天文志天弓張天下盡兵　隋書天文志星與日爭光武且弱文且強女子爲王在邑爲喪在野爲兵　宋程大昌演繁露引裴玄新言曰五月五日集五綵繒謂之辟兵不解以問伏君伏君曰青赤白黑爲之四面黃居中央名曰襞方綴之於複以示婦人養蠶之工也傳聲者誤以爲辟兵　按兵字自魏王粲刀銘相時陰陽制茲利兵始與清呈形靈爲韻陳思王孟冬篇武官誠田講旅統兵與清停爲韻贈丁儀王粲詩皇佐揚天惠四海無交兵與清城名聲營經爲韻明帝苦寒行雖有吳蜀寇春秋足耀兵與齡纓爲韻

兄　許榮切

古音虛王反　詩鶉之奔奔首章鶉之奔奔鵲之彊彊人之無良我以爲兄　將仲子二章將仲子兮無踰我牆無

折我樹桑豈敢愛之畏我諸兄　陟岵三章陟彼岡兮瞻望兄兮　黃鳥見上　皇矣三章則友其兄則篤其慶載錫之光受祿無喪奄有四方　七章帝謂文王詢爾仇方同爾兄弟後漢書伏湛傳引作同爾弟兄　楚辭天問眩弟竝淫危害厥兄何變化以作詐而後嗣逢長　韓非子兄萌字下　史記晉世家恭太子更葬兮後十四年晉亦不昌昌乃在其兄　韓安國傳雖有親父安知其不爲虎雖有親兄安知其不爲狼　淮南子兵略訓民之爲用猶子之爲父弟之爲兄威之所加若崩山決塘敵孰敢當下事上如兄則不難爲之也　文子同　說林訓損年則嫌于弟益年則疑于兄不如循其理若其當　列女傳郃陽友娣頌季兄樹義夫殺其兄欲復兄讐義不可行不留不去遂以自殃馮翊表墓嘉其義明　急就篇畢稚季昭小兄　易林比之賁兩火爭明雖鬭不傷分離且忍全我弟兄　泰之姤悲鳴北行失其長兄伯仲不幸骸骨敗也大有之小過覗日再光與天相望長生懽悅與福爲兄

豫之巽登階上堂見吾父兄左酒右漿與福相迎貢
之咸三足俱行傾危善僵六指不便恩累弟兄樹柱閬居
失其正當　咸之震叔迎伯兄遇巷在陽君子季姬並坐
鼓簧　遯之大畜左跌右僵前躓觸桑其積據石傷其弟
兄　睽之乾上堂見觴喜爲吾兄使我憂忘　之革駕黃
買蒼與利相迎心獲所守不累弟兄　蹇之離見下之
家人駕迎吾兄送我驪黃　既濟之鼎禍起子傷弟代其
兄鄭文不昌　班固辟雍詩廼流辟雍辟雍湯湯聖皇蒞
止造舟爲梁皤皤國老廼父廼兄抑抑威儀孝友光明於
赫太上示我漢行　焦仲卿妻詩自君別我後人事不可
量果不如先願又非君所詳我有親父母逼迫兼弟兄以
我應他人君還何所望　魏阮籍莊論皆盛僕馬修衣裳
美珠玉飾帷牆出媚君上入欺父兄矯厲才智競逐縱橫
家以慧子殘國以才臣亡　晉魯褒錢神論親之如兄字
曰孔方失之則貧弱得之則富強　雖有中人而無家兄
何異無足而欲行無翼而欲翔　漢石經尚書無逸無皇

曰作母兄曰則皇自敬德作兄自敬德　按兄字自漢韋玄成自劾詩茅土之繼在我俊兄始與形聲爲韻去聲則音況　詩桑柔首章不殄心憂倉兄塡兮　召旻五章胡不自替職兄斯引　六章溥斯害矣職兄斯弘管子大匡篇召忽語管仲曰雖得天下吾不生也兄與我齊國之政也　史記呂后紀呂祿以爲酈兄不欺已徐廣曰音況字也名寄　漢書辛慶忌傳通長子次兄師古曰次兄其字也兄讀如本字亦讀曰況　尹翁歸傳字子兄師古曰兄讀曰況　翟義傳震羌侯竇兄師古曰兄讀曰況　儒林傳翟牧子兄師古曰兄讀曰況　說文況貺皆以兄得聲　韻補兄虛王切白虎通曰兄者況也況父法也廣雅兄況也釋名兄荒也荒大也故青徐人謂兄爲荒也　陳第曰漢樊毅華嶽廟碑云君舉必書況乃盛德亦作兄字

卿

去京切

古音羌　詩蕩四章爾德不明以無陪無卿　左傳見上
天招見上　素問見上　穆天子傳見下　史記天官
書火與水合爲焠與金合爲鑠爲喪皆不可舉事用兵大
敗土爲憂主孽卿　伍子胥傳見上　漢書天文志熒惑
與太白合則爲喪不可舉事用兵與塡合則爲憂主孽卿
樓護傳五侯治喪樓君卿　陸賈新語資質篇上爲帝
王之御物下則賜公卿庶賤不得以備器械閉絶以關梁
易林臨之泰鞭平服荆除大咎殃威震敵國還受上卿
蹇之離嬴氏違良使孟尋兵老師不已敗于齊卿　升
之坤百里南行雖微復明去虞適秦爲穆國卿　列女傳
秋胡子曰力田不如逢豐年力桑不如見國卿　急就篇
周千秋趙孺卿　庶霸遂萬段卿　揚雄解嘲見上　李
尤辟雍賦延忠信之純德兮列左右之貂璫三后八蕃師
尹羣卿加休慶德稱壽上觴戴甫垂畢其儀蹌蹌　漢三
神鑑銘見上　韻補卿墟羊切說文卿章也白虎通卿之
爲言章善明理也　按卿字自魏陳思王精微篇關東有

賢女自字蘇來卿始與傾生零名頸爲韻

鯨　渠京切

古音其良反　說文海大魚也本作鱷从魚畺聲引左傳取其鱷鯢漢書翟義傳引此亦作鱷鯢師古曰鱷古鯨字

迎　語京切

古音昂　莊子應帝王篇至人之用心若鏡不將不迎應而不藏故能勝物而不傷　淮南子覽冥訓同　知北游篇無有所將無有所迎　史記龜策傳雷電將之風雨迎之流水行之侯王有德乃得當之今俗本誤作送　理達於理文相錯迎使工占之所言盡當　淮南子詮言訓不能使禍不至信已之不迎也不能使福必來信已之不攘也　來者弗迎去者弗將人雖東西南北獨立中央　文子同　說苑談叢篇時至不迎反受其殃　易林泰之明

夷求免得釋過其所望歟以相迎高位夷傷　豫之兕見上
蠱之乾首釋與目載受福慶我有好爵與喜相迎
大畜之小畜配合相迎利之四鄉昏以爲期明星煌煌欣喜奭澤所言得償　離之蒙門戶下堂與福相迎祿於公室曾孫以昌　睽之革見上　升之蠱旨者目張跛倚起行瞻望日月與主相迎　未濟之姤淵藪牡荊生翳山旁仇敵背憎就肯相迎　馬融圍棊賦駱驛自保兮先後來迎攻寬擊虛兮蹌踤內房利則爲時兮便則爲強　又見上　說文迎从辵卬聲　晉語若川然有原以卬浦而後大　韋昭解卬迎也

行

戶庚切

古音杭　書泰誓謂已有天命謂敬不足行謂祭無益謂暴無傷厥鑒惟不遠在彼夏王　洪範見上　凡厥庶民極之敷言是訓是行以近天子之光曰天子作民父母以爲天下王　易泰九二包荒用馮河不遐遺朋亡得尚于

中行　詩卷耳首章采采卷耳不盈頃筐嗟我懷人寘彼
周行　擊鼓見上　雄雉四章百爾君子不知德行不忮
不求何用不臧　北風首章北風其涼雨雪其雱惠而好
我攜手同行　載馳見上　氓四章淇水湯湯漸車帷裳
女也不爽士貳其行　大叔于田二章叔于田乘乘黃兩
服上襄兩驂鴈行叔在藪火烈具揚　有女同車見上
丰三章衣錦褧衣裳錦褧裳叔兮伯兮駕予與行　汾沮
洳見上　鴇羽三章肅肅鴇行集于苞桑王事靡盬不能
蓺稻粱父母何嘗悠悠蒼天曷其有常　秦黃鳥二章交
交黃鳥止于桑誰從穆公子車仲行維此仲行百夫之防
無衣見上　七月見上　東山二章町疃鹿場熠燿宵
行　鹿鳴首章吹笙鼓簧承筐是將人之好我示我周行
六月四章侵鎬及方至于涇陽織文鳥章白旆央央元
戎十乘以先啟行　沔水二章沔彼流水其流湯湯鴥彼
飛隼載飛載揚念彼不蹟載起載行心之憂矣不可弭忘
十月之交二章日月告凶不用其行四國無政不用其

良彼月而食則維其常此日而食于何不臧　大東二章
糾糾葛屨可以履霜佻佻公子行彼周行　六章見上
北山四章或息偃在牀或不已于行　車舝四章高山仰
止景行行止　何草不黃首章何草不黃何日不行何人
不將經營四方　大明二章六章竝見上　緜七章乃立
皋門皋門有伉乃立應門應門將將乃立冢土戎醜攸行
篤公劉首章篤公劉匪居匪康廼場廼疆廼積廼倉廼
裹餱糧于槖于囊思戢用光弓矢斯張干戈戚揚爰方啟
行　蕩見上　崧高六章王命召伯徹申伯土疆以峙其
粻式遄其行　天作天作高山太王荒之彼作矣文王康
之彼徂矣岐有夷之行　敬之見上　易坤彖傳牝馬地
類行地无疆柔順利貞君子攸行先迷失道後順得常西
南得朋乃與類行東北喪朋乃終有慶安貞之吉應地无
疆　小畜彖傳見上　密雲不雨尚往也自我西郊施未
行也　大有彖傳見上　謙彖傳見上　噬嗑彖傳見上
剥彖傳剥剥也柔變剛也不利有攸往小人長也順而

止之觀象也君子尚消息盈虛天行也　復彖傳反復其
道七日來復天行也利有攸往剛長也　大過彖傳見上
遯彖傳見上　晉彖傳見上　睽彖傳見上　損彖傳
損損下益上其道上行　益彖傳益損上益下民說无疆
自上下下其道大光利有攸往中正有慶利涉大川木道
乃行益動而巽日進无疆天施地生其益无方凡益之道
與時偕行　姤彖傳姤遇也柔遇剛也勿用取女不可與
長也天地相遇品物咸章也剛遇中正天下大行也　升
彖傳用見大人勿恤有慶也南征吉志行也　鼎彖傳見
上　艮彖傳見上　巽彖傳剛巽乎中正而志行柔皆順
乎剛　小過彖傳見上　需彖傳需于郊不犯難行也利
用恒无咎未失常也　師彖傳左次无咎未失常也長子
帥師以中行也弟子輿尸使不當也　履彖傳見上　否
象傳包羞位不當也有命无咎志行也大人之吉位正當
也否終則傾何可長也　同人彖傳伏戎于莽敵剛也三
歲不興安行也　豫彖傳盱豫有悔位不當也由豫大有

得志大行也六五貞疾乘剛也恒不死中未亡也冥豫在上何可長也　噬嗑象傳見上　大畜象傳六五之吉有慶也何天之衢道大行也　晉象傳衆允之志上行也鼫鼠貞厲位不當也貞吉悔亡往有慶也維用伐邑道未光也　睽象傳見輿曳位不當也无初有終遇剛也交孚无咎志行也厥宗噬膚往有慶也遇雨之吉羣疑亡也　困象傳困于葛藟未當也動悔有悔吉行也　震象傳震來厲乘剛也震蘇蘇位不當也震遂泥未光也震往來厲危行也其事在中大无喪也　歸妹象傳利幽人之貞未變常也歸妹以須未當也愆期之志有待而行也帝乙歸妹不如其娣之袂良也其位在中以貴行也上六无實承虛筐也　豐象傳見上　未濟象傳未濟征凶位不當也貞吉悔亡志行也　乾文言見上　坤文言坤至柔而動也剛至靜而德方後得主而有常含萬物而化光坤道其乎承天而時行　繫辭下傳初率其辭而揆其方既有典常苟非其人道不虛行　雜卦傳姤遇也柔遇剛也漸女

歸待男行也　左傳哀六年引五子之歌惟彼陶唐帥彼
天常有此冀方今失其行亂其紀綱乃滅而亡　禮記月
令慶賜遂行無有不當乃命太史守典奉法司天日月星
辰之行宿離不貸毋失經紀以初爲常　土潤溽暑大雨
時行燒薙行水利以殺草如以熱湯可以糞田疇可以美
土疆　孟子故居者有積倉行者有裹糧也然後可以爰
方啟行　楚辭離騷靈氛既告余以吉占兮歷吉日乎吾
將行折瓊枝以爲羞兮精瓊爢以爲粻　陟升皇之赫戲
兮忽臨睨夫舊鄉僕夫悲余馬懷兮蜷局顧而不行　九
歌東君青雲衣兮白霓裳舉長矢兮射天狼操余弧兮反
淪降援北斗兮酌桂漿撰余轡兮高馳翔杳冥冥兮以東
行　國殤凌余陣兮躐余行左驂殪兮右刃傷　天問不
任汩鴻師何以尚之僉曰何憂何不課而行之　爭遣伐
器何以行之並驅擊翼何以將之　九章涉江陰陽易位
時不當兮懷信侘傺忽乎吾將行兮　哀郢去故鄉而就
遠兮遵江夏以流亡出國門而軫懷兮甲之鼂吾以行

悲回風存髣髴而不見兮心踴躍其若湯撫珮衽以案志兮超惘惘而遂行　遠遊見上　騎膠葛以雜亂兮班漫衍而方行撰余轡而正策兮吾將過乎句芒　涉青雲以汎濫游兮忽臨睨夫舊鄉僕夫懷余心悲兮邊馬顧而不行　招魂見上　宋玉釣賦其意不可得退而牽行下觸清泥上則波颺　大戴禮武王踐阼篇惡有藏之約行之行萬世可以爲子孫常者乎　投壺篇乃揖乃讓乃躋其堂乃節其行既志乃張　尚書大傳舜歌日月有常星辰有行　周叔邦父簠銘叔邦父作簠用征用行用從君王子子孫孫其萬年無疆　老子見上　上士聞道勤而行之中士聞道若存若亡　故弱之勝強柔之勝剛天下[illegible]不知莫能行　管子牧民篇四維張則君令行　毋曰不[illegible][illegible]同鄉遠者不行　版法篇民苦殃令不行　法法篇不[illegible][illegible][illegible]法則事毋常法不法則令不行　白心篇非吾當雖利不行　四時篇刑德離鄉時乃逆行　七臣七主篇愚臣深罪厚罰以爲行重賦斂多兌道以爲上使身見憎而主受

其誦　禁藏篇國富兵彊民材而令行　度地篇令甲士
作隄大水之旁大其下小其上隨水而行地有不生艸者
必爲之囊大者爲之隄小者爲之防夾水四道禾稼不傷
弟子職篇對客無讓應且遂行　晏子諫上篇且天之
下陜固于富彊爲善不用出政不行賢人使遠讒人反昌
百姓疾怨自爲祈祥録録彊會進死何傷是以列舍無次
變星有芒熒惑回逆孽星在旁有賢不用安得不亡　莊
子人間世篇迷陽迷陽無傷吾行　天運篇孰主張是孰
維綱是孰居無事推而行是　山木篇不知義之所適不
知禮之所將猖狂妄行乃蹈乎大方其生可樂其死可葬
吾願君去國捐俗與道相輔而行　知北游篇見上　吳
子應變篇車堅馬良將勇兵強卒遇敵人亂而失行　又
見上　穆天子傳天子作詩帝收九行嗟我公侯百辟冢
卿皇我萬民旦夕勿忘　逸周書大明武解陣若雲布侵
若風行輕車翼衛在戎二方　小開武解明勢天道九紀
咸當順德以謀罔惟不行　寶典解秋落冬殺有常政

蟲行　大戒解見上　時訓解風不解凍號令不行蟄蟲不振陰干陽魚不上冰甲胄私藏　蚯蚓不結君政不行麋角不解兵甲不藏水泉不動陰不承陽　周祝解時之徙也勤以行不知道者以福亡　威之失也陰食陽善爲國者使之有行　越語范蠡對王因陰陽之行順天地之常柔而不屈彊而不剛德虐之行因以爲常　天道皇皇日月以爲常明者以爲法微者則是行陽至而陰陰至而陽日困而還月盈而匡古之善用兵者因天地之常與之俱行後則用陰先則用陽近則用柔遠則用剛　司馬法定爵篇凡事善則長因古則行誓作章人乃強滅厲祥　六若行不行身以將之若行而行因使勿忘三乃成章　六韜上賢篇兵勢不行敵國乃強　文啟篇見上　五音篇古者三皇之世虛無之情以制剛強無有文字皆繇五行　墨子見上　荀子儒效篇見上　君道篇故法不能獨立類不能自行得其人則存失其人則亡　禮論篇見上　成相篇世無王窮賢良暴人芻豢仁人糟糠禮樂滅息

聖人隱伏墨術行　賦篇生於山阜處於室堂無知無巧
善治衣裳不盜不竊穿窬而行日夜合離以成文章已能
合從又善連衡下覆百姓上飾帝王　佹詩見上　韓非
子揚權篇四海既藏道陰見陽左右既立開門而當勿變
勿易與二俱行　八姦篇見萌字下　解老篇天得之以
高地得之以藏維斗得之以成其威日月得之以恒其光
五常得之以常其位列星得之以緯其行四時得之以御
其變氣軒轅得之以擅四方赤松得之與天地統聖人得
之以成文章　內儲說下見上　外儲說左上見上　外
儲說右上女有知也人且臧女女無知也人且行女　呂
氏春秋盡數篇集於羽鳥與爲飛揚集於走獸與爲流行
集於珠玉與爲精朗集於樹木與爲茂長集於聖人與爲
敻明精氣之來也因輕而揚之因走而行之因美而良之
因長而養之因智而明之　大樂篇天地車輪終則復始
極則復反莫不咸當日月星辰或疾或徐日月不同以盡
其行四時代興或暑或寒或短或長或柔或剛　[illegible]

三者咸當無爲而行　勿躬篇昭乎若日之光變化萬物而無所不行　辨土篇莖生有行故遬長弱不相害故遬大　鶡冠子王鈇篇列星不亂各以序行故小大莫弗以章　天用四時地用五行天子執一以居中央　素問標本病傳論知標本者萬舉萬當不知標本是謂妄行　疏五過論外爲柔弱亂至失常病不能移則醫事不行　又見上　示從容論方盛衰論竝見上　靈樞經九針十二原篇刺諸熱者如以手探湯刺寒清者如人不欲行　終始篇見上　師傳篇余聞先師有所心藏弗著于方余願聞而藏之則而行之　五亂篇清氣在陰濁氣在陽營氣順脈衛氣逆行　陰陽繫日月篇此天地之陰陽也非四時五行之以次行也　病傳篇諸方者衆人之方也非一人之所盡行也　天年篇營衛之行不失其常呼吸微徐氣以度行六府化穀津液布揚各如其常　憂恚無言篇何道之塞何氣出行使音不彰願聞其方　邪客篇離而入陰別而入陽此何道而從行願盡聞其方　官能篇言

陰與五合於五行五藏六府亦有所藏四時八風盡有陰
陽各得其位合於明堂　寒入於中推而行之經陷下者
火則當之　各得其人方乃可行其名乃彰不得其人其
功不成其師無名　癰疽篇陰陽已張因息乃行　陸賈
新語道基篇序四時調陰陽布氣治性次置五行春生夏
長秋收冬藏陽生雷電陰成雪霜養育羣生一茂一亾
是以君子握道而治據德而行席仁而立杖義而彊
事篇見上　辨惑篇道因權而立德因勢而行不在其位
者則無以齊其政不操其柄者則無以制其剛　賈誼新
書大政上篇見上　修政語下篇聞道志而藏之知道善
而行之　史記秦始皇紀琅邪臺刻石文見上　天官書
斗爲帝車運於中央臨制四鄉分陰陽建四時均五行
五星合是謂易行有德受慶改立大人奄有四方子孫蕃
昌無德受殃若亾　漢書天文志同　龜策傳雲蓋其上
五采青黄雲雨並起風將而行入於端門見於東箱身如
流水潤澤有光　文王病死載尸以行太子發代將號爲

武王戰於牧野破之華山之陽紂不勝敗而還走圍之象郎自殺宣室身死不葬頭懸車軫四馬曳行　聖人伏匿百姓莫行天數枯旱國多妖祥　是皆當時而行見事而彊乃能成其帝王　又見上　太史公自序景公謙德獎惑還行別成暴虐宋乃滅亡　嚴忌哀時命見上　枚乘七發弭節伍子之山通厲骨母之場凌赤岸篲扶桑橫奔似雷行　司馬相如大人賦厮征伯僑而役羨門兮詔岐伯使尚方祝融警而蹕御兮清氣氛而後行　東方朔七諫世從俗而變化兮隨風靡而成行信直退而毀敗兮虛偽進而得當　荅客難得士者彊失士者亡故說得行焉　淮南子原道訓見上　其德優天地而和陰陽節四時而調五行　童子不孤婦人不孀虹蜺不出賊星不行　文子同　天文訓六月當心左周而行分而爲十二月與日相當天地重襲後必無殃　又見上　時則訓見上　精神訓日月失其行薄蝕無光風雨非其時毀折生災五星失其行州國受殃　文子同　以死生爲一化以萬物

爲一方同精於太清之本而游於忽區之旁有精而不使
有神而不行　本經訓　安則止激則行通體于天地同精
于陰陽　日月淑清而揚光五星循軌而不失其行　聖
人節五行則治不荒　主術訓　智詐萌興盜賊滋彰上下
相怨號令不行　文子同　繆稱訓　終身爲善非天不行
終身爲不善非天不亾　齊俗訓　武王伐紂載尸而行海
內未定故不爲三年之喪始禹遭洪水之患陂塘之事故
朝死而暮葬　兵略訓　威儀並行是謂至强　主雖射雲
中之鳥而釣深淵之魚彈琴瑟聲鐘竽敦六博投高壺兵
猶且强令猶且行也　明於奇正賌陰陽刑德五行望氣
候星龜策禨祥　說山訓　申徒狄負石自沈於淵而溺者
不可以爲抗弦高誕而存鄭誕者不可以爲常事有一應
而不可循行　說林訓　躬竹能立而不能行蛇牀佀麋蕪
而不能芳　人間訓　故義者天下之所賞也百言百當不
如擇趨而審行也　或明禮義推道體而不行或解構妄
言而反當　修務訓　見异字下　夫地勢水東流人必事

焉然後水潦得谷行禾稼春生人必加功焉故五穀得遂長春族訓逆天暴物則日月薄蝕五星失行四時干乖晝冥宵光山崩川涸冬雷夏霜　文子同　伊尹憂天下之不治調和五味負鼎俎而行五就桀五就湯　要略所以和陰陽之氣理日月之光節開塞之時列星辰之行知逆順之變避忌諱之殃順時運之應法五神之常　所以知戰陣分爭之非道不行也知攻取堅守之非德不強也以若疑天地發起陰陽序四時正流方綏之斯寧推之斯行　文子精誠篇政失於春歲星盈縮不居其常政失於夏熒惑逆行政失於秋太白不當出入無常政失於冬辰星不效其鄉四時失政鎮星搖蕩　自然篇道生萬物理於陰陽化爲四時分爲五行　下德篇見上　地之生財大本不過五行聖人節五行卽治不荒　上仁篇後生其若冬涉大川者不敢行也猶兮其若畏四鄰者恐自傷也　上義篇威義竝行是謂必強　上禮篇見上　韓詩外傳幽幽冥冥德之所藏紛紛沸沸道之所行　漢書天

文志三星若合是謂驚立絶行其國外内有兵與㐮　又
見上　禮樂志安世房中歌孝奏天儀若日月光乘玄四
龍回馳北行羽旄殷盛芬哉芒芒孝道隨世我署文章
李尋傳日初出炎以陽君登朝佞不行　王莽傳江湖有
盜自稱楚王姓爲劉氏萬人成行不受赦令欲動秦雒陽
十一年當相攻太白揚光歲星入東井其號當行　王襃
九懷見上　登華蓋兮乘陽聊逍遥兮播光抽庫婁兮酌
醴援瓟瓜兮接糧畢休息兮遠逝發玉軔兮西行　說苑
君道篇苞苴行邪讒夫昌邪　必自他藏之必自他行之
建本篇見上　雜言篇吾聞人君不困不成王列士不
困不成行　列女傳魯寡陶嬰歌天命早寡兮獨宿何傷
寡婦念此兮泣下數行嗚呼哀哉兮死者不可忘飛鳥尚
然兮況於貞良雖有賢雄兮終不重行　湯妃有㜪頌見
上　楚老萊妻頌老萊與妻逃世山陽蓬蒿爲室莞葭爲
牆楚王聘之老萊將行妻曰世亂乃遂逃亡　郃陽友娣
頌見上　劉向九歎悲余心之悁悁兮哀故邦之逢殃

九年而不復兮獨煢煢以南行　歎離騷以揚意兮猶未殫於九章長噓吸以於悒兮涕横集而成行　且人心之有舊兮而不可保長邅彼南道兮以征夫宵行　杖銘歷危乘險匪杖不行年耆力竭匪杖不彊　家語見去聲病字下　易林屯之履百足俱行相輔爲强三聖翼事王室寵光　比之大畜擁遏隄防水不得行火盛陽光陰蜺伏藏退還其鄉　之艮狼虎爭強禮義不行兼吞其國齊魯無王履之臨　三羊俱亡奔走南行會暮失跡不知其藏泰之姤見上　否之噬嗑見上　之困白日揚光雷車避藏雲雨不行各自還鄉　同人之蒙三羖五牂相隨俱行迷入空澤經涉六駮爲賊所傷　之困跛踦俱行日暮車傷失旅無糧　豫之小畜見上　臨之師見上　之比隨時轉行不失其常各樂厥類身無咎殃　觀之大壯心壯無良猖獗妄行觸抵牆壁不見戶房　賁之咸見上之巽懷璧越鄉不可遠行　剥之萃見上　復之中孚三人俱行各別採桑　无妄之震千里無牆鸑鳳游行　之

未濟長股遠行俚且善藏　大畜之屯水暴横行浮屋壞
牆泱泱溢溢市師驚惶　之萃見上　之升窻牖戶房通
利明兇賢智輔聖仁施大行家給人足海内殷昌　頤之
升三鳥鶱鸖相隨俱行南到饒澤食魚與粱君子長樂見
惡不傷　坎見上　離之觀見上　之大過被繡夜行不
見文章安坐于堂乃無咎殃長子帥師得其正常　之明
夷使伯采桑拒不肯行與叔爭訟更相毀傷　恒之復阿
衡服箱太乙載行延時歷舍所之吉昌　之兌張狂妄行
竊食盜粱　遯之比方内不行輻輪摧傷　之困雷車不
藏隱隱西行　之中孚出門東行日利辰良　大壯之中
孚求君衣裳情不可當綢繆西行爲伯生殃　睽之漸魁
剛所當初爲敗殃君子需連困于水漿求全東山利在茂
鄉賈市有息子載母行　解之豐見上　夬之損見慶字
下　之歸妹見上　升之蠱見上　井之剥見上　之因
從叔旅行會于東昌嘉伯悅喜與我芝香　之中孚傾跌
不行弱柔善僵孟縶無良失其寵兇　革之萃求麋嘉

惡艴不行道止中返復還其牀　艮之坎見上　豐之需
三龍北行道逢六狼莫宿中澤爲禍所傷　小過之夬六
疾生犴癡恚妄行　太玄經周上九還于丕或弃之行
狩測匍匐亾德若無行也熒狩栝栝多欲往也弃炎丘陵
短臨長也狩于酒會仕無方也狩有足位正當也　羨陽
氣贊幽推包羨爽未得正行　測羨迂塗不能直行也羨
譖正善反常也　增測朱車之增小人不當也增高刃峭
與損皆行也兼貝以役前慶後亾也崔嵬不崩羣士欋欋
也　交測往來熏熏與神交行也交于鷽猩鳥獸同方也
大小之交待賢煥光也　進次四狂章章不得中行　測
進非其以毀滅章也進淵且船以道行也逆憑山川終不
可長也　釋測和釋之脂民說無疆也震于廷和正俱亾
也震震不侮解恥無方也震于利與夙偕行也今獄後穀
于彼釋缺也　格測格其珍類無以自匡也格彼鞶堅謗
不得行也郭目觭角還自傷也　務次二絜精其芳君子
攸行　事測事無事以道行也不杳不諐其知亾也　又

見上　毅陽氣方良毅然敢行　裝初一幽裝莫見之行
親次八其幹巳良君子攸行　法測準繩規矩由身行
也餅竄腹非學方也于紀于綱大統明也密網離淵苛法
張也　遇測振其角直道行也兩兕鬭亾角喪也觝其角
何可當也　常次四月不常或失之行　常測日常其德
君道明也月不常臣失行也其從其横君臣常也　晦測
見上　止測見上　堅測堅顛觸冢不知所行也晦堅禍
用直方也叅焚其翅所憑喪也　玄衝見上　玄攡見上
玄文見上　玄告見上　揚雄執金吾箴猛不可重任
威不可獨行堯咨虞舜惟思是尚吾臣司金敢告執璜
甘泉賦見上　逐貧賦誓將去女適彼首陽孤竹二子與
我連行　反離騷纍既艸夫傅說兮奚不信而遂行徒恐
鷤鴂之將鳴兮顧先百艸爲不芳　元后誄皇皇靈祖惟
若孔臧降兹珪璧命服有常爲新帝母鴻德不忘欽德伊
何奉命是行　越絕書記范伯傷賢喪邦蔽能有殃負德
忘恩其反形傷壞人之善毋後世敗人之成天誅行　記

吳王占夢逆言以滅讒諛以亡因酌行觴時可以行矣
託寶劒觀其釽爛如列星之行觀其光渾渾如水之溢於
塘　易是謀類泰山失金雞西岳亡玉羊雞失羊亡臣從
恣萬人愁不祥天卑地高雷讙公行星晝夻蜺夜光　班
彪覽海賦余有事於淮浦覽滄海之茫茫悟仲尼之乘桴
聊從容而遂行　班固辟雍詩見上　馬融廣成頌清氛
埃埽野場誓六師搜雋良司徒勒卒司馬平行　酒正案
隊勝夫巡行清醪車湊燔炙騎將鼓駭舉爵鐘鳴旣觴
圍碁賦先據四道兮保角依旁緣邊遮列兮往往相望離
離馬目兮連連鴈行踔度間道兮徘徊中央違閣奮翼兮
左右翱翔道狹敵衆兮情無遠行　張衡思玄賦將答賦
而不暇兮爰整駕而亟行瞻崑崙之巍巍兮臨縈河之洋
洋　靈憲翩翩歸妹獨將西行逢天晦芒毋驚毋恐後且
大昌　黄香九宮賦見上　趙壹疾邪賦于茲迄今情偽
萬方佞諂日熾剛克消亡舐痔結駟正色徒行　蔡邕祖
餞祝文見上　禰衡魯夫子碑見上　漢泰山都尉孔宙

碑見上　衛尉衛方碑辭法言稽古遺而後行兢兢業業
素絲羔羊　後漢書張宗傳愚聞一卒畢力百人不當萬
夫致死可以橫行　博雅正月不溫七月不涼二月不風
八月雷不藏三月風不衰九月無降霜四月雷不見十月
螫蟲行　魏武帝薤露歌見上　文帝濟川賦於是黿龍
神嬉鴻鸞羣翔鱗介霍驛載止載行　煌煌京洛行夭夭
園桃無子空長虛美難假偏輪不行　倉舒誄見上　陳
思王喜霽賦動玉輣而雲披鳴鸞鈴而日陽指北極以爲
期吾將倍道而兼行　白鶴賦承邂逅之僥倖兮得接翼
於鸞皇同毛衣之氣類兮信休息而同行　離繳鴈賦尋
淑類之殊異兮稟上天之休祥含中和之純氣兮赴四節
而征行　七啟紅顏既夭睇眄流光時與吾子攜手同行
大魏篇陛下臨軒笑左右咸歡康杯來一何遲羣僚以
次行賞賜累千億百官並富昌　文帝誄于時天震地駭
崩山隕霜陽精薄景五緯錯行　夏桀贊夏道既衰生此
桀王婉孌是嘉政違五行　釋愁文使王喬與子攜手[illegible]

游黃公與子詠歌而行莊生爲子具養神之撰老聃爲子
致養性之方　劉楨遂志賦牧馬于路役車低昂愴恨惻
切我獨西行　丁廙妻寡婦賦時荏苒而不留將邁靈以
大行駕龍轜於門側設祖祭於前廊　華陽國志見上
黃庭經心典一體五藏王動靜念之道德行清潔善氣自
明炎　心爲國主五藏王受意動靜氣得行道自守我精
神炎　又見上　晉拂舞濟濟篇暘暘飛舞氣流芳追念
三五大綺黃去失有時可行去來同時此未央　陸機七
徵珍觀清榭岳立連行雲階飛陛抑陟穹蒼聳浮柱而虯
立施飛檐以龍翔　魯褒錢神論見上　傅玄祝社文社
君自東百靈齊行翠蓋翩翩象輿琱箱王子進駕驂騑卬
良　夏侯湛春可樂賦鬻交交以弄音翠翿翿以輕[illegible]
君子以偕樂攜淑人以微行　晉書天文志五星不失[illegible]
則年穀豐昌　五行志炎炎文長大戟爲牆毒藥雖行虵
還自傷　楊駿傳同　宋書五行志同　宋白紵舞歌隨
世而變誠無方如推若引留且行宋世方昌樂未央舞以

盡神安可急　隋書天文志見上　釋名兩腳進曰行行伉也伉足而前也　按行字漢以上唯淮南子說林訓兔絲無根而生蛇無足而行魚無耳而聽蟬無口而鳴入後人清青韻後漢則曹昭東征賦維永初之有七兮余隨子兮東征時孟春之吉日兮撰良辰而將行其始變也　今人以行止之行音戶耕反行列之行音戶郎反不知行本音戶庚反庚音岡戶庚即戶郎也又觀史記六韜靈樞經淮南子文子鶡冠子陳思王夏桀贊黃庭經則五行之行亦音杭故太行山古名五行之山其無異音可知　今吳人讀行爲胡良反　此字四收於十一唐十二庚四十二宕四十三映部中

胻

古音同上　史記龜策傳聖人剖其心壯士斬其胻箕子恐死被髮佯狂　今此字三收於十一唐十二庚四十三

庚部中

桁

古音同上　今此字兩收於十一唐十二庚部中

衡

古音同上　詩采芑二章薄言采芑于彼新田于此中鄉方叔率止其車三千旂旐央央約軧錯衡八鸞瑲瑲服其命服朱芾斯皇有瑲葱珩　韓奕二章四牡奕奕孔脩且張韓侯入覲以其介圭入覲于王王錫韓侯淑旂綏章簟茀錯衡鉤膺鏤鍚　閟宮見上　烈祖綏我眉壽黃耇無疆約軧錯衡八鸞鶬鶬以假以享我受命溥將自天降康豐年穰穰來假來饗降福無疆顧予烝嘗湯孫之將長發七章實維阿衡實左右商王　楚辭惜誓或偷合而苟

進兮或隱居而深藏苦稱量之不審兮同權槩而就衡
管子度地篇平度量正權衡虛牢獄實廥倉君修樂與神
明相望　揆度篇貴賤相當此謂國衡　荀子賦篇見上
陸賈新語道基篇潤之以風雨曝之以日光溫之以節
氣降之以隕霜位之以衆星制之以斗衡苞之以六合羅
之以紀綱改之以災變告之以禎祥動之以生殺悟之以
文章　賈誼新書容經篇朝廷之視端若平衡祭祀之視
視如有將軍旅之視固植虎張憝紀之視下若垂綱　況
乎明王執中履衡　史記龜策傳衡平乃援式而起仰天
而視月之光觀斗所指定日處鄉規矩爲輔副以權衡四
維已定八卦相望　太史公自序維契作商爰及成湯太
甲居桐德盛阿衡　急就篇柴桂林溫直衡　軹軾軫軨
轙納衡　易林復之艮三驪負衡南取芝香秋蘭芬馥盈
滿匣匱利我少姜　咸之解堂桑折衡佐鬬者傷梟臣反
國良臣被殃　遯之震驄驪黑髦東歸高鄉白虎推輪蒼
龍把衡　漢揚雄羽獵賦因回軫還衡背阿房反未央

劇秦美新見上　越絕書計倪內經是故聖人肯明其刑而處其鄉從其德而避其衡凡舉百事必順天地四時參以陰陽用之不審舉事有殃　春秋合誠圖見上　漢書爰盎傳臣聞千金之子坐不垂堂百金之子不騎衡　敘傳博陸堂堂受遺武皇擁毓孝昭末命導揚遭家不造立帝廢王權定社稷配忠阿衡懷祿眈寵漸化不詳陰妻之逆至子而亾　傅毅車左銘虞氏作車取象機衡君子建左法天之陽　張衡東京賦見上　王逸九思天庭明兮雲霓藏三光朗兮鏡萬方斥蜥蜴兮進龜龍策謀從兮翼機衡　漢山陽太守祝睦碑辭懿我君國之光履忠順閭道常升紫微乎機衡　祝睦後碑辭穆我君邦之陽資丁就闓道綱陟泰微准樞衡擢列宿覽四方　魏陳思王大暑賦炎帝掌節祝融司方羲和按轡南雀舞衡[illegible]折鱗[illegible]靈窟龍解角於皓蒼　晉傅玄鼓吹曲大晉承運期徵[illegible]聖皇時清晏白日垂光應籙圖陟帝位繼天正玉衡化[illegible]象神明　宋顏延之赭白馬賦天子乃轂駕迴慮息徒解

裴鑒武穆憲文光振民隱修國章戒出豕之敗御惕飛烏之跱衡　陽給事誄之子之生立績宋皇拳猛沈毅温敏肅良如彼竹柏負雪懷霜如彼騑駟配服驂衡　隋書王劭傳河圖帝通紀曰形瑞出變矩衡赤應隨叶靈皇　禮記雜記上甕甀筲衡註衡當爲桁戶剛反　按衡字自莊子胠篋篇剖斗折衡而民不爭始入耕清韻

蘅

古音同上　楚辭九歌湘夫人荃壁兮紫壇匊芳椒兮成堂桂棟兮蘭橑辛夷楣兮葯房罔薜荔兮爲帷擗蕙櫋兮既張白玉兮爲鎮疏石蘭兮爲芳芷葺兮荷屋繚之兮杜蘅　宋玉風賦獵蕙艸離秦蘅槩新夷被稊楊迴穴衡陵蕭條衆芳然後倘佯中庭北上玉堂躋于羅帷經于洞房

古音同上　詩采芑見上　漢張衡思玄賦襲溫恭之黻衣兮被禮義之繡裳辮貞亮以爲鞶兮雜技藝以爲珩昭綵藻與琱琢兮璜聲遠而彌長

以上字當與十陽十一唐通爲一韻　趙宧光曰庚阬盲横彭搒烹兄行等字並以今吳下方音爲正

平

符兵切　當作符名

易坎九五坎不盈祇既平　詩常棣五章喪亂既平既安且寧雖有兄弟不如友生　伐木首章嚶其鳴矣求其友聲相彼鳥矣猶求友聲矧伊人矣不求友生神之聽之終和且平　節南山九章昊天不平我王不寧不懲其心覆怨其正　黍苗五章原隰既平泉流既清召伯有成王心則寧　皇矣二章作之屏之其菑其翳修之平之其灌其栵　江漢二章四方既平王國庶定時靡有爭王心載寧　常武六章四方既平徐方來庭　那湯孫奏假綏我思

成鞉鼓淵淵嘒嘒管聲既和且平依我磬聲於赫湯孫穆穆厥聲　烈祖既載清酤賚我思成亦有和羹既戒既平鬷假無言時靡有爭羹字不入韻　易咸彖傳天地感而萬物化生聖人感人心而天下和平　乾文言大哉乾乎剛健中正純粹精也六爻發揮旁通情也時乘六龍以御天也雲行雨施天下平也　禮記樂記見下　楚辭九辯見下　高唐賦見下　莊子人間世篇而目將熒之而色將平之口將營之容將形之心且成之　荀子見下　淮南子本經訓天愛其精地愛其平人愛其情　按平字讀入陽韻僅見於急就篇雲中定襄與朔方代郡上谷右北平是後漢人所續　以下字皆讀如今音自經文及楚辭而外諸子書稍錄一二亦不備列

苹

詩鹿鳴首章呦呦鹿鳴食野之苹我有嘉賓鼓瑟吹笙[illegible]

此章以鳴苹笙爲一韻簧將行爲一韻商頌[illegible]

驪字以下別爲一韻耳　宋玉高唐賦於是乃縱獵者基趾如星傳言羽獵銜枚無聲弓弩不發罘罕不傾涉莽莽馳苹苹

驚

舉卿切　當作舉盈

詩車攻七章蕭蕭馬鳴悠悠旆旌徒御不驚大庖不盈

鳴

武兵切　當作彌盈

詩匏有苦葉二章有瀰濟盈有鷕雉鳴　雞鳴首章雞既鳴矣朝既盈矣匪雞則鳴蒼蠅之聲　鹿鳴　伐木　車攻並見上　小宛四章題彼脊令載飛載鳴我日斯邁而月斯征夙興夜寐無忝爾所生　卷阿九章鳳皇鳴矣于彼高岡梧桐生矣于彼朝陽　有瞽嘒嘒厥聲肅雝和鳴先祖是聽我客戾止永觀厥成　禮記月令百官靜事毋刑以

定晏陰之所成鹿角解蟬始鳴半夏生木堇榮　楚辭九歌山鬼雷填填兮雨冥冥猨啾啾兮狖夜鳴　卜居世溷濁而不清蟬翼爲重千鈞爲輕黃鐘毁棄瓦釜雷鳴讒人高張賢士無名吁嗟默默兮誰知吾之廉貞　九辯燕翩翩其辭歸兮蟬寂漠而無聲鴈廱廱而南遊兮鵾雞啁哳而悲鳴獨申旦而不寐兮哀蟋蟀之宵征時亹亹而過中兮蹇淹留而無成　淮南子原道訓無形而有形生焉無聲而五音鳴焉無味而五味形焉無色而五色成焉　文子同　漢書禮樂志郊祀歌天地篇展詩應律鋗玉鳴函宮吐角激徵清　鐃歌戰城南篇水深激激蒲葦冥冥梟騎戰鬬死駑馬徘徊鳴　按詩中鳴字與聲盈生征等字爲韻無讀迷郎反亦絕無與明字同用者魏武帝蒿里行鎧甲生蟣蝨萬姓以死亡白骨露於野千里無雞鳴晉張華俠曲孟嘗東出關濟身由雞鳴信陵西反魏秦人揚其彊乃足妥合耳

榮　永兵切　當作永聲

禮記月令見上　楚辭遠游嘉南州之炎德兮麗桂樹之冬榮山蕭條其無獸兮野寂寞其無人載營魄而登霞兮掩浮雲而上征人字說見眞韻　宋玉登徒子好色賦寤春風兮發鮮榮絜齋俟兮惠音聲贈我如此兮不如無生

晉語諺曰黍稷無成不能爲榮　管子戒篇無翼而飛者聲也無根而固者情也無方而富者生也公亦固情謹聲以嚴尊生此謂道之榮　內業篇凡道無根無莖無葉無榮萬物以生萬物以成命之曰道　山權數篇惡惡乎來刑善善乎來榮　莊子見下　荀子賦篇皿氣之精也志意之榮也百姓待之而後寧也天下待之而後平也

素問四氣調神大論天地俱生萬物以榮夜臥早起廣步於庭被髮緩形以使志生　按詩無榮字而有縈瑩營三字樛木葛藟縈之與成爲韻淇奧充耳琇瑩著尚之以瓊瑩乎而與青星庭爲韻黍苗召伯營之靈臺經之營之崧

高召伯是營與成城爲韻則榮字自當以形相附楊慎乃以土音讀爲庸引越絕書淮南子二證不知二書出於漢人每多踳駮且淮南子中亦有不韻者不得舍可信之經文而引不必然之子書也

瑩

詩淇奧二章瞻彼淇奧菉竹青青有匪君子充耳琇瑩會弁如星　著二章俟我於庭乎而充耳以青乎而尚之以瓊瑩乎而　宋玉神女賦須臾之間美貌橫生曄兮如華溫乎如瑩五色並馳不可殫形詳而觀之奪人目精　列子周穆王篇六瑩九韶瑩即韺字

生

所庚切　當作所爭

詩常棣伐木並見上　節南山六章不弔昊天亂靡有定式月斯生俾民不寧憂心如酲誰秉國成不自爲政卒勞

百姓　小宛見上　苕之華 二音 苕之華其葉青青知我
如此不如無生　文王三章 王國克生維周之楨濟濟多
士文王以寧　緜九章虞芮質厥成文王蹶厥生　卷阿
見上　殷武五章赫赫厥聲濯濯厥靈壽考且寧以保我
後生　易屯象傳屯剛柔始交而難生動乎險中大亨貞
雷雨之動滿盈天造草昧宜建侯而不寧　咸彖傳見上
繫辭下傳男女構精萬物化生　禮記月令見上　樂
記小大相成終始相生倡和清濁迭相爲經故樂行而倫
清耳目聰明血氣和平移風易俗天下皆寧　孔子閒居
地載神氣神氣風霆風霆流形庶物露生　緇衣昔吾有
先正其言明且清國家以寧都邑以成庶民以生誰能秉
國成不自爲正卒勞百姓　楚辭九辯坎廩兮貧士失職
而志不平廓落兮羇旅而無友生　招魂獻歲發春兮汨
吾南征菉蘋齊葉兮白芷生　宋玉高唐賦上至觀側地
蓋底平箕踵漫衍芳艸羅生秋蘭芷蕙江蘺載菁青荃射
干揭車苞并　神女賦見上　登徒子好色賦見上　小

言賦無内之中微物潛生比之無象言之無名蒙蒙滅景
昧昧遺形超於太虚之域出於未兆之庭纖於毳末之微
蔑陋於草毛之方生視之則眇眇望之則冥冥離朱爲之
歎悶神明不能察其情二子之言茲茲皆不小何如此之
爲精　晉語貞爲不聽信爲不誠國斯無刑媮居幸生不
更厥貞大命其傾　越語逆節萌生天地未形而先爲之
征其事是以不成雜受其刑　管子勢篇同。老子故有
無相生難易相成長短相形高下相傾　孰能濁以止靜
之徐清孰能安以久動之徐生保此道者不欲盈夫惟不
盈故其敝不新成　昔之得一者天得一以清地得一以
寧神得一以靈谷得一以盈萬物得一以生侯王得一以
爲天下貞　管子戒篇見上　內業篇冥冥乎不見其形
淫淫乎與我俱生不見其形不聞其聲而序其成謂之道
國蓄篇夫以室廡籍謂之毀成以六畜籍謂之止生以
田畝籍謂之禁耕以正人籍謂之離情以正戶籍謂之養
贏　莊子人間世篇天下有道聖人成焉天下無道聖人

生焉方今之時僅免刑焉　天運篇四時迭起萬物循生一盛一衰文武倫經一清一濁陰陽調和流光其聲蟄蟲始作吾驚之以雷霆　故若混逐叢生林樂而無形布揮而不曳幽昏而無聲動於無方居於窈冥或謂之死或謂之生或謂之實或謂之榮行流散徙不主常聲　則陽篇安危相易禍福相生緩急相摩聚散以成　漁父篇庶物失之者死得之者生為事逆之則敗順之則成　韓非子解老篇道譬諸若水溺者多飲之即死渴者適飲之則生譬之若劍戟愚人以行忿則禍生聖人以誅暴則福成故得之以死得之以生得之以敗得之以成　六韜守國篇春道生萬物榮夏道長萬物成秋道斂萬物盈冬道藏萬物靜　淮南子原道訓見上　故音者宮立而五音形矣味者甘立而五味亭矣色者白立而五色成矣道者一立而萬物生矣　文子同　悲喜轉而相生精神亂營不得須臾平察其所以不得其形而日以傷生　韻補史記律書建星者建諸生也釋名青生也象物生時色也賈誼新

書先生者爲先醒也　按星字從生得聲孟子浩生不害漢書儒林傳有皓星公趙充國傳有浩星賜三文互異總以音同而借之耳　說文青字亦從生得聲　古生字竝與成清寧爲韻至漢傅毅舞賦在山峨峨在水湯湯與志遷化容不虛生馬融廣成頌珍林嘉樹建木叢生椿梧栝柏桓栭楓楊則入陽韻乃是妄合耳

笙

詩鹿鳴見上　儀禮疏笙猶生也

牲

詩雲漢首章靡神不舉靡愛斯牲圭璧既卒寧莫我聽

韻補周禮掌客牲三十有六又不受饗禮受牲禮鄭氏音云牲當爲腥聲之誤也釋文亦云依註當音星

甥

詩猗嗟二章猗嗟名兮美目清兮儀既成兮終日射侯不出正兮展我甥兮　左傳呂甥史記晉世家作呂省

以上字當與十三耕十四清十五青通爲一韻　按以上諸字及耕清青三韻古人無與陽唐同用者易詩之文固已載然不紊又如爾雅釋天春爲青陽夏爲朱明秋爲白藏冬爲玄英春爲發生夏爲長嬴秋爲收成冬爲安寧尤可見二韻之不相入也西京以下則雜矣然若漢郊祀歌景星篇空桑琴瑟結信成四興遞代八風生殷殷鐘石羽籥鳴河龍供鯉醇犧牲百末旨酒布蘭生泰尊柘漿析朝醒微感心攸通修名周流常羊思所并穰穰復正直往寧馮蠵切和疏寫平上天布施后土成穰穰豐年四時榮[illegible]鼓吹曲初之平篇初之平義兵征神武奮金鼓鳴邁[illegible]揚洪名漢室微社稷傾皇道失桓與靈閹宦熾羣雄爭[illegible]韓起亂金城中國擾無紀經赫武皇起旗旄麾天下天下

平濟九州九州寧朔武功武功成二篇用韻最多而無一雜又如李陵録別詩用生鳴等凡一十字蔡邕王子喬碑辭用靈貞等凡一十六字胡根碑銘用靈瑩等凡一十四字蔡琰悲憤詩用精零等凡二十七字苦縣老子銘用清營等凡二十七字魏陳思王棄婦篇用青榮等凡一十七字亦無一雜其它用韻少者不能具述　唐韓文公篤於好古而不知古音其所作此日足可惜一篇兼用陽唐庚耕清青六韻又雜及東冬鍾江最爲不倫已詳辯之上聲四十五厚下

十三耕

萌　莫耕切

古音芒　韓非子八姦篇一曰在同牀二曰在旁三曰父兄四曰養殃五曰民萌六曰流行七曰威強八曰四方

陸賈新語道基篇耳聽八極目觀四方忠進讒邪直亡以道行姦止不得兩張口口本理杜漸消萌　漢揚雄幽州牧箴義兵涉漠偃我邊萌既定且康復古虞唐盛不可不圖衰不可或忘隄潰蟻穴器漏箴芒牧臣司幽敢告侍陽　詩推度災月三日成魄八日成光蟾蜍體就穴鼻時萌　琴操文王作鳳皇之歌翼翼翔翔彼鸞皇兮銜書來游以命昌兮瞻天案圖殷將亡兮蒼蒼昊天始有萌兮神連精合謀於房兮　漢冀州從事張表碑文貢眞紲僞遏漸防萌后臧其勛俾守犂陽　漢書地理志葭萌音芒　賈誼新書萌之爲言盲也　白虎通芒之爲言萌也　禮記月令曰孟春之月其神句芒又曰句者畢出萌者盡達萌卽芒也樂記草木茂區萌達管子五行篇艸木區萌莊子天道篇萌區有狀萌區卽區萌區萌卽句芒也古人讀句爲拘

氓

古音同上　淮南子修務訓湯夙興夜寐以致聰明輕賦薄斂以寬民氓布德施惠以振困窮弔死問疾以養孤孀百姓親附政令流行窮字不入韻　說文氓从民亾聲

甿

古音同上　管子輕重乙篇天下有兵則積藏之粟足以備其糧天下無兵則以賜貧甿　說文甿从田亾聲

上三字當改入唐韻

十四清

古與十三耕通爲一韻

[illegible]　徐盈切

音晉庚　急就篇梨柿柰桃待露霜棗杏瓜棣饊飴餳釋名餳洋也煑米消爛洋洋然也　方言餳謂之餦　詩有瞽箋簫編小竹管如今賣餳者所吹也音義餳夕清反又音唐　周禮小師註如今賣飴餳所吹者李音唐　楚辭招魂粔籹蜜餌有餦餭些王逸註餦餭餳也　說文餳从食易聲　當改入唐韻

十五青

古與十三耕十四清通爲一韻

苓　郎丁切

古音力珍反　詩簡兮四章山有榛隰有苓云誰之思西方美人彼美人兮西方之人兮　采苓首章采苓采苓首陽之巔人之爲言苟亦無信舍旃舍旃苟亦無然人之爲言胡得焉　按漢枚乘七發始以鱗苓與鶬纓鳴楚同聲

零

古音同上　詩定之方中三章靈雨既零命彼倌人星言夙駕說于桑田匪直也人秉心塞淵騋牝三千　漢揚雄趙充國頌明靈惟宣戎有先零　按楚辭遠游恐天時之代序兮耀靈曄而西征微霜降而下淪兮悼芳艸之先零則入青韻矣　今此字兩收於一先十五青部中

令

古音同上　詩東方未明二章倒之顚之自公令之　盧令首章盧令令其人美且仁　車鄰首章有車鄰鄰有馬白顚未見君子寺人之令　十月之交三章爗爗震電不寧不令　說文引詩盧令令作盧獜獜獜力珍反今本譌內亦有獜字　按詩令字皆力珍反當入眞韻小宛題彼脊令句不入韻自史記龜策傳田者不彊[illegible]

□兵不彊不得其贏□女事彊布帛不精官御不彊舉□
不成大將不彊卒不使令侯王不彊沒世無名太玄經□
次七去其德貞三死不令始入青韻　今此字三收於二
仙十五青四十五勁部中　令之譌爲靈猶顚之譌爲丁
也宋讀曲歌鹿轉方相頭丁倒欺人目丁倒顚倒也今吳
人猶有此語　以上三字當改入眞韻　朱彝尊曰三字
並讀爲連枚乘七發蔓艸芳苓陳思王七命峯芳苓之巢
龜李善註並云苓古蓮字史記龜策傳龜千歲乃游蓮葉
之上徐廣曰蓮一作領聲相近假借漢書地理志金城郡
令居孟康曰令音連趙充國傳先零鄭氏曰零音憐然古
人憐鄰本同一音　廣韻憐字俗書作怜亦以音之同乎
借之也

鏻

蹸

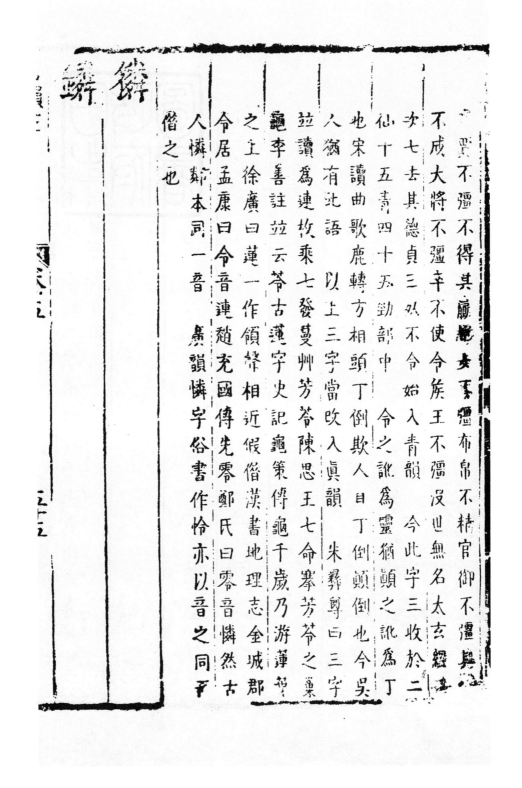

古音竝同上　今此二字兩收於十七眞十五青部中

以上二字當併入眞韻

唐韻正下平聲卷之六

十六蒸

矜　居陵切

古音居銀反　詩菀柳三章有鳥高飛亦傅于天彼人之心于何其臻曷予靖之居以凶矜　桑柔首章菀彼桑柔其下侯旬捋采其劉瘼此下民不殄心憂倉兄塡兮倬彼昊天寧不我矜　魏阮籍大人先生傳坐制禮法束縛下民欺愚誑拙藏智自神強者睽眠而凌暴弱者憔悴而事人假廉以成貪內險而外仁罪至不悔過幸遇則自矜馳此以奏除故滔滯而不振　史記陳涉世家鉏耰棘矜索隱曰矜音勤漢書項籍傳註師古曰矜與穫同　按矜字見於漢韋玄成戒子孫詩于異卿士非同我心三事惟囏莫我肯矜則入侵韻晉張華女史箴翼翼矜矜福所以興

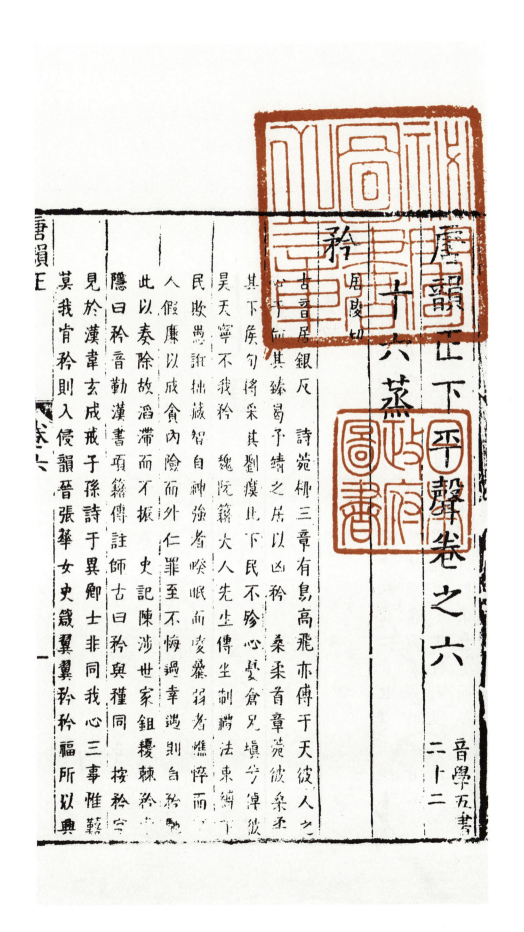

潘岳哀永逝文啟夕兮宵興悲絕緒兮莫承俄龍轜兮門側嗟俟時兮將升嫂姪兮章偟慈姑兮埊矜始入蒸韻本註曰矛柄也巨巾切字樣俗爲矜憐字按旣云巨巾切則不當入蒸韻矣　十七眞韻獾字下註曰巨斤切矛柄也又鉏㩚也古作矜按此註巨斤又誤斤字在二十一殷韻當作巨巾　當改入眞韻

十七登

古與十六蒸通爲一韻

能

奴登切

古音奴來奴代二反　詩賓之初筵二章其湛曰樂各奏爾能賓載手仇室人入又酌彼康爵以奏爾時又音肄易繫辭上傳乾以易知坤以簡能　下傳人謀鬼謀百姓[illegible]與能謀音媒　禮記中庸送往迎來嘉善而矜不能[illegible]

騷離騷紛吾既有此内美兮又重之以修能扈江蘺與辟
芷兮紉秋蘭以爲佩王逸章句能乃代反　九章思美人
登高吾不説兮入下吾不能固朕形之不服兮然容與而
狐疑　大戴禮公符篇成王冠辭使王近於民遠於年嗇
於時惠於財親賢使能　説苑同　家語同　老子政善
治事善能動善時夫唯不爭故無尤　管子五輔篇論賢
人用有能而民可使治　莊子山木篇東海有鳥焉名曰
意怠其爲鳥也翂翂翐翐而似無能　列子天瑞篇無知
也無能也而無不知也而無不能也　荀子非十二子篇
今之所謂處士者無能而云能者也無知而云知者也
成相篇世之災妬賢能飛廉知政任惡來　堯授能舜遇
時讓賢推德天下治雖有賢聖適不遇世孰知之　韓非
子主道篇賢者敕其材君因而任之故君不窮於能　去
其智絶其能下不能意　揚搉篇皆用其能上乃無事
矜而好能下之所欺　孤憤篇主利在豪傑使能臣利在
朋黨用私　逸周書太子晉解分均天財萬物熙熙非舜

而誰能　淮南子原道訓藏于不敢行于不能恬然無慮動不失時　詮言訓使水流下孰弗能治激而上之非巧不能　文子道德篇退讓守柔爲天下雌立於不敢設於不能　自然篇各得其所與時往來法度有常下及無能　漢司馬相如封禪頌旼旼睦睦君子之能蓋聞其聲今觀其來　太玄經親測位高事卑德不能也肺附之行不我材也　張衡東京賦左制辟雍右立靈臺因進距衰表賢簡能馮相觀祲祈禠禳災　王逸九思乃回朅兮北逝遇神嬪兮宴娭欲靜居兮自娛心愁慼兮不能　邊讓章華臺賦於是罷女樂墮瑤臺思夏禹之卑宮慕有虞之土階舉英奇於仄陋拔髦秀於蓬萊君明哲以知人官隨任而處能百揆時敘庶績咸熙諸侯慕義不召同期繼高陽之絕軌崇成莊之洪基雖齊桓之一匡豈足方於大持　後漢書黃瓊傳桓帝時京師謠欲得不能光祿茂才　魏文帝秋胡行朝與佳人期日夕殊不來嘉肴不嘗旨酒停杯寄言飛鳥告余不能俯折蘭英仰結桂枝　佳人不在結

冥冥九泉室漫漫長夜臺身盡氣力索精魂靡所能　隋籍詠懷詩清露爲凝霜華艸成蒿萊誰云君子賢明達安可能　晉潘岳射雉賦眄箱籠以揭驕睨驍媒之變態奮勁骹以角掎瞵悍目以旁睞鶯綺翼而經撾灼繡頸而衮背鬱軒翥以餘怒思長鳴以效能　潘尼瑇瑁椀賦包神藏智備體兼才高下斯處水陸皆能文若綺波背負蓬萊　贈王元貺詩崑山積瓊玉廣廈搆衆材游鱗萃靈沼撫翼希天階膏蘭孰爲消濟治由賢能　摯虞尚書令箴雖曰聖明必賴良材無曰我智官不任能　陸機挽歌詩呼子子不聞泣子子不知歎息重櫬側念我疇昔時三秋猶足收萬世安可思殉没身易亡救子非所能　夏侯湛方朔畫像贊若乃遠心曠度贍智宏材倜儻博物觸類能合變以明筭幽贊以知來　郭璞山海經渠渠獼即贊獼獸鵸鵌鳥贊渠渠致兵獼即起災鵸鵌辟火物各有能聞獼之見大風乃來　抱朴子博喻篇瓊艘瑤檝無涉川之用金弧玉弦無激矢之能是以介潔而無政事者非撥

亂之器儒雅而乏治略者非翼亮之才　膚表或不可以
論中望貌或不可以核能仲尼佀喪家之狗公旦類朴斲
之材咎繇面如蒙倛伊尹形若槁骸龍陽宋朝猶木偶之
冠夜炎籍孺董鄧猶鉛紈之褭塵埃也　隋張公禮龍藏
寺碑文西臨天井北拒五臺川谷荁異山林育材蘇秦說
反樂穀奔來鄒魯媲俗汝潁懃能　今此字四收於十六
哈十七登十九代四十三等部中　按陸氏釋文詩各奏
爾能下云徐奴代反又奴來反柔遠能邇下云鄭奴代反
禮記禮運聖人耐以天下爲一家樂記人不耐無樂樂不
耐無形形而不爲道不耐無亂鄭註耐古書能字也後世
變之此獨存焉穀梁傳成七年非人之所能也本亦作耐
左傳襄二十一年與欒盈爲公族大夫而不相能能徐音
乃代反昭元年居於曠林不相能也能一音奴代反史記
吳世家且句踐爲人能辛苦漢書高帝紀耐吕上請之應
劭曰耐音若能食貨志能風與旱鼂錯傳其性能寒其性
能暑趙充國傳漢馬不能冬西域傳匈奴常言漢極大然

不能飢渴師古曰能讀曰耐大戴禮易本命篇食水者善游能寒素問能冬不能夏能夏不能冬又曰能毒者以厚藥靈樞經能春夏不能秋冬能秋冬不能春夏淮南子地形訓食水者善游能寒說苑夫漅陵不能雨揚雄逐貧賦堪寒能暑皆讀作耐詩漸漸之石箋豕之性能水能奴代反本又作耐禮記檀弓註凡棺因能溼之物能音耐管子聾盲喑啞跛躄偏枯握遞不耐自生者論衡出則耐分人君之地耐本作能文選揚雄甘泉賦迺捘逑索偶皋伊之徒冠倫魁能五臣音乃來反說文忍能也徐曰能音耐是古但有奴來奴代二音來讀如犂則能亦讀如泥又如史記天官書封禪書漢書王莽傳周禮大宗伯司中註三台作三能鄭云古以能爲三台字正義曰古者以耐字爲今之能字能字爲三台之字後世以來廢古耐字以三之能替耐字之變而爲能也又更作三台之字是古今也是能與台音相近故春秋元命苞謂三能能之爲言耐也晉時此音未改江左以降始以方音讀爲奴登反而又

不可盡沒古人奴來奴代之音故兼收之哈代登三韻後
之註釋者於哈韻止云三足鼈而能字始移之登部矣今
當削去併入哈代二韻　按能字音奴登反始自宋齊之
世後漢書郭杜孔張傳贊二蘇勁烈羊賈廉能與朋肱軻
爲韻梁劉勰文心雕龍章句贊離同合異以盡厥能與恒
朋騰爲韻　廣韻十六咍註云奴來切爾雅謂三足鼈又
獸名禹父所化也十九代註云奴代切技能又姓十七登
註云奴登切工善也又獸名熊屬足侶鹿亦賢能也漢
書高帝紀註師古曰能本獸名形侶熊足侶鹿爲物堅中
而彊力故人之有賢材者皆謂之能是能本獸而非鼈也
鯀化爲黃能亦此獸耳其訓爲鼈者啱爾雅鼈三足能漢
張衡東京賦用之云能鼈三趾此其一證顧野王玉篇始
分爲二於奴來反下詳云三足鼈奴登反下註云技藝工
善姚寬西溪叢語曰唐徐浩越州寶林寺詩云法士多壞
能言異能也黃魯直謂能乃三足鼈言僧侶鼈耳能有二
音皆通不必指是鼈也亦引後漢黃瓊傳爲證今按黃瓊傳

之文下至魏晉皆作奴來反並無奴登反者自玉篇相沿之誤而又重以魯直輕薄之譏其變古音而惑後學也實甚故詳辯之　唐時古音尚存故陳子昂表子趙氏碣頌昔者元精汩潏陽九滔災大人感生堯禹恢能李翱江州南湖堤銘長堤坦坦植之楊槐架谿飛屺以便去來除險作利非賢不能歌示江人式悅汝懷亦以才能之能而音奴來反不獨李涛越州詩也　說文能熊屬足似鹿从肉㠯聲能獸堅中故稱賢能而彊壯稱能傑也臣鉉等曰㠯非聲疑皆象形此因讀能為奴登反故云非聲耳㠯之與泥音正相近台字古亦音怡　漢書嚴助傳以保地險而中國之人不能其水土也註能堪也能即耐字不必發解　唐書能元皓董衡釋音能音奴代切

十八尤

此韻當分為二

尤　羽求切

古音羽其反　詩載馳四章大夫君子無我有尤百爾所思不如我所之　四月四章山有嘉卉侯栗侯梅廢爲殘賊莫知其尤　易賁象傳六四當位疑也匪寇婚媾終无尤也六五之吉有喜也白賁无咎上得志也　剥象傳剥牀以膚切近災也以宫人寵終无尤也君子得輿民所載也　大畜象傳有厲利已不犯災也輿說輹中无尤也利有攸往上合志也六四元吉有喜也　蹇象傳往蹇來譽宜待也王臣蹇蹇終无尤也往蹇來反内喜之也　鼎象傳鼎有實慎所之也我仇有疾終无尤也　旅象傳旅瑣瑣志窮災也得童僕貞終无尤也　楚辭天問湯出重泉夫何辠尤不勝心伐帝夫誰使挑之　九章惜誦欲儃佪以干傺兮恐重患而離尤欲高飛而遠集兮君罔謂女何之　惜往日信讒諛之溷濁兮盛氣志而過之何貞臣之無罪兮被讒謗而　慚光景之誠信兮身幽隱而備之

老子見能字尤　史記秦始皇紀之罘東觀刻石文職臣遵分各知所行事無嫌疑黔首改化遠邇同度臨古絕尤常職既定後嗣循業長承聖治羣臣嘉德祗誦聖烈請刻之罘　列女傳衛姑定姜頌衛姑定姜送婦作詩恩愛慈惠泣而望之數諫獻公得其罪尤聰明遠識麗於文辭　漢劉向九歎遭紛逢凶蹇離尤兮垂文揚采遺將來兮　哀余生之不當兮獨蒙毒而逢尤雖謇謇以申志兮君乖差而屏之　太玄經彊測爰聽爰明庶士方來也小人彊梁得位益尤也克我彊梁大美無基也　吳越春秋通命達旨賂往遺來解憂釋患使無所疑出不忘命人不被尤　許慎說文序知此者稀儻昭所尤庶有達者理而董之　張衡東京賦見下　王逸九思天生我兮當闇時被諑譖兮虛獲尤　蔡邕釋誨天高地厚跼而蹐之怨豈在明患生不思戰戰兢兢必慎厥尤　郤正釋譏虞帝以面從為戒孔聖以悅己為尤若子之言良我所思將為吾子論而釋之　行止有道啟塞有期我師遺訓不怨不尤委

命恭巳我又何辭　華陽國志巴人詩語窮乞請期叓怒反見尤　毛先舒曰論語多聞闕疑愼言其餘則寡尤多見闕殆愼行其餘則寡悔疑與尤爲韻殆與悔爲韻　按尤字自漢東方朔七諫內懷情之潔白兮遭亂世而離尤始與憂爲韻

訧

古音同上　詩綠衣三章綠兮絲兮女所治兮我思古人俾無訧兮　太玄經傒測傒禍介介與禍期也禍不禍非厥訧也傒厓之㯿終不可治也

肬

古音同上　楚辭九章惜誦竭忠誠以事君兮反離羣而贅肬忘儇媚以背衆兮待明君其知之

古音同上　詩賓之初筵四章屢舞僛僛是曰既醉不知
其郵　呂氏春秋樂成篇鞞而麛裘投之無郵裘渠之
陳第曰郵羽其反古尤郵音義同禮記郵罰麗于事晉
語夫郵而效之楚語夫貨馬郵則闕於民漢成帝詔以黙
朕郵列子魯之君子迷之郵者

牛

語求切

古音疑　易无妄六三无妄之災或繫之牛行人之得邑
人之災　詩黍苗二章我任我輦我車我牛我行既集蓋
云歸哉　我將我將我享維羊維牛維天其右之　絲
絲衣其紑載弁俅俅自堂徂基自羊徂牛鼐鼎及鼒
詩自兕觥其觩以下當別是一韻以古人用牛必入之
柔必入蕭也　左傳成十七年殺老牛莫之敢尸　楚辭

天問恒秉季德馬得夫朴牛何往營班祿不但還來　九
章惜往日呂望屠於朝歌兮甯戚歌而飯牛不逢湯武與
桓繆兮世訦云而知之　招魂土伯九約其角觺觺些敨
胲血拇逐人駓駓些參目虎首其身若牛些此皆甘人歸
來歸來恐自遺災些　史記龜策傳今昔壬子宿在牽牛
河水大會鬼神相謀漢正南北江河固期南風新至江使
先來　淮南子說林訓見象牙乃知其大於牛見虎尾而
知其大於狸一節見而百節知也　說苑同　獻公之賢
欺於驪姬叔孫之知欺於豎牛故鄭詹入魯春秋曰佞人
來佞人來　說苑同　易林履之蠱齊景惑疑爲孺子牛
无妄之萃主母貪饕盜我資財亾失犂牛　頤之遯獱
豕童牛害傷不來　大過之復出入無時憂患爲災行人
失牛利去不來　大壯之比夷明兆初三旦爲災以饑復
歸名曰豎牛剝亂叔孫餓卒虛丘　按牛字自漢王襃九
懷歷九曲兮牽牛始與州修游流休悠浮求濤儔怞爲韻
占辭西門行飲醇酒炙肥牛與憂爲韻　陳第曰牛古讀

疑疑又讀牛　周書謚詩馬之剛矣轡之柔矣馬亦不剛轡亦不柔志氣麃麃取與不疑賈誼鵩賦德人無累知命不憂細故蔕芥何足以疑愚按易傳疑字甚多無與柔憂韻者當繇方音之互轉不可以爲據也　三略故士可下而不可驕將可樂而不可憂謀可深而不可疑亦與鵩賦同

丘

去鳩切

古音去其反　易渙六四渙有丘匪夷所思　詩載馳三章見蝱字下丘懷之三字隔句爲韻　氓首章氓之蚩蚩抱布貿絲匪來貿絲來即我謀送子涉淇至于頓丘匪我愆期子無良媒將子無怒秋以爲期　巷伯七章楊園之道猗于畝丘寺人孟子作爲此詩凡百君子敬而聽之左傳僖十五年史蘇之占爲雷爲火爲嬴敗姬車脫其輹火焚其旗不利行師敗于宗丘　楚辭九章哀郢曼余目以流觀兮冀壹反之何時鳥飛反故鄉兮狐死必首丘信

非吾罪而棄逐兮何日夜而忘之　戰國策齊嬰兒謠大冠若箕修劒拄頤攻狄不能下壘于梧丘　說苑同　易林履之睽蹇驢不材駿驥失時筋勞力盡疲于沙丘　大壯之比見上　太玄經卷次三糞以肥丘育厥根荄　按丘字自漢王褒九懷飛翔兮靈丘始與蕭條蜩嘐畱爲韻揚雄反離騷覽四荒而顧懷兮奚必云女彼高丘與流爲韻班彪游居賦建封禪於岱宗瘞玄玉於此丘與流儵爲韻以後馮衍顯志賦張衡歸田賦邊讓章華臺賦無不讀爲去鳩反矣

紑　匹尤甫鳩二切

古音匹之反　詩絲衣見上

龜　居求反

今此字兩收於五支十八尤韻中

不　甫鳩切

古丕字詩文王有周不顯帝命不時凡周之士不顯亦世大明造舟爲梁不顯其光崧高不顯申伯韓奕八鸞鏘鏘不顯其光清廟不顯不承無斁于人斯烈文不顯惟德百辟其刑之執競不顯成康上帝是皇皆丕字集古録考古博古二圖所載齊侯鎛鐘銘不顯穆公之孫不顯皇祖遲父鐘銘用昭乃穆不顯龍光寅簋對揚天子不顯休牧敦敦對揚王不顯休秦昭和鐘銘不顯朕皇祖受天命詛楚文不顯大神巫咸皆以丕字作不是其證也　陸深曰詩有周不顯帝命不時毛氏曰不顯顯也不時時也朱子集傳因之不字當是丕字清廟之不顯不承卽書之丕顯〻承楊愼曰古地名多有不字如春秋之不羹華不注〻之不周不美不耐山海經之不津不庭不其或曰不卽丕

也詩不顯惟德不戢不難皆讀作丕按山海經有不姜不咸不句不从不距皆山名用修所引未盡　左傳襄十年生秦丕兹一本作不兹　漢石經尚書立政篇丕丕基作丕丕其又不其令董恢君闕不字作丕則知不其讀爲丕基也　梁陶弘景許長史舊館壇碑下邳太守作下邳又按古人發聲之字多作不爾雅釋魚左倪不類右倪不若疏不發聲也禮記射義幼壯孝弟耆耋好禮不從流俗修身以俟从者不在此位也好學不倦好禮不變旄期稱道不亂者不在此位也當亦發聲之辭　又按說文丕大也从一不聲漢石經尚書及山陽太守祝睦碑涼州刺史魏元丕碑梁相費汎碑趙相劉衡碑丕字皆作丕葢一在不字之中間也　又按春秋僖十一年晉殺其大夫丕鄭父三傳皆從十左傳中凡丕字皆从十三國志魏文帝紀漢大帝問羣臣曰丕以盛年即位恐孤不能及之羣臣未對闞澤曰不及十年丕其沒矣帝問何以知之澤曰以字言之不十爲丕丕果七年卒晉哀帝亦名丕湻化帖載[illegible]

書亦作丕說文云从一者卽从十之異辭也後人以一字
移於不字之下而闕澤之言遂不可解矣　後漢書耿秉
傳太醫令吉丕丕或作本　按丕字以中丨直貫下而加
一橫其間故謂之不十猶千字从人从十亦以中丨直貫
下而加一橫其間皆古人省筆之法也　按不字見於經
者止有丕跌二音丕音見上跌音則常棣鄂不韡韡箋云
不當作柎柎鄂足也古聲不柎同是也晉以下則轉而爲
府鳩反又轉而爲方九反漢陌上桑詩使君從南來五馬
立踟躕使君遣吏往問是誰家姝秦氏有好女自名爲羅
敷羅敷年幾何二十尚不足十五頗有餘使君謝羅敷寧
可共載不羅敷前致辭使君一何愚使君自有婦羅敷自
有夫隴西行天上何所有歷歷種白楡桂樹夾道生青龍
對道隅鳳皇鳴啾啾一母將九雛顧視世間人爲樂甚獨
殊好婦出迎客顏色正敷愉伸腰再拜跪問客平安不請
客北堂上坐客氈氍毹清白各異樽酒上正華疏二詩並
是跌音晉陶潛酬劉柴桑詩新葵鬱北牖嘉穟養南疇今

我不爲樂知有來歲不游斜川詩提壺接賓旅引滿更獻酬未知從今去當復如此不宋鮑照松柏篇孝子撫墳號父子知來不欲還心依戀欲見絕無由南齊釋寶月估客樂大艑珂峩頭何處發揚州儈問艑上郎見儂所歡不則讀爲府鳩反矣　晉書束晳傳汲郡人不準盜發魏襄王墓何超音義不甫鳩反姓也　焦竑曰濟南之華不注山吳興之餘不溪皆作趺音讀

裘　巨鳩切

古音渠之反　詩終南首章終南何有有條有梅君子至止錦衣狐裘顏如渥丹其君也哉　七月四章取彼狐貍爲公子裘　大東四章舟人之子熊羆是裘私人之子百僚是試　左傳襄四年國人誦之曰臧之狐裘敗我於狐駘　禮記樂記良冶之子必學爲裘良弓之子必學爲箕列子同　呂氏春秋見上　淮南子齊俗訓夫以一世

之變欲以耦化應時譬猶冬被葛而夏被裘　列女傳臧文仲書曰斂小器投諸台會獵犬組羊裘琴之合甚思　易林大過之困送我貂裘與福戲來　按裘字自魏亡　帝善哉行萊我良馬被我輕裘始與憂爲韻

仇

古音同上　詩兔罝二章肅肅兔罝施于中逵赳赳武夫公侯好仇　賓之初筵見能字下　史記呂后紀趙幽王友歌爲王而餓兮誰者憐之呂氏絕理兮託天報仇　龜策傳江河必怒務求報仇自以爲侵因神與謀淫雨不霽水不可治若爲枯旱風而揚埃蝗蟲暴生百姓失時王行仁義其罰必來　易林九三壯于頄蜀才本作仇　然仇字詩有二音兔罝韻逵秦無衣韻袍楚辭九章惜誦吾誼先君而後身兮羌衆人之所仇也與讎爲韻急就篇受賕枉法忿怒仇與曹聊流膠牢號求留爲韻漢張衡東京賦今公子苟好勦民以媮樂忘民怨之爲仇也與憂爲韻

唐韻正　卷六　十一

秦嘉述昏詩戰戰兢兢懼德不仇與由爲韻魏王粲登樓賦實顯敞而寡仇與憂洲流丘疇留爲韻贈文叔良詩尚哉君子異于他仇與流爲韻陳思王七啟望雲際兮有好仇與由修愁爲韻節游賦行觴爵於好仇與騑儔游憂舟流愁爲韻晉陸雲九愍歎悲號以命旅鳥狂顧而鳴仇與流疇求爲韻張敞頭責子羽文我覩子如仇與讐憂爲韻至漢邊讓章華臺賦爾乃攜窈窕從好仇徑肉林登糟丘則以仇丘二字與流舟憂爲韻

俅

古音同上　詩絲衣見上

罘　縛謀切

古音扶之反　史記秦始皇紀之罘東觀刻石文見上三秦記漢武帝柏梁臺詩帝曰日月星辰和四時梁王曰

驂駕駟馬從梁來大司馬曰郡國士馬羽林材丞相曰總
領天下誠難治大將軍曰和撫四夷不易哉御史大夫曰
刀筆之吏臣執之太常曰撞鐘伐鼓聲中詩宗正曰宗室
廣大日益滋衛尉曰周衛交戟禁不時光祿勳曰總領從
官柏梁臺廷尉曰平理請讞決嫌疑太僕曰修飭輿馬待
駕來大鴻臚曰郡國吏功差次之少府曰乘輿御物主治
之大司農曰陳粟萬石揚以箕執金吾曰徼道宮下隨討
治左馮翊曰三輔盜賊天下危右扶風曰盜阻南山爲民
災京兆尹曰外家公主不可治詹事曰椒房率更領其材
典屬國曰蠻夷朝賀常舍其將作大匠曰柱枅欂櫨相枝
持大官令曰枇杷橘栗桃李梅上林令曰走狗逐兔張罘
罘郭舍人曰齧妃女脣甘如飴東方朔曰迫窘詰屈幾窮
哉　漢揚雄羽獵賦荷垂天之畢張竟壄之罘靡日月之
朱竿曳彗星之飛旗　放雉兔收罝罘麋鹿芻蕘與百姓
共之　張衡東京賦故相如壯上林之觀揚雄騁羽獵之
辭雖系以頹牆填壍亂以收罝解罘卒無補於風規秖以

昭其愆尤臣濟參以陵君忘經國之長基故函谷擊柝於東西朝顛覆而莫持　魏陳思王七啟於是磎填谷塞榛藪平夷緣山置罝彌野張罘下無漏跡上無逸飛鳥集獸屯然後會圍　漢武帝柏梁臺詩首用時字羣臣屬和無出韻者上林令走狗逐兔張罝罘後人不通音者謬改爲罘罝近又或改爲罘罳可笑考　秦簡王詩體所載正作罝罘

謀

莫侯切

古音媒　詩泉水首章毖彼泉水亦流于淇有懷于衛靡日不思孌彼諸姬聊與之謀　氓首章見上　皇皇者華三章我馬維騏六轡如絲載馳載驅周爰咨謀　十月之交五章抑此皇父豈曰不時胡爲我作不即我謀徹我牆屋田卒汙萊曰予不戕禮則然矣　小旻見上聲否字下　巷伯二章哆兮侈兮成是南箕彼譖人者誰適與謀

餘三章周原膴膴菫荼如飴爰始爰謀爰契我龜曰止曰時築室于玆　文王有聲八章豐水有芑武王豈不仕詒厥孫謀以燕翼子　抑十二章於乎小子告爾舊止聽用我謀庶無大悔　易繫辭下傳見能守下　左傳哀二十八年聽輿人之誦曰原田每每舍其舊而新是謀　哀五年萊人歌景公死乎不與埋三軍之士乎不與謀師乎師乎何黨之乎　楚辭天問浞娶純狐眩妻爰謀何羿之射革而交吞揆之　老子其安易持其未兆易謀　不召而自來繟然而善謀　管子霸言篇智者善謀不如當時　心術上篇紛乎其若亂靜之而自治强不能徧立智不能盡謀　內業篇春秋冬夏天之時也山陵川谷地之枝也喜怒取予人之謀也　勿引勿推福將自歸彼道自來可藉與謀　版法解篇與天下同利者天下持之擅天下之利者天下謀之　莊子刻意篇不思慮不豫謀光矣而不耀信矣而不期　知北遊篇形若槁骸心若死灰眞其實知不以故自持媒媒晦晦無心而不可與謀　淮南子道

唐韻正　卷六　十三

應訓同　荀子戒相篇知不用愚者謀前車既覆後未知更何覺時　請牧祺明有基主好論議必善謀五聽修領莫不理續主執持　呂氏春秋壹行篇夫不可知盜不與期賊不與謀　求人篇賢者所聚天地不壞鬼神不害人事不謀　任地篇天下時地生財不與民謀　素問陰陽別論別於陽者知病忌時別於陰者知死生之期謹熟陰陽無與衆謀　司馬法定爵篇進退無疑見敵無謀　逸周書大武解一鼓禿疑二備從來三佐軍舉旗四采虞人謀五後動撚之　六韜發啟篇天道無殃不可先倡人道無災不可先謀必見天殃又見人災乃可以謀　鬼谷子抵巇篇世無可抵則深隱而待時有可抵則爲之謀　漢賈誼鵩賦天不可與慮兮道不可與謀遲速有命兮烏識其時　嚴忌哀時命夜炯炯而不寐兮懷隱憂而歷茲心鬱鬱而無告兮衆孰可與深謀欿愁悴而委惰兮老冉冉而逮之　史記李斯傳時乎時乎間不及謀嬴糧躍馬唯恐後時　鄒策傳見上　淮南子主術訓清靜無爲則天

與之時廉儉守節則地生之財處愚稱德則聖人爲之謀
道應訓周伯昌行仁義而善謀太子發勇敢而不疑中
子旦恭儉而知時　氾論訓徐偃王知仁義而不知時大
夫種知忠而不知謀　詮言訓不豫謀不棄時與天爲期
文子同　兵略訓故所鄉非所之也所見非所謀也
說林訓與死者同病難爲良醫與亡國同道難與爲謀
文子同　見之明白處之如玉石見之闇晦必留其謀
文子同　尸子孔子云誦詩讀書與古人居讀書誦詩與
古人謀　鹽鐵論孔子曰不通於論者難於言治道不同
者不相與謀　王褒九懷思堯舜兮襲興幸咎繇兮獲謀
悲九州兮靡君撫軾歎兮作詩　說苑權謀篇吾聞病之
將死也不可爲良醫國之將亡也不可爲計謀　文子同
將將之臺窅窅其謀我言而不當諸侯伐之　談叢篇
五聖之謀不如逢時　反質篇信鬼神者失謀信日者失
時　列女傳晉文齊姜頌齊姜公正言行不怠勸勉晉文
反國無疑公子不聽姜與犯謀醉而載之卒成霸基　太

玄經斷測斷心滅斧內自治也冥斷否中心疑也決其聾輕利有謀也　彊測彊中谷貞不可與謀也鳳鳥于飛君子得時也柱不中不能正基也　玄衝進多謀積多財玄攡律則成物曆則編時律曆交道聖人以謀　揚雄廷尉箴穆王耄荒甫侯伊謀五刑訓天周以阜基　越絕書請糴內傳臣聞春日將至百艸從時君王動大事羣臣竭力以佐謀　德序外傳記身死不爲醫部亾不爲謀還自遺災　春秋命曆序以文命者七九而衰以武興者六八而謀　魏李康運命論引之同　論語比考讖一曰河圖將來告帝期二曰河圖將來告帝謀　吳越春秋臣聞君子俟時計不數謀死不被疑內不自欺　參同契古今道由一對談吐所謀學者加勉力留念深思惟至要言甚露昭昭不我欺　張衡思玄賦結精遠游使心攜迴兮揭來從玄謀獲我所求夫何思　七辯在我聖皇躬勞至思參天兩地匪怠厥司率由舊章遵彼前謀正邪理謬靡有所疑　風俗通孔子曰雖明天子熒惑必謀禍福之微愼察

用之　漢冀州從事張表碑文天挺﨤族應期佐治與漢龍興誕發神謀　成陽靈臺碑文朝𠙵克省帝納其謀歲以春秋奉大牢祠　魏嵇康太師箴故殷辛不道首綴素旗周胡敗度茲人是謀　抱朴子博喻篇郢人美下里之淫鼃而薄六莖之和音庸夫好悅耳之華譽而惡利行之良規故宋玉舍其延露之精聲智士柗其獨見之遠謀

說文媒謀也謀合二姓也　韻補謀謨杯切周禮媒氏註媒之言謀也謀合異類使和成者　按謀字自魏文帝煌京雒行賢矣陳軫忠而有謀始與救爲韻

以上字當與五支之半及六脂七之通爲一韻

憂　於求切

詩泉水四章思須與漕我心悠悠駕言出遊以寫我憂　載馳首章驅馬悠悠言至于漕大夫跋涉我心則憂　爰見罦字下　蟋蟀三章蟋蟀在堂役車其休今我不樂日月其慆無已太康職思其憂好樂無荒良士休休　唐

揚之水見入聲鵠字下　角弓八章雨雪浮浮見晛曰流如蠻如髦我是用憂　民勞見下　易乾文言是故居上位而不驕在下位而不憂　左傳哀二十一年齊人歌見入聲覺字下　楚辭九歌山鬼風颯颯兮木蕭蕭思公子兮徒離憂　三略故士可下而不可驕將可樂而不可憂　易林屯之遯道路辟除南至東遼衛子善辭使國無憂　比之否失意懷憂如幽狴牢　豫之大壯適戍失期患生無聊懼以發憂開藏閉塞邦國竆愁　復之遯見下　大畜之遯大尾小腰重不可搖棟橈棟壞臣爲君憂　大壯之晉鄭國讒多數被兵憂征夫愁苦民困無聊　萃之大過亂頭多憂搔蝨生愁膳夫仲年使我無聊　困之益童女無媒不利動搖安其室廬傳母何憂　歸妹之大有見下　節之乾虎豹怒咆慎戒外憂上下俱擾士民無聊　家語子路初見篇樂之方至樂而勿驕患之將至思而勿憂　此以下所引書但證其與蕭宵肴豪同用者他不備引

優

禮記深衣要縫半下註要或爲優

麀

說文鏖从金麀聲於刀切

穮

梁武帝籍田詩寅賓始出日律中方星鳥千畝土膏紫萬頃陂色縹嚴駕佇霞晰裛露逗光曉啟行天猶暗伐鼓地未悄蒼龍發蟠蜿青旂引窈窕仁化洽孩蟲德令禁胎夭耕籍乘月映遺滯指秋杪年豐廉讓多歲薄禮節少公卿秉耒耜庶甿荷鉏穮一人慙百王三推先億兆

摎　力求切

令此字兩收於五肴十八尤部中

畱

楚辭離騷時繽紛以變易兮又何可以淹畱蘭芷變而不芳兮荃蕙化而爲茅　漢淮南小山招隱士猨狖羣嘯兮虎豹嘷攀援桂枝兮聊淹畱　攀援桂枝兮聊淹畱虎豹鬬兮熊羆咆禽獸駭兮亡其曹王孫兮歸來山中兮不可以久畱　司馬相如大人賦世有大人兮在乎中州宅彌萬里兮曾不足以少畱悲世俗之迫隘兮朅輕舉而遠游乘絳幡之素蜺兮載雲氣而上浮建格澤之修竿兮總光燿之采旄垂旬始以爲幓兮曳彗星而爲髾掉指橋以偃蹇兮又猗抳以招搖攬欃槍以爲旌兮靡屈虹而爲綢紅杳眇以玄湣兮猋風涌而雲浮　史記滑稽傳男女雜坐

行酒稽畱六博投壺相引爲曹　王褒九懷望谿兮滃鬱熊羆兮呴嘷唐虞兮不存何故兮久畱　急就篇輒覺沒入檄報畱通音皆用豪韻　吳越春秋不仁者逃其仁者畱　晉左思吳都賦綸組紫絳食葛香茅石帆水松東風扶畱　揚方合歡詩衣用雙絲綫寢共無縫裯子晴我不動子游我無畱　釋名畱牢也　詩正義引春秋元命苞昴之爲言畱也　按畱字又與丣通史記律書濁北至于丣丣者言陽氣之稽畱也故曰畱八月　索隱曰畱即丣也丣古文酉字漢書律歷志畱孰於酉

流

詩角弓見上　常武五章如山之苞如川之流　楚辭九章惜往日臨沅湘之玄淵兮遂自忍而沈流卒沒身而絕名兮惜廱君之不昭　宋玉高唐賦見下　急就篇縛束脫漏亡命流　易林萃之師家在海隅繞旋深流伯氏難

行無木以超　太玄經達次三蒼木維流厥美可以達于瓜苞　漢班彪冀州賦徧五嶽與四瀆兮觀滄海以周流鄙臣恨不及事兮陪後乘之下僚　班固幽通賦毗聆兹而劾石兮許相理而鞠條道混成而自然兮術同原而分流　張衡思玄賦仰矯首以遙望兮魂憿惘而無儔逼區中之隘陋兮將北渡而宣游行積冰之皚皚兮清泉沍而不流寒風凄其永至兮拂穹岫之騷騷玄武縮于殼中兮騰蛇蜿而自糾魚矜鱗而并凌兮鳥登木而失條坐太陰之屏室兮慨含欷而增愁怨高陽之相寓兮侐顓頊而宅幽庸織路於四裔兮斯與彼其何瘳望寒門之絕垠兮縱余緤乎不周　王逸九思令尹兮謷謷羣司兮譨譨哀哉兮淈淈上下兮同流　邯鄲淳曹娥碑翩翩孝女載沈載浮或泊洲渚或在中流或趨湍瀨或逐波濤　魏嵇康琴賦爾乃顛波奔突狂赴爭流觸巖觝隈鬱怒彪休洶涌騰薄奮沫揚濤瀄汩澎湃蜿蟺相糾放肆大川濟乎中州安迴徐邁寂爾長浮　劉劭趙都賦擊靈鼓鳴籟簫乘春波

鏡清流　晉木華海賦魚則橫海之鯨突扤孤游戛巖嶅偃高濤茹鱗甲吞龍舟噏波則洪漣踧蹜吹澇則百川倒流　顧愷之觀濤賦臨浙江以北眷壯滄海之宏流水無涯而合岸山孤映而若浮既藏珍而納景且激波而揚濤

駵

漢書地理志華聊綠耳之乘聊即駵字

嘐

通鑑註上嘐村在寧海西北四十餘里今謂之上寮山

瀏

魏文帝述征賦伐靈鼓之硼隱兮建長旗之飄颻曜甲卒之皓旰兮馳萬騎之瀏瀏

憀

今此字兩收於三宵十八尤部中

懰

詩月出二章月出皓兮佼人懰兮舒慢受兮勞心慅兮

秋　七由切

詩采葛二章彼采蕭兮一日不見如三秋兮　易林復之遯仲冬兼秋鳥散飲憂困於米倉數驚鵠鶂　魏甄后塘上行出亦復苦愁入亦復苦愁邊地多悲風樹木何蕭蕭今日樂相樂延年壽千秋　晉陸機詩見下　鄭曼季答陸士龍詩陟彼南山言采其蕭樂只君子邦家之綏穆茂厥猶輔德是收聊道以儉廣惠以周嗟我懷人永好不决

說文本作秌从禾𤒅省聲𤒅音焦　楊慎曰秋音鍬漢楊雄羽獵賦秋秋蹌蹌入西園切神光蕭該音七遙反又荀子解蔽篇引逸詩曰鳳皇秋秋其翼若干其聲若簫秋與簫爲韻是其證也

篍

今此字三收於四宵十八尤三十五笑部中　楊慎曰今南方屯戍之處曰哨葢吹篍以警守也

萩

春秋文九年楚子使椒來聘穀梁傳作萩子遙反又子小反或作菽　玉篇萩且酉反又七肖反

楸

楚辭九辯見上

湫

平聲音椒　左傳楚椒舉國語作湫舉　史記伍子胥傳敗越于夫湫湫音椒

上聲則子小反　左傳莊十九年還及湫閔元年齊仲孫湫來省難成十八年王湫奔萊襄六年王湫帥師昭元年勿使有所壅閉湫底三年湫隘囂塵十二年愀愀乎湫乎攸乎十三年子服湫從竝音子小反徐音秋釋文按子服湫又作子服椒史記越世家敗之夫椒索隱曰椒本又作湫音酒小反伍子胥傳作夫湫左傳楚椒舉國語作湫舉史記封禪書湫淵祠朝那索隱曰湫音子小反又音子由反漢書蘇林音將蓼反　今此字四收於十八尤二十九篠四十四有部中

鰍

亦作鮋　易林同人之益巨蛇大鰌戰於國郊君遂奔逃

猶 以周切

詩小星二章嘒彼小星維參與昴肅肅宵征抱衾與裯實命不猶　采芑見下　斯干首章如竹苞矣如松茂矣兄及弟矣式相好矣無相猶矣　小旻見上聲咎字下　鼓鍾三章鼓鍾伐鼛淮有三洲憂心且妯淑人君子其德不猶　白華二章英英白雲露彼菅茅天步艱難之子不猶

禮記禮器引詩云匪革其猶聿追來孝檀弓人喜則斯陶陶斯咏咏斯猶鄭氏曰猶當爲搖搖謂身動搖也秦人猶搖聲相近爾雅註猶卽繇也古今字耳　古時猶與搖同一音故玉篇遙字又音弋周切

悠

詩泉水載馳竝見上　楚辭大招東有大海溺水浟浟只螭龍竝流上下悠悠只霧雨淫淫白皓膠只魂乎無東湯谷宋寥只　漢王褒九懷將息兮蘭皋失志兮悠悠蒶藴兮黴黧思君兮無聊身去兮意存愴恨兮懷愁　王逸九思倚此兮巖穴永思兮窈悠嗟懷兮眩惑用志兮不昭

說苑雜物篇引詩悠悠我思作遙遙

油

史記宋世家箕子歌麥秀漸漸兮禾黍油油彼狡童兮不與我好兮

攸

說文絛鋚條皆以攸得聲

由

禮記禮運鬼神以爲徒故事可守也五行以爲質故事可復也禮義以爲器故事行有考也人情以爲田故人以爲奥也四靈以爲畜故飲食有由也　楚辭九章惜往日見幽字下　張弨曰說文無由卽𠭥古文省也今作兩字矣

浟

楚辭大招見上

游

俗作遊　詩泉水見上　江漢首章江漢浮浮武夫滔滔匪安匪游淮夷來求　常武三章匪紹匪游徐方繹騷　宋玉高唐賦見下　漢司馬相如大人賦見上　淮南子原道訓循天者與道游者也隨人者與俗交者也　文子同　人閒訓知天而不知人則無以與俗交知人而不知天則無以與道游　文子同　易林歸妹之大有依宵夜

遊與君相遭除解煩惑使心不憂 王逸九思心煩憒兮意無聊嚴載駕兮出戲遊周八極兮歷九州 張衡思玄賦見上 晉木華海賦見上 張弨曰游从㫃汙聲破體作游又因古文逰譌作遊諸書正俗各出分屬二意非是

繇

書禹貢厥草惟繇厥木惟條 揚雄大司農箴見下 詩民勞箋繇役煩多繇本亦作傜 禮記檀弓註謂時繇役繇本亦作傜 王制註不給其繇役繇本亦作傜 雜記下註謂給繇役繇本亦作傜 史記吳太伯世家予虞繇立正義曰繇音遙又音由 蘇秦傳二日而莫不盡繇索隱曰音搖搖動也 東越傳繇君丑索隱曰繇音搖 漢書高帝紀高祖常繇咸陽師古曰繇讀曰傜古通用字凡漢書傜字皆作繇 楊慎曰繇音搖古尚書皋陶作咎繇 周禮追師註步搖作步繇

揄

詩生民七章或舂或揄或簸或蹂釋之叟叟烝之浮浮按此字不當从俞依周禮作抌爲是　禮記玉藻夫人揄狄註揄讀爲搖　雜記上夫人稅衣揄狄揄音遙　喪大記揄絞揄音遙

啾

即由切

漢淮南小山招隱士歲暮兮不自聊蟪蛄鳴兮啾啾

酋

自秋切

釋名曹酋也

蝤

周禮註稻醴清醩音糟沈子由反　今此字兩收於六豪十八尤部中

脩

息流切

詩中谷有蓷二章中谷有蓷暵其脩矣有女仳離條其歗矣條其歗矣遇人之不淑矣歗音蕭淑音人遙反　呂氏春秋辨土篇寒則雕熱則脩　詩翛翛予尾翛翛唐石經作脩脩

修

漢王褒九懷見下　邯鄲淳曹娥碑顯何者大國防禮自修豈況庶賤露屋艸茅　晉陸雲夏府君誄見下

抽

丑鳩切

詩清人三章清人在軸駟介陶陶左旋右抽中軍作好說文作左旋右搯土刀切　晉嵇康思親詩奈何愁兮愁無

聊恒惻惻兮心若抽

瘳

詩風雨二章風雨瀟瀟雞鳴膠膠旣見君子云何不瘳

漢揚雄大司農箴秦收太半二世不瘳泣血之求海內無聊農臣司均敢告執繇　張衡思玄賦見上

妯

詩鼓鍾見上

周

職流切

詩下泉二章冽彼下泉浸彼苞蕭愾我寤歎念彼京周

易林噬嗑之巽東家殺牛汙臭腥臊神背西顧命絕衰周

漢杜篤吳漢誄堯隆稷契舜嘉皋陶伊君本殷呂尚翼周　張衡思玄賦見上　李尤辟雍賦見下　晉陸雲夏府君誄文武未墜君惟克修百行殊撰君望斯閑牺儀初九戢翼洪條瓊輝四灼景問綢繆　贈顧驃騎詩見幽字下　鄭曼季荅陸士龍詩見上　白虎通四十五日不周風至不周者不交也　春秋考異郵同　山海經周僥國一名憔僥國國語作僬僥　說文調蜩雕彫琱啁賫以周得聲

州

左傳襄四年虞人之箴曰芒芒禹迹畫爲九州經啟九道民有寢廟獸有茂艸各有攸處德用不擾在帝夷羿冒于原獸忘其國恤而思其麀牡　漢司馬相如大人賦見上　王褒九懷林不容兮鳴蜩余何留兮中州陶嘉月兮總𢿘搴玉英兮自修　揚雄徐州牧箴夏宅九州至於季世放于南巢　王逸九思見上　魏嵇康琴賦見上

洲

詩鼓鍾見上　張弨曰州爲重川本洲渚字後人加水以別州縣經典亦承其譌也

舟

詩篤公劉二章何以舟之維玉及瑤鞞琫容刀　晉木華海賦見上　考工記刮摩之工玉楖雕矢磬註故書雕或爲舟　說文朝从倝舟聲

輈

考工記註摯輈也輈音周又音弔

讎

市流切

詩采芑四章蠢爾蠻荊大邦爲讎方叔元老克壯其猶方叔率止執訊獲醜　抑六章無言不讎無德不報

醻

詩彤弓三章彤弓弨兮受言櫜之我有嘉賓中心好之鍾鼓既設一朝醻之　瓠葉四章有兔斯首燔之炮之君子有酒酌言醻之

魗

詩遵大路二章遵大路兮摻執子之手兮無我魗兮不寁好也

柔　耳由切

詩桑扈四章兕觥其觩旨酒思柔彼交匪敖萬福來求　絲衣兕觥其觩旨酒思柔不吳不敖胡考之休　[illegible]

从犬柔聲

收　式州切

晉陸機詩恢恢天網罪沈星收爰兹下臣騰光清雲　鄭曼季答陸士龍詩見上

鳩　居求切

宋玉高唐賦薄艸靡靡聯延夭夭越香掩掩衆雀嗷嗷雌雄相失哀鳴相號王雎鸝黄正冥楚鳩姊歸思婦垂雞高巢其鳴喈喈當年遨遊更唱迭和赳由隨流　莊子音義滑鳩一名滑雕　水經注發鳩山淮南子謂之發苞山

⿸疒丩

今此字三收於十八尤二十幽三十一巧部中

朻

爾雅釋木下句曰朻上句曰喬

丩

說文𠯌訓皆以丩得聲

搜

所鳩切

亦作搜莊子景曰搜搜也搜音素口反又素刀反又音蕭越王子搜音素羔反

鄋

左傳文十一年鄋瞞侵宋鄋所求反一音先牢反

愁 士尤切　當作士猶

楚辭九章悲回風憐思心之不可懲兮證此言之不可聊寧溘死而流亡兮不忍此心之常愁　戰國策蘇秦說秦惠王上下相愁民無所聊　漢書景十三王傳廣川王去歌愁莫愁生無聊　王褒九懷見上　易林乾之噬嗑堅冰黃鳥常哀悲愁不見甘粒但見藜蒿數驚鷙鳥爲我心憂　比之大壯適戍失期患生無聊懼以發憂開藏閉邦國窮愁　萃之大過見上　劉向九歎白露紛紛以塗塗兮秋風瀏瀏以蕭蕭身永流而不還兮魂長逝而常愁張衡思玄賦見上　魏甄后塘上行見上　道藏詩倚齡會足衰切往豈足遼虛刀揮至空鄙滯五神愁

休 許尤切　當作許猶

詩蟋蟀桑扈並見上　民勞二章民亦勞止汔可小休惠此中國以爲民逑無縱詭隨以謹惛怓式遏寇虐無俾民

憂無棄爾勞以爲王休　江漢六章虎拜稽首對揚王休
作召公考天子萬壽首休考壽同爲一韻　緇衣見上
淮南子修務訓達略天地察分秋毫稱譽葉語至今不休
易林鼎之困登高望家役事未休王事靡盬不得逍遥
魏嵇康琴賦見上　晉陸機演連珠臣聞傾耳求音眡
優聽苦澄心徇物形逸神勞是以天殊其數雖同方不能
分其感理塞其通則竝質不能共其休　陸雲贈奚世都
詩善問伊何惠音孔韶肇允衡門翻飛宰朝肅雍芳林芬
響陵霄穆矣和風育爾清休　贈鄭曼季詩鸞栖高岡耳
想雲韶拊翼墜夕和鳴興朝我之思之言懷其休

髹

史記貨殖傳木器髹者千枚徐廣曰髹音休正義曰又音
許昭反　漢書外戚傳殿上髹漆師古曰髹音許求反又
音許昭反

囚　侶由切

詩泮水五章淑問如皋陶在泮獻囚　易林遯之既濟茲基逢時稷契皋陶貞良得願微子解囚

慒　本註又在交切今三肴部不收

儔　直由切

漢王襃九懷泱莽莽兮究志懼吾心兮儔儔步余馬兮悲杜覽可與兮匹儔　張衡思玄賦見上　邯鄲淳曹娥碑辭或有剋面引鏡務耳用刀坐臺待水抱樹而燒於絲女德茂此儔　魏劉楨魯都賦畫藏宵行俯仰嘯咆禽獸布寵失偶焉儔　楊慎曰史記龜策傳上有擣著下有神龜索隱云擣音稠左傳八元八凱有擣戭漢書藝文志有

公檮生師古曰檮直由反其字從木霍去病傳從至檮、余山師古曰檮音籌其字從木獨孟子檮杌之檮今音濤蓋因陸德明九經釋音而誤也賈逵曰檮杌凶頑無儔匹之貌以此證之則檮杌之檮亦當音稠愚按儔濤二字古人同爲一音蓋此韻與蕭宵肴豪如佳皆灰咍之與支脂之微齊耳　今吳人凡儔侶之儔皆呼爲桃　今此字兩收於十八尤二十七号部中

幬

禮記檀弓天子龍輴而椁幬諸侯輴而設幬音大報反　喪大記大夫殯以幬欑至于西序幬音道　中庸辟如天地之無不持載無不覆幬音徒報反　考工記輪人欲其幬之廉也幬音幬又音導　左傳襄二十九年如天之無不幬也幬從報反　今此字兩收於十八尤二十七号部中

裯

詩小星見上　郭璞註方言裯丁牢反　史記魯世家魯人立齊歸之子裯爲君徐廣曰裯一作袑　楊慎曰今闗中人呼褰褲爲絛子　今此字兩收於六豪十八尤部中

綢

漢司馬相如大人賦見上　禮記檀弓綢練設旐綢音吐刀反徐直留反　明堂位夏后氏之綢練綢音吐刀反　爾雅釋天素錦綢杠疏綢韜也　漢書司馬相如傳靡屈虹而爲綢註綢韜也　今此字兩收於六豪十八尤部中

稠

晉陸機荅賈謐詩昝我逮茲時惟下僚及子棲遲同林異條年殊志比服舛義稠遊跨三春情固二秋　莊子可謂

稠適而上遂矣稠音調本亦作調

疇

周禮司几筵註敨讀曰燾音道劉音疇

儵

䱇宧炎曰詩鰷鱨鰋鯉卽此字本作儵　玉篇儵徒堯直流二切

檮

楊愼說見上　左傳文十八年檮戭音直由反韋昭音桃　漢書古今人表師古音疇　今此字兩收於六豪十八尤部中

詶　張流切

今此字兩收於三蕭十八尤部中

求　巨鳩切

詩桑扈見上　下武見孚字下　江漢見上　漢司馬相如大人賦煥然霧除霍然雲消邪絕少陽而登太陽兮與眞人兮相求　急就篇乏興猥逮詗讂求　揚雄太常箴弗祈弗求惟德之報

逑　詩民勞見上

絿

禮記王制周人養國老於東膠膠或作絿

廣韻失收觩字桑扈絲衣竝見上

浮

縛謀切　當作縛牟

詩角弓江漢竝見上　素問平人氣象論死肺脈來如物之浮如風吹毛　漢司馬相如大人賦見上　邯鄲淳曹娥碑辭見上　魏嵇康琴賦見上　晉木華海賦於是鼓怒溢浪揚浮更相觸搏飛沫起濤　顧愷之觀濤賦見上

春秋隱八年公及莒人盟于浮來公羊穀梁二傳竝作包來　禮記投壺若是者浮註浮或作匏　鹽鐵論李斯與苞丘子同事荀卿苞丘子卽浮丘子也漢書楚元王傳云浮丘伯者孫卿門人

罦

見虞韻

烰

呂氏春秋其君令烰人養之註烰猶庖也

眸

莫浮切

釋名眸冒也相裹冒也

矛

詩無衣首章豈曰無衣與子同袍王于興師修我戈矛與子同仇　釋名矛冒也刃下冒矜也

堥

詩旄丘字林作堥亡周反又音毛

鍫

急就篇鐵鈇鑽錐釜鍑鍪鍛鑄鉛錫鐙錠鐎註鍪叶音毛

髳

本註或作髳　書牧誓及庸蜀羌髳一音毛

以上字當與三蕭四宵五肴六豪通爲一韻　按此韻中字可不必改音亦如佳皆灰咍之與支脂之微齊也按唐韻十八尤十九侯二十幽十九侯則全入魚虞模鄭羔裘首章之侯無羊二章之餱行葦三章之鍭山有樞首章之婁是也二十幽則全入蕭宵肴豪隰桑三章之幽角弓七章之瀌是也十八尤則有入支脂之微齊佳皆灰咍者載馳四章四月四章之尤綠衣三章之訧賓之初筵四章之郵黍苗二章絲衣之牛觩首章巷伯七章之丘絲衣之紑終南首章大東四章之裘兔罝二章賓之初筵二章

之仇絲衣之俅泉水首章呲首章皇皇者華三章十月之交五章小旻五章菴伯二章緜三章之誅是也有入蕭宵肴豪者泉水四章載馳首章兔爰二章蟋蟀三章唐揚之水二章角弓八章民勞二章之憂月出二章之懰角弓八章常武五章之流采葛二章之秋小星二章采芑四章斯干首章小旻三章鼓鍾三章白華二章之猶泉水四章載馳首章之悠泉水四章江漢首章常武三章之遊清人三章之抽鼓鍾三章之妯風雨二章之瘳下泉二章之周鼓鍾三章之洲篤公劉二章之舟抑六章之讎彤弓三章瓠葉四章之醻遵大路二章之魗桑扈四章絲衣之柔蟋蟀三章桑扈四章民勞二章江漢六章絲衣之休泮水五章之囚小星二章之裯桑扈四章江漢首章之求民勞二章之逑桑扈四章絲衣之觩角弓八章江漢首章之浮秦無衣首章之矛是也其入支而又入蕭者一字秦無衣首章以仇韻袍是也卽唐韻之三部一一求之於三百篇而其中條理粲然可觀漢以下每多混用唐人因此註曰同用

至宋末劉淵遂併爲一韻矣

又按尤牛等字與憂流州鳩本不相通而漢人於支韻中字往往混讀入此且如史記龜策傳白雲壅漢萬物盡留斗柄指日使者當囚玄服而乘輜車其名爲龜王急使人問而求之揚雄荊州牧箴夏后遭鴻荊衡是調雲夢塗泥包匭菁茅金玉砥礪象齒元龜貢篚百物世世以饒班固幽通賦嬀巢姜於孺筮兮旦算祀于契龜宣曹興敗於下夢兮魯衛名謚於銘謠妣聆呱而劾石兮許相理而鞠條道混成而自然兮術同原而分流張衡西京賦然後釣魴鯉纚鰋鮋摭紫貝搏蒼龜搤水豹馽潛牛澤虞是濫何有春秋李尤辟雍賦是以乾坤所周八極所要夷戎蠻羌儋耳哀牢重譯響應抱珍來朝南金大璐玉象犀龜宋讀曲歌朝日光景開從君良燕遊願如卜者策長與千歲龜則讀龜爲鳩矣魏王粲從軍行館宅充廛里士女滿九馗自非聖賢國誰能享斯休則讀馗爲求矣今十八尤韻中亦收龜馗二字而後人獨從支韻然則尤牛等字正亦此一

例特編韻若不曾收入五支以致混入此韻千年未正耳楊慎謂王粲詩旒字當从九从酋者謬又芄頄二字亦兩收於六脂十八尤部中

漢人用此韻之誤且最多者無若班婕妤自悼賦前以時思詩鄭兹滋災期與周求幽流休爲韻後以墀綦期之與流憂浮休爲韻其它詩文亦多出入二韻至晉宋以下而尤牛等字始合於憂流州鳩與支脂之判然爲二矣

鄒　則鳩切

古音則俱反　公羊傳邾婁卽鄒字以一字爲二字孟子題辭邾國至孟子時魯穆公改曰鄒　元戴侗六書故曰邾鄒同聲實一字也春秋時邾莒用夷故邾謂之邾婁合邾婁之音爲鄒也　漢韋玄成自劾詩嗣王孔佚越遷于鄒五世曠寥至我節侯　說文鄒从邑芻聲　今三原涇陽人讀朱諸等字皆爲則鳩反正同此誤　亦作騶史記

吳世家王夫差九年爲騶伐魯索隱曰左傳騶作邾杜預註左傳亦曰邾今魯國騶縣是也騶邾聲相近自亂耳騶字音邾上聲則音聚　史記孔子世家如顏濁鄒之徒正義曰濁音卓鄒音聚晏子書作燭鄒左傳有齊大夫顏涿聚呂氏春秋顏涿聚梁父之大盜也學於孔子

鄹

古音同上　孔叢子孔子回車操巾車命駕將適唐都黃河洋洋攸攸之魚臨津不濟還轅息鄹傷予道窮哀彼無辜翱翔于衞復我舊廬從吾所好其樂只且　今此字三收於十八尤九麌二十四緩部中

菆

古音同上　說文菆从艸取聲　今此字三收於二十六桓十八尤十遇部中

齱

古音同上　說文齱从齒取聲

騶

古音同上　淮南子原道訓是故大丈夫恬然無思澹然無慮以天爲蓋以地爲輿四時爲馬陰陽爲騶乘雲陵霄與造化者俱縱志舒節以馳大區可以步而步可以驟而驟註騶御也御字正釋騶字而今本爲不通音者竟改本文騶字爲御按韻補引此正作騶　漢書敘傳舞陽鼓刀滕公廄騶潁陰商販曲周庸夫攀龍附鳳竝乘天衢　南齊書王融傳車前無八騶何得稱丈夫　說文騶从馬芻聲　毛晃韻略十虞部增入此字引禮記曲禮車驅而騶讀爲趨荀子書中騶中韶護凡三見其一作騶

郰

古音同上　說文郰从邑取聲　以上六字當改入虞韻

廣韻芻側隅切正與郰字同音今人讀芻爲七于反讀

郰爲則鳩反蓋兩誤耳

十九侯

古與九魚十虞十一模通爲一韻

侯

戶鉤切

古音胡　詩載馳首章載馳載驅歸唁衞侯按此詩自驅

馬悠悠以下別是一韻　鄭羔裘首章羔裘如濡洵直且

侯彼其之子舍命不渝　左傳昭二十五年鸜鵒跦跦公

在乾侯徵褰與襦　管子輕重甲篇有餘富無餘乘者

之卿諸侯足其所不賂其游者責之令大夫　莊子胠篋篇竊鉤者誅竊國者爲諸侯　盜跖篇小盜者拘大盜者爲諸侯　史記朝鮮傳荀彘爭勞與遂皆誅兩軍俱辱將率莫侯矣　游俠傳竊鉤者誅竊國者侯　韓詩外傳故亾國之社以戒諸侯庶人之戒在於桃殳　淮南子主術訓故桓公三舉而九合諸侯紂再舉而不得爲匹夫　泰族訓濁亂天下撓滑諸侯使百姓不遑啟居　易林師之井范子妙材戮辱傷膚然後相國封爲應侯　泰之旅爲皇衛書玄珪賜我封爲晉侯　大有之隨見下　謙之巽季姜踟躕待孟城隅終日至旦不見齊侯　睽之中實沈參墟封爲晉侯　升之鼎衣裳顛倒爲王來呼成就東周封受大侯　越絕書記吳王占夢見兩鑠炊而不蒸者大王聖氣有餘也見兩黑犬嗥以北嗥以南四夷已服朝諸侯也兩鏵倚吾宮堂夾田夫也見流水湯湯越吾宮牆獻物已至則有餘也　漢揚雄長楊賦且盲者不見咫尺而離婁燭千里之隅客徒愛胡人之獲我禽獸曾不知我亦

已獲其王矦 反離騷有周氏之嬋嫣兮或鼻祖於汾隅靈宗初諜伯僑兮流于末之揚矦 司空箴茫茫九州都鄙盈區緜以羣牧綴以方矦 解嘲夫上世之士或解縛而相或釋褐而傅或倚夷門而笑或橫江潭而漁或七十說而不遇或立談而封矦或枉千乘於陋巷或擁篲而先驅 漢書鼂錯傳見奢字下 元后傳贊五將十矦卒成新都 敘傳抑抑仲舒再相諸矦身修國治致仕縣車下帷覃思論道屬書讜言訪對爲世純儒 張衡西京賦增昭儀於婕妤賢旣公而又矦許趙氏之無上思致董於有虞 魏應璩詩漢末桓帝時郎有馬子矦自謂識音律請客鳴笙竽爲作陌上桑反言悽將雛左右僞稱善亦復自搖頭 晉張載登成都白菟樓詩見下 夏矦湛抵疑德入殷王義感齊矦故伊尹起庖廚而登阿衡甯戚出車下而階大夫 魏書高車傳處女謠求良夫當如倍矦 韻補矦洪孫切史記霍去病傳斬盧胡王漢書作盧矦王水經注矦甲水發原平縣胡甲山有長坂謂之胡甲嶺即

劉歆遂初賦所謂越侯甲而長驅者也蔡邕曰侯甲亦邑名也在祁縣　楊愼曰侯音胡呂氏春秋令侯渫過而弗辭侯讀爲胡　漢司馬相如封禪頌君乎君乎侯不邁哉侯卽胡字　唐韓愈毛穎傳今日之獲不角不牙衣褐之徒缺口而長鬚八竅而趺居獨取其髦簡牘是資天下其同書秦其遂兼諸侯乎所用牙字侯字竝合古音資字不入韻　又按禮記樂記區萌達區古侯反古胡音拘左傳昭三年二十六年豆區釜鐘昭七年我先君文王作僕區之法區竝音烏侯反十三年治區夫區音烏侯反一音丘于反哀十三年盜殺陳夏區夫區音烏侯反烏胡音謳今人讀區萌之區爲古矛豆區之區爲烏矛乃因侯而誤也魏文帝孟津讌詩良辰啟初節高會極歡娛通天拂景雲俯臨四達衢羽爵浮象樽珍膳盈豆區清歌發妙曲樂正奏笙竽嚾靈忽西邁炎燭繼望舒翊日浮黃河長驅旋鄴都可見爾時古音尚未改也至晉宋之間則幷驅字亦讀爲苦矛反宋讀曲歌非歡獨慊慊儂意亦驅驅雙燈俱時

盡柰許兩無由可見其音之變矣

喉

古音同上 文子上義篇左手據天下之圖而右手刎其喉 元戴侗六書故曰喉亦謂之胡今俗謂之胡嚨漢書金日磾傳捽胡投何羅殿下後漢書五行志請爲諸君鼓嚨胡胡喉一聲也

鍭

古音同上 詩行葦三章敦弓既句既挾四鍭四鍭如樹序賓以不侮 急就篇鈒戟鈹鎔劍鐔鍭與杸爲韻

猴

古音同上 今人呼猴猻爲胡孫

餕　古音同上　詩無羊二章何蓑何笠或負其餱三十惟物爾牲則具

謳　烏侯切

古音於胡反　易林小畜之訟委蛇循流東求大魚豫且舉網爲入歌謳　魏陳思王贈丁翼詩嘉賓塡城闕豐膳出中廚吾與二三子曲宴此城隅秦箏發西氣齊瑟揚東謳倚來不虛歸觴至反無餘　卞蘭許昌宮賦趙女撫琴楚媛清謳秦箏慷慨齊舞絕殊　陸機吳趨行楚妃且莫歎齊娥且莫謳四坐並清聽聽我歌吳趨　莊子大宗師篇需役聞之於謳李軌讀香于反　說文謳从言區聲

漚

古音嫗　靈樞經見入聲瀆字下　鶡冠子泰錄篇故成形而不變者度也未離已而在彼者狎漚也　說文漚从水區聲

歐

古音紆　說文歐从欠區聲

區

古音驅　通鑑長沙賊區星胡三省註按唐韻區音豈俱切註云漢有長沙區景又音烏侯切　今此字兩收於十虞十九侯部中

甌

古音嫗　漢張衡南都賦愔愔醧讌李善音乙樓切

鷗

古音紆　說文鷗从鳥區聲

䙔

古音同上　說文䙔从衣區聲　今此字四收於十虞十九矦四十五厚五十候部中

蓲

古音同上　說文蓲从艸區聲　今此字兩收於十虞十九矦部中

甌

古音同上　漢書敘傳西南外夷種別域殊南越尉佗白王番禺攸攸外寓閩越東甌爰洎朝鮮燕之外區漢興柔遠與爾剖符　史記匈奴傳東胡與匈奴間中有棄地莫居千餘里各居其邊為甌脫漢書蘇武傳作區脫　說文甌从瓦區聲

⿰需色　奴鉤切

獳

古並音人朱反　說文獳从犬需聲　今此二字兩收於十虞十九侯部中

樓　落侯切

古音閭　急就篇芎藭厚朴桂栝樓通章皆用模韻　漢豔歌羅敷行日出東南隅照我秦氏樓秦氏有好女自名

爲羅敷羅敷善採桑採桑城南隅青絲爲籠係桂枝爲籠
鉤頭上倭墮髻耳中明月珠湘綺爲下帬紫綺爲上襦行
者見羅敷下擔捋髭鬚少年見羅敷脫帽著帩頭耕者忘
其犂鋤者忘其鋤來歸相怨怒但坐觀羅敷　崔駰七依
反宇垂阿洞門金鋪丹柱雕楹飛閣層樓　大將軍臨雒
觀賦濱曲雒而立觀營高壤而作廬處崇顯以閒敞超絕
鄰而特居列阿閣以環匝表高臺而起樓步輦道以周帀
臨軒檻以觀魚　李尤平樂觀賦徒觀平樂之制鬱崔嵬
以離婁赫巖巖其崟嶺紛電影以盤盱彌平原之博敞旋
金商之維陬大廈累而鱗次承岧嶤之翠樓過洞房之轉
闥歷金環之華鋪　王延壽魯靈光殿賦見去聲構字下
魏文帝登城賦孟春之月惟歲權輿和風初暢有穆其
舒駕言東道陟彼城樓逍遙遠望乃欣以娛　晉張載登
成都白菟樓詩重城結曲阿飛宇起層樓累棟出雲表嶢
嶭臨太虛高軒啟朱扉迴望暢八隅西瞻岷山嶺嵯峨似
荊巫蹲鴟蔽地生原隰殖嘉蔬雖遇堯湯世民食恒有餘

鬱鬱小城中岌岌百族居街術紛綺錯高甍夾長衢偺問揚子舍想見長卿廬程卓累千金驕侈擬五侯門有連騎容翠帶腰吳鉤鼎會隨時進百和妙且殊披林採秋橘臨江釣春魚黑子過龍醢果饌踰蟹蝑芳荼冠六清溢味播九區人生茍安樂茲土聊可居　張協玄武館賦爾乃地勢夷敞旣膏且腴環以翠林帶以赤渠尋厥先之攸基寔張氏之舊墟何魏后之周覽遂築館而起廬旣號玄武是曰石樓　黃庭經蔽以紫宮丹城樓俠以日月如明珠

水經注高奴縣民俗語訛謂之高樓城

婁

古音同上　詩山有樞首章山有樞隰有榆子有衣裳弗曳弗婁子有車馬弗馳弗驅宛其死矣他人是愉　莊子涂無鬼篇有援姝者有濡需者有卷婁者　漢李尤平樂觀賦見上　魏何晏景福殿賦茄蔤倒植吐被芙蕖繚以

藻井編以綷疏紅葩𩗗䡴丹綺離婁菡萏赩翕纖縟紛敷
繁飾絫巧不可勝書　晉陸機白雲賦長城曲堄采閣相
扶聳瑤臺之巀嶭構曖闇之離婁　公羊傳隱元年公及
邾婁儀父盟于眛婁力俱反邾人語聲後曰婁故曰邾婁
禮記檀弓邾婁復之以矢婁力俱反　左傳僖十八年
衆不可而從師于訾婁婁音郎句反又郎鉤反　襄十四
年執莒公子務婁婁力侯反或力俱反　二十六年及雩
婁婁徐音力俱反　昭五年薳啓疆待命于雩婁婁徐音力
俱反　漢書宣帝紀右賢王銖婁渠堂師古曰婁音力于
反　匈奴傳同　王子侯表婁節侯遂師古曰婁音力朱
反　地理志雩婁師古曰婁音力于反　說文縷僂婁窶
數皆以婁得聲　今此字兩收於十虞十九侯部中●
上聲則音呂　公羊傳昭二十五年且夫牛馬維婁毋女音
力主反疏引舊說云婁者侶也謂聚之於廄
去聲則音屢　詩屢顧爾僕君子屢盟屢舞僊僊屢豐年
本皆作婁　角弓式居婁驕婁王音力住反數也　禮記

郊特牲孔子婁歎之婁力住反本又作屢　漢書宣帝紀婁蒙嘉瑞師古曰婁古屢字凡漢書屢字皆作婁　說文屢字註曰今之婁字本是屢空字其上尸字後人所加

蔞

古音同上　詩漢廣三章翹翹錯薪言刈其蔞之子于歸言秣其駒　考工記輪人註等爲萬蔞以運輪上蔞音良主反　史記建元以來王子侯者年表蔞安侯邈索隱曰蔞音力俱反　楚世家篳路藍蔞左傳作篳路藍縷　後漢書王常傳與丹卬收散卒入蔞谿蔞音力于反　馮異傳至饒陽無蔞亭蔞音力于反　今此字三見於十虞十九侯九麌部中

⿰婁阝

膢

古音竝同上　今此二字兩收於十虞十九侯部中

螻

古音同上　呂氏春秋盡數篇戶樞不腐流水不螻

公卿工尊號奏月有熊之興地出大螻夏后承殺不榮之

數般湯茲命白狼銜鉤

𨻳

古音呂　晉書地理志嬴𨻳𨻳音力口反又音力主反

今此字兩收於十九侯九麌部中

僂

古音同上　左傳見上犨丕字下　今此字三收於十九侯九麌五十候部中

鷜

古音閭　爾雅鵱鷜鵞鷜力于切　今此字兩收於十虞十九侯部中

𧱜

古音同上　左傳定十四年既定爾婁豬字林作𧱜力付及　今此字兩收於十虞十九侯部中

瞜

古音同上　今此字兩收於十虞十九侯部中

褸

古音呂　今此字兩收於十九侯九麌部中

摟

古音閭　今此字兩收於十虞十九侯部中

僂

古音同上　今此字三收於十虞十九侯九麌部中

簍

古音同上　急就篇簁箄箕帚筐篋簍與篨爲韻　方言車枸簍郭璞解簍音縷　今此字三收於十九侯九麌四十五厚部中

艛

古音同上　今此字兩收於十虞十九侯部中

謱

古音呂　漢王逸九思周徘徊兮漢渚求水神兮靈女嗟此國兮無良謀女詘兮謰謱　今此字三收於十九侯九麌四十五厚部中

彄

恪侯切

古音恪兪反　說文彄从弓區聲　春秋哀十三年盜殺陳夏區夫公羊傳作彄

摳

古音同上　列子以瓦摳者巧以鉤摳者憚以黃金摳者惽摳字莊子作注　說文摳从手區聲　今此字兩收於十虞十九矦部中

陬　子矦切

古音子胡反　漢張衡南都賦若夫天封大狐列仙之陬上平衍而曠蕩下蒙籠而崎嶇坂坻巀嶭而成巘谿壑錯繆而盤紆芝房菌蠢生其隈玉膏滵溢流其隅崑崙無以參閬風不能踰　李尤平樂觀賦見上　王延壽魯靈光殿賦見去聲構字下　晉束晳補亡白華詩白華絳趺在陵之陬蒨蒨士子涅而不渝竭誠盡敬亹亹忘劬　唐韓愈南海神廟碑文海嶺之陬既足既濡胡不均弘俾執事樞　漢書西域傳昆莫欲使其孫岑陬尚公主史記大宛傳作岑娶　說文陬从𨸏取聲　今此字三收於十虞十八尤十九矦部中

十虞部中諏字下音曰子于切謀也又子侯切而侯部則無此字當是傳寫脫漏又諏字廣韻未收太玄經事次二事在樞不咨不諏卷其哲符

掫

古音同上　左傳襄二十五年陪臣干掫徐音子俱反史記齊太公世家作陪臣爭趣　昭二十年賓將掫周禮掌固註引之作賓將趣　說文掫夜戒有所擊也从手取聲今此字兩收於十虞十九侯部中

緅

古音同上　說文緅从糸取聲　今此字三收於十八尤十九侯十遇部中

棷

古音同上　說文棷从木取聲

偷　託侯切

古音俞　老子建德若偷質直若渝大方無隅　易林鼎之震老猾大偷東行盜珠　漢張衡東京賦敬慎威儀示民不偷我有嘉賓其樂愉愉聲教布濩盈溢天區　周禮大司徒六曰以俗教安則民不愉愉音偷註愉謂朝不謀夕　考工記弓人苟有賤工註苟愉也　禮記坊記註言不愉於死亡愉音偷本亦作偷　左傳襄十五年能官人則民無覦心覦卽偷字　公羊桓七年傳註故舊不遺則民不偷偷本又作媮　家語法無私而令不愉王肅註愉安爲偷　呂氏春秋雖今偷可後將無復偷一作愈　弱補偷容朱切詩他人是愉鄭氏曰愉讀曰偷偷取也漢書志作媮顏師古亦音偷字非是然媮尚讀作愈竝

媮

古音同上　漢張衡西京賦爾乃逞志究欲窮歡極娛鑒戒唐詩他人是媮　楚辭屈原卜居將從俗富貴以媮生乎媮音俞　史記淮陰侯傳褕衣甘食索隱曰褕鄒氏音俞美也漢書作媮　說文媮从女俞聲　今此字兩收於十虞十九侯部中

頭

度侯切

古音徒　莊子盜跖篇料虎頭編虎須幾不免虎口哉口音苦　史記龜策傳今寡人夢見一丈夫延頸而長頭衣玄繡之衣而乘輜車　易林坤之復九身無頭魂驚魄去不可以居　屯之无妄鳴條之災北奔大胡左衽爲長翟號匈奴主君旄頭立尊單于　訟之坤日入望車不見子家長女無夫左手搔頭　比之歸妹一身兩頭莫適其軀

大有之隨齊蜀迦鎆撫心搔頭五晝四夜睹我齊旗
謙之蒙子嬰兩頭陳破其墟　觀之艮北奔陰胡主君旄
頭　賁之乾見冢字下　遯之小畜畜牝無駒養雞不雛
羣羊三歲不生兩頭　革之頤尼父孔丘善釣鯉魚羅網
一舉得獲萬頭富我家居　小過之豐反鼻岐頭二寡獨
居　太玄經毅次三戴威滿頭君子不足小人有餘　漢
王褒僮約出入不得騎馬載車踑坐大呶下牀振頭垂釣
刈芻結葦臘纑　漢書五行志京房易傳睽孤見豕負塗
厥妖人生兩頭　王延壽魯靈光殿賦上紀開闢遂古之
初五龍比翼人皇九頭伏羲鱗身女媧蛇軀鴻荒朴略厥
狀睢盱　豔歌羅敷行見上　東方千餘騎夫壻居上頭
何用識夫壻白馬從驪駒青絲繫馬尾黃金絡馬頭腰中
鹿盧劍可值千萬餘十五府小史二十朝大夫三十侍中
郎四十專城居爲人潔白晳鬑鬑頗有鬚盈盈公府步冉
冉府中趨坐中數千人皆言夫壻殊　魏繁欽定情詩何
以結相於金薄畫搔頭　晉成公綏棄故筆賦則象神仙

人皇九頭式範羣生異體怪軀　左傳晉侯之豎頭須韓詩外傳作里鳧須　元戴侗六書故曰頊徒谷切顱落乎切頊顱頭骨也又作髑髏亦稱頭盧髑髏之急言爲頭皆一聲之轉也　按博雅頊顱謂之髑髏　按頭字自漢卓文君白頭吟今日斗酒會明旦溝水頭躞蹀御溝上溝水東西流古歌秋風蕭蕭愁殺人出亦愁入亦愁座中何人能不懷憂令我白頭始與流愁爲韻

揄

古音俞　說文揄从手俞聲　今此字四收於十虞十八尤十九侯四十五厚部中

廀

古音同上　玉篇廀古文逾字又徒樓切

緰

古音同上　說文緰从糸俞聲

投

古音徒　詩度之薨薨箋度猶投也　說文投从手从殳

按从殳亦聲

歈

古音俞　說文歈从欠俞聲　今此字兩收於十虞十九

矦部中

牏

古音同上　說文牏从片俞聲讀若俞　今此字三收於

十虞十九矦十遇部中

窬

古音同上　說文窬从穴兪聲　今此字兩收於十虞十九侯部中

⿸麻兪

古音同上　說文⿸麻兪从麻兪聲

齵

五婁切

古音隅　考工記輪人察其菑蚤不齵齵五構反又音隅　說文齵从齒禺聲　今此字兩收於十虞十九侯部中

鉤

古侯切

古音拘　禮記樂記倨中矩句中鉤纍纍乎端如貫珠　素問平人氣象論从心脉來前曲後居如操帶鉤一准南

子說山訓不貴江漢之珠而費巳之鉤　急就篇釵鐶鐶
脣刀刀鉤　太玄經迎次四裳有衣襦男子目珠婦人嘵
鉤　孝經內事鬬斗曲杓橈象成車房爲龍馬華蓋覆鉤
天罡八魁神不獨居故驂駕陪乘以道躑躅　漢鐃歌羅
敷行見上　魏公卿上尊號奏見上　晉張載登成都白
菟樓詩見上　周禮巾車金路鉤樊纓九就註云故書鉤
爲拘　左傳哀二十五年請適城鉏以鉤越本或作拘
禮記曾子問註又以繩從兩旁鉤之鉤本又作拘　史記
周紀弓撥矢鉤戰國策作拘　莊子徐無鬼篇上且鉤乎
君亦作拘　漢書鮑宣傳使吏鉤止丞相掾史鉤卽拘字
西南夷傳鉤町侯亾波師古曰鉤音鉅于反　文選阮
籍詠懷詩子母相鉤帶李善本作拘

溝

古音沽　易林蒙之旣濟馬驚破車王墮洟溝身死魂去
賦其室廬　讌之屢昧暮乘車屢危蹈溝　漢張衡西京

賦內有常侍謁者奉命當御外有蘭臺金馬遞宿迭居次
有天祿石渠校文之處重以虎威章溝嚴更之署　易刳
木爲舟剡除音口溝反　荀子溝猶瞀儒溝讀爲拘　北
史高句麗傳於東界築小城名爲幘溝漊溝漊者句麗城
名也

句

古音同上　詩行葦見上　漢王延壽魯靈光殿賦見去
聲湊字下　晉摯虞思游賦爰辨惑於上皇兮稽吉凶之
元符唐則天而民咨兮癸亂常而感虞孔撣涕於西狩兮
臧考祥於僂句跖肆暴而保艾兮顏履仁而夙徂何否泰
之靡所兮眩榮辱之不圖　周禮凡以神仕者註謂衛祭
衆寡與其居句居音紀慮反句音紀具反正義曰神衛衆
寡多少或居方爲之或句曲爲之也　考工記磬氏倨句
一矩有半廬人句兵欲無彈弓人覆之而角至謂之句弓

句劉竝音九具反　左傳哀二十二年註會稽句章縣句九具反如淳音拘韋昭亦音拘　史記孝文紀句注索隱曰伏儼音倶包愷音鉤　匈奴傳句注索隱曰服虔云句音拘　漢書文帝紀句注應劭曰山名在鴈門陰館師古曰句音章句之句王子侯表句容哀侯黨師古曰句讀爲章句之句今句容之句曲山亦同此音後漢書李南傳註句容今潤州縣也近句曲山有所容因名焉是也後人以章句之句爲九遇反其取屈曲之義者爲古侯反然古胡亦是拘音但平去之異耳　地理志寃句師古曰句音劬莊子句贅指天句倶樹反徐古侯反　今此字四收於十虞十九侯廿遇五十候部中

龜

軥

古苙音劬　左傳襄十四年射兩軥而還軥其俱反徐又古豆反　今此二字兩收於十虞十九侯部中　亦作朐左傳昭二十六年繇朐汰輈朐其俱反本又作軥正義曰朐軥字通用

鴝

古音同上　今此字兩收於十虞十九侯部中

篝

古音沽　史記滑稽傳甌窶滿篝汙邪滿車五穀蕃熟穰穰滿家臣見其所持者狹而所欲者奢　急就篇篅笆篝篗箕箅篝

兜

當侯切

古音當切反　山海經讙頭國或曰讙朱國註曰讙兜堯臣也　史記年表宋景公頭曼漢書古今人表作兜欒　尚書古文驩兜字作吺吺从殳亦聲

䯽　薄侯切

古音方武反　今此字三收於十九侯九麌四十五厚部中

按古侯韻與魚虞模同用無與憂流州鳩同用者魏陳思王箜篌引晉劉琨重贈盧諶始合而爲一唐人遂以尤侯幽三韻同用而古音亡矣

毛先舒曰今也凡唱侯韻者其音後必收如烏而烏字乃魚虞之韻古人亦以收音相類爲韻部相附故侯通魚虞也

裒　薄侯切

古音蒲年反　詩常棣二章原隰裒矣兄弟求矣

捊

古音同上　易謙象傳君子以裒多益寡鄭荀董蜀本俱作捊　禮記禮運註田人所捊治也捊音裒

韻中唯此二字當改入憂流州鳩一韻

二十幽

古與三蕭四宵五肴六豪及憂流以下等字通爲　韻

幽

於虯切

詩隰桑三章隰桑有阿其葉有幽既見君子德音孔膠

楚辭九章惜往日君無度而弗察兮使芳艸爲藪幽焉舒

脩兩擕信兮恬从凶而不聊獨鄭緜而藏隱兮使貞臣而無由　一　漢淮南小山招隱士桂樹叢生兮山之幽偃蹇連蜷兮枝相繚　張衡思玄賦見流字下　晉陸雲贈顧驃騎詩在虞之胄實惟有姚穎豔玉秀華茂桃夭居顯體明在靈稽幽清塵熠爍淑心綢繆爰及邵陽維德之周抱朴子嘉遯篇夫繩舒則木直正進則邪凋有虞舉則四凶斃皋𡰥任則正邪梟獨震雷駭則蟄鼓墍朝日出則螢燭幽也　道藏歌迴舞太空嶺六氣運重幽我際豈能尋使爾終不彰　爾雅釋地燕曰幽州疏李巡曰燕其氣深要一厥性剽疾故曰幽幽要也　春秋元命苞幽州幽之爲言窈也　釋名東南隅曰窔窔幽也

彪　甫休切

易蒙九二包蒙吉鄭康成云包當作彪彪文也

瀌 皮彪切

詩角弓七章雨雪瀌瀌見晛曰消莫肯下遺式居婁驕

烋 香幽切

本註又火交切今五肴部中漏此字

繆 武彪切

荀子子道篇古之人有言曰衣與繆與不女聊 晉陸雲贈顧驃騎詩見上 夏府君誄見周字下 又見入聲六屋下

唐韻正下平聲卷之六終

唐韻正下平聲卷之七

二十一侵

韻中禽字舊音巨今反與琴同本無可疑而夫子傳易三用此字並入東韻屯象傳卽鹿无虞以從禽也君子舍之往吝窮也比象傳顯比之吉位正中也舍逆取順失前禽也邑人不誡上使中也比之无首无所終也恒象傳浚恒之凶始求深也九二悔亡能久中也不恒其德无所容也久非其位安得禽也婦人貞吉從一而終也夫子制義從婦凶也振恒在上大无功也則并深字而入之東韻矣艮象傳艮其限危薰心也艮其身止諸躬也艮其輔以中正也敦艮之吉以厚終也則又并心字而入之東韻矣或古有此音不敢強爲之解　或疑侵韻在古可入東者詩七月八章二之日鑿冰沖沖三之日納于凌陰則讀陰爲雍矣雲漢二章后稷不克上帝不臨耗斁下土寧丁我躬則

讀臨爲隆矣蕩首章天生烝民其命匪諶靡不有初鮮克有終則讀諶爲戎矣楚辭天問比干何逆而抑沈之雷開向順而賜封之則讀沈爲蟲矣九辯願賜不肖之軀而別離兮放游志乎雲中乘精氣之摶摶兮騖諸神之湛湛驂白霓之習習兮歷羣靈之豐豐則讀湛爲蟲矣素問調經論血并於陰氣并於陽故爲驚狂血并於陽氣并於陰乃爲炅中太玄經進次四日飛縣陰萬物融融則亦讀陰爲雍矣東觀漢記載順帝作梁商誄歆云忠矣不聞其音背去國家都玆玄陰幽居冥冥靡所穸窮則音陰並讀爲雍矣太玄經減測善減不減常自沖也心減形身困諸中也減其儀欲自禁也減於乂無以莅衆也則讀禁爲龔矣玄瑩夫一一所以摹始而測深也三三所以盡終而極崇也二二所以參事而要終也則亦讀深爲春矣劉向九歎吸精粹而吐氛濁兮橫邪世而不取容行叩誠而不阿兮遂見排而逢讒則讀讒爲叢矣魏文帝黎陽詩朝發鄴城夕宿韓林霖雨誠塗輿人困窮後漢避殤帝諱改隆慮曰林

慮荀子書亦作臨慮則讀林爲隆矣又如司馬相如長門賦以宮中崇竆與心音臨風淫陰襜吟南同用而又雜一闈字又若易豫九四朋盍簪荀爽本作宗書洛誥毋若火始餤餤漢書梅福傳引作庸庸詩我躬不閱表記引作我今不閱與爾臨衝韓詩作隆衝春秋公孫敖會宋公陳侯鄭伯晉士穀盟于垂隴公羊穀梁作垂斂左傳懿公奪閻職之妻史記齊世家作庸職而周禮禮記左傳窆塴封三字通用禮記明堂位魯有崇鼎呂氏春秋以爲岑鼎風俗通空侯者孝武時樂人侯調所作本名坎侯此蓋出於土俗之殊要不得以爲正音耳

二十二覃

古與二十一侵通爲一韻

二十三談

古與二十一侵二十二覃通爲一韻

二十四鹽

古與二十一侵二十二覃二十三談通爲一韻

二十五添

古與二十一侵二十二覃二十三談二十四鹽通爲一韻

二十六咸

古與二十一侵二十二覃二十三談二十四鹽二十五添通爲一韻

二十七銜

古與二十一侵二十二覃二十三談二十四鹽二十五添二十六咸通爲一韻

二十八嚴

古與二十一侵二十二覃二十三談二十四鹽二十五添二十六咸二十七銜通爲一韻

二十九凡

古與二十一侵二十二覃二十三談二十四鹽二十五添二十六咸二十七銜二十八嚴通爲一韻

此韻字少又閉口之音不可旁通他韻故詩中多四聲同用氓三章葚耽節南山首章惔談斬監則平上同用鼓鍾四章欽琴音南僭抑九章僭心般武四章監嚴濫則平去同用小戎二章驂合軜邑常棣七章合琴翕湛則平入同用以字言之如針之从十砭之从乏則因入得平帖之从占則因平得入噆之从朁則因上得入墊之从執鹽之从

畣則因入得去故禮記郊特牲腥肆爓腍註爓或爲膶說文引春秋次于聶北作嵒北方言斟汁也北燕朝鮮洌水之間曰斟關西曰汁而釋名曰飲奄也念黏也含合也僉广也後漢輿服志薛綜曰闟之言函也此皆足以證四聲之相通而學者可以三隅反矣

唐韻正下平聲卷之七終

唐韻正上聲卷之八

一董

二腫　古與一董通為一韻

三講　古與一董二腫通為一韻

港　古項切

古音胡貢反　今此字兩收於三講一送部中

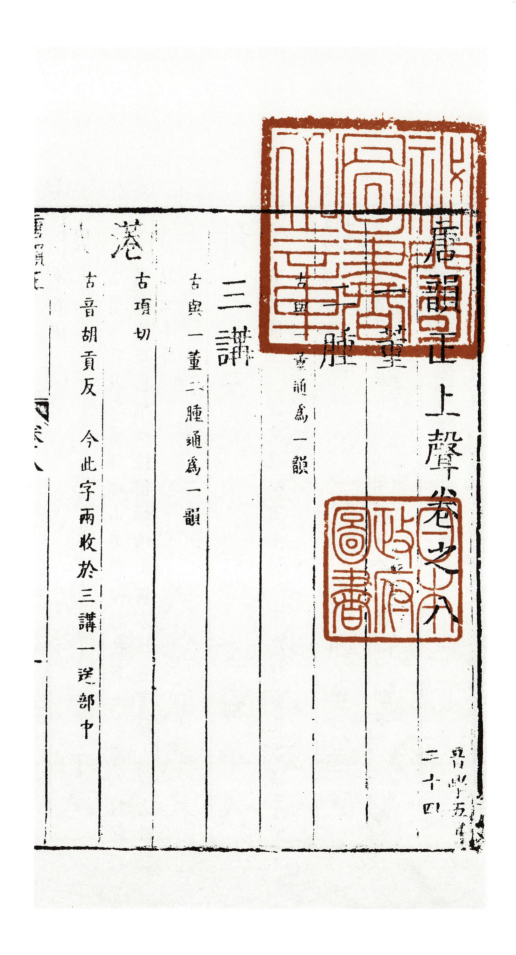

蚌　步項切

古音步孔反　晉郭璞山海經毆野絲贊女子歍人體近蠶蚌出珠匪甲吐絲匪蛹化出無方物豈有種　說文蚌从虫丰聲

玤　古音同上　說文玤从玉丰聲　玉篇玤布孔步講二切

䳇　武項切

古音莫湩反　今此字兩收於二腫三講部中

項　胡講切

古音胡孔反　漢張衡西京賦其中則有黿鼉巨鼈鱣鯉鱮鮦鮪鯢鱨魦修額短項大口折鼻詭類殊種　音江紞函谷關賦覽孟嘗之獲免賴博變而多寵惟七國之西征仰斯阻而震恐豈隩險之難犯將羣帥之無勇吝漢祖之絕關又見敗於劾項　潘岳射雉賦瞻挺穟之傾掉意淰躍以振踊暾出苗以入場愈情駭而神悚望麃合而翳晶雉脥肩而旋踵倣余志之精鋭擬青顱而點項　說文項从頁工聲

巳講切

⿱封糸

古音補孔反　說文⿰糸封从糸封聲　今此字兩收於一董三講部中

此韻之於一董二腫猶四江之於一東二冬三鍾也凡平聲已詳者不更註後倣此

講

古項切

古音媾　史記項羽紀項王范增疑沛公之有天下業已講解漢書作媾韓世家將西購於秦虞卿傳不如發重使爲媾刺客傳北購於單于戰國策竝作講甘茂傳樗里子與魏講罷兵索隱曰鄒氏云講讀曰媾　韓非子内儲說上篇寡人欲割河東而講下篇因請爲魏王構之講構一字　左傳僖十五年註則構虛而不經構本又作講　說文講从言冓聲　當改入候韻　鮑彪註戰國策曰媾字元从女从冓與講無異義而此書兩字互用今以御名缺作講

棓

步項切

古音部　淮南子詮言訓王子慶忌死於劒羿死於桃棓于路蒯於衛蘇秦死於口口音苦　說山訓作羿死桃部　太玄經迎次七遠之眂近之棓迎父迦逅　公羊成二年傳踊于棓而闚客棓普口反　史記天官書右三星曰

天棓韋昭音剖　說文棓从木咅聲　今此字兩收於十五灰三講部中皆誤

缿

胡講切

古音后　說文缿从缶后聲　以上二字當改入厚韻

四紙

此韻當分爲二

紙

諸氏切

說文紙从糸氏聲　釋名紙砥也平滑如砥

只

左傳襄十一年引詩樂只君子殿天子之邦樂只君子福
祿攸同只竝作旨

砥

詩大東首章有饛簋飧有捄棘匕周道如砥其直如矢君
子所履小人所視睠言顧之潸焉出涕

是

承紙切

春秋僖十六年是月六鷁退飛過宋都公羊傳作提月提
音匙

氏

詩葛覃三章言告師氏言告言歸薄污我私薄澣我衣
十月之交四章皇父卿士番維司徒家伯維宰仲允膳夫
聚子內史蹶維趣馬楀維師氏豔妻煽方處士宰史氏爲
韻徒夫馬處爲一韻　雲漢見右字下

毀　許委切　當作許跪

楚辭九辯靚杪秋之遙夜兮心繚悷而有哀春秋逴逴而日高兮然惆悵而自悲四時遞來而卒歲兮陰陽不可與儷偕白日晼晚其將入兮明月銷鑠而減毀　鬼谷子飛箝篇或先徵之而後重累或先重以累而後毀之或以重累爲毀或以毀爲重累　呂氏春秋行論篇將欲毀之必重累之

燬

詩汝墳三章魴魚赬尾王室如燬雖則如燬父母孔邇

去委渠委二切　當作渠詭

跪

說文跪从足危聲

庪

過委切　當作過跪

釋名几庪也所以庪物也

垝

楊倞註荀子引史記朱忌謂魏安釐王曰秦固有懷茅邢丘城垝津以臨河内及漢書曹參下脩武度圍津云垝圍聲相近疑同　説文垝从土危聲

巂

息委切　當作息詭

禮記曲禮立視五巂式視馬尾

累

力委切　當作力詭

平聲則力追反　荀子成相篇世之衰讒人歸比干見刳箕子累武王誅之呂尚招麾殷民懷

上聲則力詭反　宋玉高唐賦惟高唐之大體兮殊無物類之可儀比巫山赫其無疇兮道互折而層累登巉巖而下望兮臨大阺之稸水　鬼谷子見上

去聲則力瑞反　莊子刻意篇故無天災無物累無人非無鬼責責音債

技　渠綺切　當作渠起

說文技从手支聲

此　雌氏切

說文此止也从止从匕匕相比次也

玼

詩君子偕老二章玼兮玼兮其之翟也鬒髮如雲不屑髢也玉之瑱也象之揥也揚且之晳也胡然而天也胡然而帝也

泚

詩新臺見平聲鮮字下

褫

池爾切　當作直爾

說文褫从衣虒聲　下文云讀若池者後人增益之譌

徙

斯氏切

說文徙从辵止聲今文轉寫作徙　此字經無明據以上聲讀斯氏反於理爲長然韓非子揚權篇名正物定名倚物徙荀子成相篇世之禍惡賢士子胥見殺百里徙穆公任之彊配五伯六卿施竝讀爲斯可反易林否之未濟見踦字下頤之兑鼻項移徙居不安坐

俾　并弭切

說文俾从人卑聲　禮記樂記引詩克順克比比作俾

爾　兒氏切

詩行葦首章敦彼行葦牛羊勿踐履方苞方體維葉泥泥戚戚兄弟莫遠具爾或肆之筵或授之几

邇

詩汝墳見上　杕杜見近字下

弭 綿婢切

說文弭从弓耳聲

瀰

詩新臺見平聲鮮字下

庳 便俾切

孟子封之有庳後漢書東平王蒼傳註有鼻國名在今永州營道縣北袁譚傳註今猶謂之鼻亭

豕 旄是切　當作式是

管子地員篇凡聽徵如負豕覺而駭

紫 將此切

說文紫从糸此聲　釋名紫疵也非正色也五色之疵瑕以惑人者也

訿

詩小旻二章潝潝訿訿亦孔之哀謀之其臧則具是違謀之不臧則具是依我視謀猶伊于胡底

庀 匹婢切

周禮大胥比樂官鄭司農讀比爲庀

跬 丘弭切

説文䞨半步也从走圭聲讀若跬同

頍

説文頍从頁支聲

以上字當與五旨六止通爲一韻

靡

文彼切

古音摩　易中孚九二鳴鶴在陰其子和之我有好爵吾與爾靡之徐邈音亾波反京房本作劘　詩黍離首章彼黍離離彼稷之苗行邁靡靡中心搖搖離與靡爲韻二章三章同　管子侈靡篇富者靡之貧者爲之　又見下　莊子知北游篇安化安不化安與之相靡必與之莫多　墨子親士篇今有五錐此其銛銛者必先挫有五刀此其鍇鍇者必先靡　申子見下　韓非子揚權篇厚者虧之薄者靡之　淮南子泰族訓見平聲移字爲字下　文子

守樸篇故形有靡而神未嘗化以不化應化　漢書郊祀志見去聲麗字下　淮南小山招隱士青莎雜樹兮薠艸靃靡白鹿麏麚兮或騰或倚　司馬相如上林賦魚鼈讙聲萬物衆夥明月珠子的皪江靡蜀石黃碝水玉磊砢　揚雄長楊賦今朝廷純仁遵道顯義幷包書林聖風雲靡義魚賀反　張衡西京賦見去聲被字下　說文靡从非麻聲麻字古本音摩　左傳成二年師至于靡笄之下靡一音摩　史記蘇秦傳期年以出揣摩鄒誕本作揣靡靡讀爲摩　元戴侗六書故曰靡與摩通莊子凡交近則必相靡以信又曰喜則交頸相靡呂氏春秋樹相近而靡齊有靡笄之山　漢書地理志益州郡牧靡李奇曰靡音麻即升麻殺毒藥所出也　右北平郡俊靡莽曰俊麻又考工記鳧氏于上之攠謂之隧攠音靡劉亡奇反又莫賀反廣韻不收此字

靡

古音同上　說文[illegible]从耳麻聲

彼

甫委切

古音跛　說文彼从彳皮聲

委

於詭切

古音於戈反　禮記曲禮下主佩倚則臣佩垂主佩垂則臣佩委　說文委从女从禾　按从禾乃聲也

髓

息委切

古音息我反　說文髓从骨隋聲

倚

於綺切

古音於我反　禮記見上　老子禍兮福所倚福兮禍所伏禍與倚爲韻福與伏爲韻　申子一言正天下定一言倚天下靡　韓非子見下　漢淮南小山招隱士見上　書太甲惟嗣王不惠于阿衡傳阿倚衡平正義曰古人所讀阿倚同音故阿亦倚也

旖

古音同上　韻補倚亦作旖引東方朔七諫旖旎字徐邈讀

掎

居綺切

古音居我反　詩小弁七章伐木掎矣析薪扡矣舍彼有罪予之佗矣

踦

古音同上　易林否之未濟雚頭同徙道頓跌蹄日辰不
良病爲身禍

蟻

魚倚切

古音魚我反　禮記檀弓蟻結于四隅蟻本又作蛾　學
記蛾子時術之註云本或作蟻　左傳僖十五年蛾析謂
慶鄭蛾魚綺反或作蟻一音五和反　晉語知伯國讀襄
子蟎蛾蠭蠆皆能害人蛾音蟻通作蟻　楚辭天問蠭蛾
微命力何固註蛾古蟻字一作蟻　山海經朱蛾其狀如
蛾註引楚辭赤蟻若象作赤蛾　墨子子問蛾傅之守邪
蛾與蟻同　新序加之乎四仞之上而下爲螘蛾會已戰
國策作螘蟻　漢揚雄長楊賦扶服蛾伏五臣本作匍匐
蟻伏　後漢書皇甫嵩傳時人謂之黃巾亦名爲蛾賊註
蛾音魚綺反即蟻字也　洪适陳球後碑釋文曰經傳多
書蟻作蛾佀是省文左傳蛾析禮記蛾子時術之列矛柔
聚斂獸蟲蛾黃帝紀高化鳥獸蟲蛾元帝紀白蛾羣飛蔽

日長楊賦扶服蛾伏皆讀蛾爲蟻漢仲秋下旬碑有蛾附之句此云蜂聚蛾動亦蟻省也　亦作螘詩東山傳垤螘塚也螘本亦作蛾又作蟻　按漢蔡琰胡笳十八拍牛羊滿野兮聚如蜂蟻始與起是里美壘徙此爲韻

蛾

廣韻於蟻下復出此字註曰亦同見禮是讀蛾爲魚起反矣　周禮醢人註蚳蛾子音直綺反醢人註同

檥

古音同上　史記項羽紀烏江亭長檥船待徐廣曰檥音

俄　韋委切

䕏

古音于何反　漢張衡思玄賦見平聲移字下

蘂　如壘切

古音如我反　楚辭離騷擥木根以結茝兮貫薜荔之落蘂矯菌桂以紉蕙兮索胡繩之纚纚

陊　池爾切

古音徒可反　說文陊从𨸏多聲臣鉉等曰今俗作墮非是徒果切　今此字兩收於四紙三十三哿部中

阤

古音同上　考工記輪已庳則於馬終古登阤也阤徐音文爾反劉音堂何反

杝

古音同上　詩小弁見上

灑　所徙切

古音所禾反　漢枚乘七發險險戲戲崩壞陂池決勝乃罷節汨潺湲披揚流灑　劉向九歎曾哀悽欷心離離兮還顧高丘泣如灑兮　太玄經竈陰蹝沃而灑之陽猶白而詠之　今此字四收於四紙十二蟹三十五馬五寘部中

纚

古音同上　楚辭離騷見上　漢司馬相如上林賦蓝發歜阬衡閜砢垂條扶疎落英幡纚

侈　尺氏切

古音昌果反　管子侈靡篇積者立餘日而侈美車馬而馳多酒醴而靡　公羊僖二十六年傳其言至巂弗及何

侈也侈昌爾反又昌者反　說文侈从人多聲
詩楚茨箋庶胗也胗一作侈昌紙反何沈音都可反今胗
字廣韻不收

鉹
古音同上　說文鉹从金多聲

誃
古音同上　說文誃从言多聲

垑
古音同上　說文垑从土多聲

哆

古音同上　詩哆兮侈兮哆一音昌可反　說文哆从口多聲　今此字分收於九麻四紙三十三哿三十五馬七志三十八箇四十禡部中

𢉨

古音同上　吳語將夾溝而𢉨我宋祁曰舊音𢉨昌爾反說文訓廣而引此文非義也或昌也反註云𢉨擊頰近之矣

捶　之累切

古音時我反　莊子大馬之捶鉤者郭音丁果反淮南子音同

揣 初委切

古音丁果反　今此字兩收於四紙三十四果部中　說文揣从手耑聲讀若捶擊之捶則知耑與垂諧聲也

紴 匹美切

古音波　今此字兩收於八戈四紙部中

旎 女氏切

古音乃可反　漢東方朔七諫見平聲池字下　徐邈音那　楊慎曰楚辭紛旖旎乎都房王逸註引詩曰旖旎其華　今詩作猗儺司馬相如賦又旖旎以招搖揚雄賦旖旎郅偈之旖旎王褒洞簫賦形旖旎以順吹其用字皆自詩變辭來當依詩音作猗儺漢書音義張揖曰旖旎猶阿那

以上字當與三十三哿三十四果通爲一韻

五旨

古與四紙之半通爲一韻

軌 居洧切

古音九　詩匏有苦葉二章濟盈不濡軌雉鳴求其牡太玄經裝次八季仲播軌泣于之道　漢王逸九思御者迷兮失軌遂踢達兮邪造與日月兮殊道　參同契或臣邪佞行不順軌弦望盈縮乖變凶咎　陳第曰軌音九說文軌从車九聲　漢班固幽通賦嬴取威於伯儀兮姜本支乎三趾既仁得其信然兮仰天路而同軌始變其音[illegible]易林坤之小畜五轂四軌復得饒有陳力就列驂慮騤[illegible]揚雄博士箴筲在文王經啓其軌勗于德音而思皇多士己先之矣　傅毅孝明帝誄正朔永昌冠帶僭耳四方共貫八極同軌則與班固同時

宄

古音同上　說文宄从宀九聲古文作𡧍从又九聲　漢酸棗令劉熊碑貪宄革情宄作究　唐李邕欽州刺史蘖慧明碑追究往事究作宄

晷

古音同上　太玄經玄攡故推之以刻參之以晷反覆其序軫轉其道也　說文晷从日咎聲

簋

古音同上　易坎六四樽酒簋貳用缶納約自牖終无咎　詩權輿二章於我乎每食四簋今也每食不飽　伐木二章於粲洒埽陳饋八簋既有肥牡以速諸舅寧適不來微我有咎　說文簋古作匭徐鍇曰九聲也又[illegible]从女九

聲讀若詩糾糾葛屨

朹　同上

匭　古音同上　說文見上

氿　古音同上　說文氿从水九聲　釋名側出曰氿泉氿軌也流狹而長如車軌也　今常州府宜興縣有東氿西氿音九　以上七字當改入栁韻　漢時人讀九字亦或訛爲居洧反史記殷紀魯仲連傳九侯鄂侯徐廣曰九一作

鬼正義曰括地志云相州滏陽縣西南五十里有九侯城亦名鬼侯城今按禮記明堂位韓非子難言篇呂氏春秋行論篇竝作鬼侯

鰖　以水切

古音他果反　今此字三收於五旨三十四果部中當併入果韻

六止

古與四紙之半及五旨通爲一韻

七尾

古與四紙之半及五旨六止通爲一韻

八語

九麌

古與八語通爲一韻

十姥

古與八語九麌通爲一韻

十一薺

古與四紙之半及五旨六止七尾通爲一韻

洗

先禮切

古音銑　易繫辭傳聖人以此洗心劉瓛音悉殄反　禮記月令律中姑洗音素典反　左傳定四年闕鞏姑洗音息典反　史記律書律中姑洗姑洗者言萬物洗生正義曰洗音先典反通典云洗者洗濯之義　漢書高帝紀沛公方踞牀令兩女子洗師古曰洗音先典反　英布傳漢王方踞牀洗師古曰洗音先典反　說文洗从水先聲　當併入銑韻今此字兩收於十一薺二十七銑部中

左傳昭元年商有姺邳陸德明音姺字亦有西典西禮二反今在銑韻

洒

同上　詩新臺二章新臺有洒河水浼浼燕婉之求籧篨不殄　禮記内則屑桂與薑以洒諸上而鹽之洒徐音西見反　玉藻受一爵而色洒如也洒先典反又西禮反　爾雅釋地望厓洒而高岸洒先典反　晉語銑者寒甚

註銑猶洒也洒洒寒貌　史記范雎傳羣臣莫不洒然異色易容者徐廣曰洒先典反　莊子庚桑楚篇吾洒然異之洒素殄反又悉禮反今本誤作灑　說文洒从水西聲古讀西爲先西聲卽先聲　玉篇洒先禮先殄二切　按洒與洗同字古人洗字亦或作洒孟子梁惠王願比死者一洒之左傳襄二十一年洒濯其心莊子去皮洒心漢書平帝紀洒心自新萬石君傳身自澣洒武五子傳請收屬吏以澡洒大王宣元六王傳願洒心自改朱博傳馮翊欲洒卿恥貨殖傳質氏以洒削而鼎食竝是洗字　當改入銑韻

十二蟹

古與四紙之半及五旨六止七尾十一薺通爲一韻

十三駭

古與四紙之半及五旨六止七尾十一薺十二蟹通爲一韻

十四賄

古與四紙之半及五旨六止七尾十一薺十二蟹十三駭通爲一韻

浼 武罪切

古音免　詩新臺見洒字下　說文浼汙也从水免聲詩曰河水浼浼孟子曰汝焉能浼我按此則詩與孟子無二音又曰潤水流浼浼貌从水閔聲則又免之㫄讀矣　玉篇浼亡旦亡罪二切　當改入銑韻

十五海

古與四紙之半及五旨六止十尾十一薺十二蟹十三駭十四賄通爲一韻

十六軫

牝　毗忍切

古音扶履反　老子谷神不死是謂玄牝　列子同　大戴禮易本命篇凡地東西爲緯南北爲經山爲積德川爲積刑高者爲生下者爲死丘陵爲牡谿谷爲牝蚌蛤龜珠與月盛虛　家語同　淮南子同　淮南子兵略訓所謂天數者左青龍右白虎前朱雀後玄武所謂地利者後生而前死左牡而右牝所謂人事者慶賞信而刑罰必動靜時舉錯疾　文子守弱篇爲天下牝故能神不死　自然篇天下有始莫知其理唯聖人能知所以非雌非雄非牡非牝生而不死　太玄經居次八反其几雙其牝几家不旨　飾次五下言如水實以天牝　晉郭璞山海經豪彘贊剛鬣之族號曰豪彘毛如攢錐中有激矢厥體兼資自爲牝牡　詩騶虞傳豕牝曰豝徐音扶死反　駜牝三千

徐音扶𡖋反　禮記月令游牝于牧徐音扶𡖋反　考工記車人牝服二柯有參分柯之二牝步忍反又扶𡖋反

今此字兩收於五旨十六軫部中　按說文牝从牛匕聲當音扶履反後人以其通俗不雅而改爲毗忍失其本音猶卵本力管反後人轉而音嬴鳥本丁了反後人轉而音嫋此避俗之曲音非考文之正說也　當削去併入旨韻

⿱敏牛

眉隕切

古音每　今此字兩收於五旨十六軫部中　當削去併入旨韻

敏

古音同上　詩甫田三章曾孫來止以其婦子饁彼南畝田畯至喜攘其左右嘗其旨否曾孫不怒農夫克敏　生民首章生民如何克禋克祀以弗無子履帝武敏歆攸介攸止載震載夙載生載育時維后稷　易林謙之家入恭

寬信敏功加四海辟去不祥喜來從母　吹之大畜恭寬
信敏履福不殆　井之噬嗑延陵聰敏聽樂太史　漢書
敘傳宣之四子淮陽聰敏舅氏蘧篨幾陷大理　蔡邕濟
北相崔君夫人誄清和有鑠時惟哲母令儀令色爰以資
始塞淵其心淑慎其止于母斯勤在子斯敏仰覽篇籍濟
蠶絲枲多材多藝于何不有　郭輔碑辭篤生七子鍾天
之祉堂堂四俊碩大婉敏娥娥三妃行追太姒葉葉昆嗣
福祿茂止　魏何晏景福殿賦其祜伊何宜爾孫子克明
克哲克聰克敏永錫難老兆民賴止　嵇康琴賦於是器
泠弦調心閒手敏觸攙如志惟意所擬初涉淥水中奏清
徵雅昶唐堯終詠微子寬明弘潤優游躇峙拊弦安歌新
聲代起　說文敏从攴每聲　當改入旨韻　周禮玉府
牀第第音側美反徐側敏反側美側敏同一音也後人不
知以爲二音而兩注之

十七準

古與十六軫通爲一韻

準 之尹切

古音之水反　晉夏侯湛抵疑意無雅正可準論無片言可採是以頓於鄙劣而莫之能起也　考工記輈人輈注則利準故書準作水　㮚氏權之然後準之故書準或作水　杜子春云當爲水　白虎通水之爲言準也　釋名水準也準平物也　漢書高祖爲人隆準而龍顔服虔曰準音拙應劭曰隆高也準頰權準也按拙之上聲爲之水反而今人呼頰顴猶謂之之水反則李斐文穎訓準爲鼻者非矣　當改入旨韻

鵻 息允切

古音追　說文鵻从鳥隹聲　今此字兩收於六脂十七準部中　當削去併入脂韻

隼

古音之水反　說文鵻祝鳩也本作鵻或从隹一作隼

詩采芑三章鴥彼飛隼其飛戾天亦集爰止爲韻沔水一章二章

鴥彼飛隼與沔彼流水爲韻　周禮司尊彝註蜼讀爲蜼

蜼之蜼或讀爲公用射隼之隼　漢書溝洫志鑿離隼晉

灼曰隼古堆字隼岸也師古曰音丁回反昝人讀丁爲○

莖反丁回正讀如錐今人亦謂堆爲錐也　當改入旨韻

十八吻

古與十六軫十七準通爲一韻

十九隱

古與十六軫十七準十八吻通爲一韻

巹　居隱切

古音紀　說文巹从己丞讀若詩云赤舄己己　史記滑稽傳巹韝鞠𦚾徐廣曰𦚾音其紀反　當改入止韻

二十阮

古與十六軫十七準十八吻十九隱通爲一韻

二十一混

古與十六軫十七準十八吻十九隱二十阮通爲一韻

二十二很

古與十六軫十七準十八吻十九隱二十阮二十一混通爲一韻

二十三旱

古與十六軫十七準十八吻十九隱二十阮二十一混十二很通爲一韻

二十四緩

古與十六軫十七準十八吻十九隱二十阮二十一混二十二很二十三旱通爲一韻

二十五潸

古與十六軫十七準十八吻十九隱二十阮二十一混二十二很二十三旱二十四緩通爲一韻

二十六產

古與十六軫十七準十八吻十九隱二十阮二十一混二十二很二十三旱二十四緩二十五潸通爲一韻

二十七銑

古與十六軫十七準十八吻十九隱二十阮二十一混二十二很二十三旱二十四緩二十五潸二十六產通爲一韻

二十八獮

古與十六軫十七準十八吻十九隱二十阮二十一混二十二很二十三旱二十四緩二十五潸二十六產二十七銑通爲一韻

獮　息淺切

古音璽　說文本作㺯从犬璽聲　當改入紙韻　其不从玉者當音彌漢王延壽魯靈光殿賦玄熊蚺[illegible]以齗齗

知負戴而蹢跌齊首目以瞪眄徙豚豚而俯㾚

[illegible]
音息里反　史[illegible]與吴疥癬也通[illegible]
名癬從北浸淫[illegible]謂癬爲徙　當改入四紙
詩小雅杕杜二章睆[illegible]皖首章睆旱緩漕[illegible]
[illegible]

二十九篠

三十[illegible]

[illegible]通爲一[illegible]

嚮[illegible]

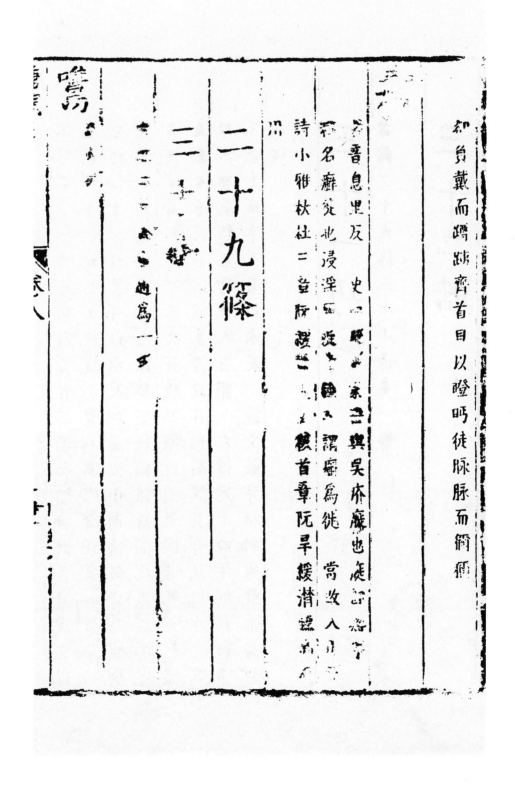

本[illegible][illegible][illegible][illegible]水切而五旨部[illegible][illegible][illegible][illegible]音引說文以
[illegible][illegible][illegible][illegible][illegible]文[illegible]說文[illegible]从[illegible][illegible]聲正當如曾子曰
[illegible]之[illegible][illegible][illegible][illegible]並[illegible]以水反訛爲以小而徐鉉以唐韻切
[illegible][illegible][illegible][illegible]爲以沼夫之遠矣宋杜鎬議唐韻之誤謂掘字
[illegible][illegible][illegible][illegible][illegible]浮字不合在經部所以然者掘音軌而軌誤
[illegible][illegible][illegible][illegible]涇而淫誤爲涇以其形而誤其音此以水之爲
以[illegible][illegible][illegible]類也當改入旨韻　左傳定十四年則對曰唯
不[illegible][illegible]唯字正音以水反　說文蓶字从艸唯聲亦音以
水切

三十一巧

古與三十九篠三十小通爲一韻

三十二晧

古與二十九篠三十小三十一巧通爲一韻

唐韻正卷之八終

唐韻正上聲卷之九

三十三哿

三十四果

古與三十三哿通爲一韻

妥 他果切

古音綏　儀禮士相見禮凡言非對也妥而後傳言註古文妥爲綏　詩綏我眉壽綏音妥　禮記曲禮凡大夫則綏之國君綏視註綏讀曰妥音義妥湯果反又他回反　檀弓文子其中退然如不勝衣退或爲妥　易繫辭傳夫坤隤然示人簡矣隤字陸董姚本竝作妥　儀禮特牲饋食禮佐食授挼祭註古文挼作綏少牢饋食禮佐食以綏

祭註綏或作挼挼讀爲墮上佐食綏祭註綏亦當作挼有司徹其綏祭其緅亦如儐註綏皆當作挼挼讀爲藏其惰之惰古文爲挼今詩以妥以侑及士虞禮主人及祝拜妥尸特牲饋食禮主人拜妥尸少牢饋食禮祝主人皆拜妥尸不从糸亦不从手而廣韻無挼字但於捼字下註云俗作挼兩見於六脂八戈部中一音蕤一奴禾反按此字从叐則當音惰从妥則當音綏詩福履綏之嘉賓式燕綏之竝與纍爲韻雄狐綏綏與崔爲韻福祿綏之與摧爲韻左右綏之與追爲韻但古文傳寫多混遂以妥字作他果音矣　集古錄楊南仲釋周鼎銘曰妥字說文無　葢古綏字省糸爾其後相承讀如媠故妥疑讀爲綏　漢書武五子傳薰鬻徙域北州以妥師古曰妥音湯果反非也妥即古綏字　說文桵从木妥聲今桵字在六脂韻音蕤　當改入脂韻

火

呼果切

古音毁　詩七月首章七月流火九月授衣　二章同
三章七月流火八月萑葦　大田見入聲滕字下　左傳
僖十五年晉獻公卜歸爲雷爲火爲嬴敗姬　商子畫策
篇聖人見本然之政知必然之理故其制民也如以高下
制水如以燥濕制火　淮南子俶真訓巫山之上順風縱
火膏夏紫之與蕭艾俱死　說山訓爟蟬者務在明其火
釣魚者務在芳其餌　易林乾之小過從風放火荻芝俱
死　泰之旅從風吹火牽騏驥尾　同人之漸雖行搖尾
逐雲吹火　坎之大壯乘船渡濟載水逢火賴得免患我
有所恃　說苑談叢篇君子得時如水小人得時如火
吳越春秋目臥則攻之以蓼足寒則漬之以水冬常抱冰
夏還握火　說文火燬也　釋名火毁也物入火中皆毁
壞也　爾雅釋言燬火也疏李巡曰燬一名火孫炎曰方
言有輕重故謂火爲燬郭云燬齊人語方言云煤呼隗切
火也楚轉語也猶齊言焜音毁火也　按火音毁轉聲則
爲喜故灰字從火得聲而左傳襄三十年或叫于宋太廟

曰譆譆出出鳥鳴于亳社如曰譆譆則爲火之徵也　廣東通志曰古人一年四時改火今瓊州西鄉音謂一年爲一火火音徵東鄉人謂年爲喜或謂之化乃火之變音當改入止韻

三十五馬

此韻當分爲二

馬　莫下切

古音莫補反　書五子之歌見下　詩漢廣二章翹翹錯薪言刈其楚之子于歸言秣其馬　擊鼓三章爰居爰處爰喪其馬于以求之于林之下　叔于田三章叔適野巷無服馬豈無服馬不如叔也洵美且武　大叔于田首章叔于田乘乘馬執轡如組兩驂如舞叔在藪火烈具舉袒裼暴虎獻于公所將叔無狃戒其傷女　株林二章駕我

乘馬說于株野　東山四章倉庚于飛熠燿其羽之子于歸皇駁其馬　四牡二章四牡騑騑嘽嘽駱馬豈不懷歸王事靡盬不遑啟處　吉日二章吉日庚午既差我馬獸之所同麀鹿麌麌漆沮之從天子之所　十月之交見氏字下　采菽首章采菽采菽筐之筥之君子來朝何錫予之雖無予之路車乘馬又何予之玄衮及黼　緜二章古公亶父來朝走馬率西水滸至于岐下爰及姜女聿來胥宇　崧高五章王遣申伯路車乘馬我圖爾居莫如南土

有客有客有客亦白其馬有萋有且追琢其旅　駉駉駉牡馬在駉之野薄言駉者　易繫辭下傳服牛乘馬引重致遠以利天下　左傳閔元年震為土車從馬　昭二十五年童謠鸜鵒之羽公在外野往饋之馬　楚辭離騷紛總總其離合兮班陸離其上下吾令帝閽開關兮倚閶闔而望予時曖曖其將罷兮結幽蘭以延佇世溷濁而不分兮好蔽美而嫉妒朝吾將濟於白水兮登閬風而緤馬忽反顧以流涕兮哀高丘之無女　九歌國殤見下　管

于小臣篇美金以鑄戈劍矛戟試諸狗馬惡金以鑄斤斧鉏夷鋸欘試諸木土　七臣七主篇臺榭相望者亡國之廡也馳車充國者追寇之馬也羽劍珠飾者斬生之斧也　莊子達生篇譬之若載鼷以車馬樂鴳以鍾鼓也　盜跖篇見下　韓非子功名篇故曰至治之國君若桴臣若鼓技若車事若馬　大戴禮五帝德篇富而不驕貴而不豫黃黼黻衣丹車白馬伯夷主禮龍夔教舞　六韜三陣篇用車用馬用文用武　突戰篇令我壘上多積強弩百步一突門門有行馬車騎居外勇力銳士隱伏而處　史記秦始皇紀琅邪臺刻石文六合之內皇帝之土西涉流沙南盡北戶東有東海北過大夏人迹所至無不臣者功蓋五帝澤及牛馬莫不受德各安其宇　天官書王良策馬車騎滿野　滑稽傳楚莊王之時有所愛馬衣以文繡置之華屋之下席以露牀啗以棗脯　漢司馬相如上林賦蒙鶡蘇絝白虎被斑文跨野馬　枚乘七發誠奮厥武如振如怒沌沌渾渾狀如奔馬混混庉庉聲如雷鼓

詩外傳徼幸者伐性之斧也嗜慾者逐禍之馬也設誤着
邈禍之路也毀於人者困窮之舍也　說苑同　淮南子
天文訓至于悲泉爰止其女爰息其馬　繆稱訓善御者
不忘其馬善射者不忘其弩善爲人上者不忘其下　齊
俗訓是從牛非馬以徵笑羽也以此應化無以異於彈一
絃而會棘下　詮言訓見後字下　說山訓見狗字下
說林訓君子之居民上若以腐索御奔馬若履薄冰蛟在
其下若入林而遇乳虎　文子微明篇上五之與下五猶
人之與牛馬也　王襃四子講德論見去聲寇字下　易
林觀之晉　膠車木馬不利遠賈　无妄之渙　狗生龍馬公
勞姬苦　大畜之大有　黃帝出游駕龍乘馬東至太山南
過齊魯　咸之同人　以鹿爲馬欺誤其王　恒之益　東資
齊魯得驛大馬便辟能言市人善賈鄰人併戶請火不與
人道閉塞鬼祟其宇　遯之豫　王良善御伯樂知馬周旋
步驟行中規矩　解之晉　異國他土出良駿馬　鼎之夬
見朶字下　說苑指武篇如庬之守戶如輪之逐馬　太

玄經更次五畫牛角馬不今不古　逃次三旄其股鞭其馬殺䡄其戶　玄文君子乘位爲車爲馬車軨馬騎可以周天下故利其爲主也　漢書禮樂志郊祀歌練時日篇靈之下若風馬左倉龍右白虎　又見下　王莽傳見斗字下　揚雄太僕箴見下　越絕書記地傳夫越性脆而愚水行而山處以船爲車以楫爲馬　敘外傳記子胥何由乃困於楚范蠡不久乃爲狂者句踐何當屬莖養馬又見烝字下　參同契燕雀不生鳳狐兔不乳馬水流不炎上火動不潤下　崔駰安封侯詩被光甲兮跨良馬揮長戟兮彀強弩　張衡西京賦見下　又見平聲滿字下

李尤平樂觀賦騖屈奇之神怪顯逸才之捷武百僚于時各命所主方曲既設祕戲連敘逍遙俯仰節以鞀鼓戲車高橦馳騁百馬連翩九仞離合上下　孤兒行父母在時乘堅車駕駟馬父母已去兄嫂令我行賈南到九江東到齊與魯臘月來歸不敢自言苦　南齊書樂志引周處風土記吳黃龍中童謠云行白者君追汝句驪馬後孫羅

征公孫淵浮海乘舶舶白也者一作渚其後爲白紵歌
後魏穆子容太公呂望碑辭佐命周室開邑齊土北控趙
燕南臨鄒魯一匡九合懸車東馬位極三事動高萬古
韻補馬滿補切說文馬武也怒也史記索隱音姥毛詩凡
馬皆讀如姥　陳第曰古馬字音姥莽字亦音姥漢有馬
何羅者以反伏誅明德皇后惡其先有叛改爲莽何羅改
字不改音後轉爲母果反魏繆襲挽歌詩白日入虞淵懸
車息駟馬造化雖神明安能復存我晉潘岳西征賦野蒲
變而成脯苑鹿化以爲馬假讒逆以天權鉗衆口而寄坐
可以觀聲之變矣　水經注馬邑川俗謂之磨川蓋狄語
言訛馬磨聲相近故爾　按廣韻媽字尚音莫補切在十
姥韻

者

章也切

古音渚平聲則音諸　詩綢繆三章綢繆束楚三星在戶
今夕何夕見此粲者子兮子兮如此粲者何　巷伯六章

彼譖人者誰適與謀取彼譖人投畀豺虎者與虎爲韻
采綠四章其釣維何維魴及鱮維魴及鱮薄言觀者　駉
見上　孔子猗蘭操習習谷風以陰以雨之子于歸遠送
于野何彼蒼天不得其所逍遙九州無所定處時人闇蔽
不知賢者　楚辭九歌湘夫人捐余袂兮江中遺余褋兮
澧浦搴汀洲兮杜若將以遺兮遠者時不可兮驟得聊逍
遙兮容與　老子見入聲尼字下　管子四稱篇不仁羣
處以攻賢者　白心篇見後字下　莊子逍遙游篇子獨
不見貍狌乎卑身而伏以候敖者東西跳梁不避高下中
於機辟死於罔罟今夫斄牛其大若垂天之雲此能爲大
矣而不能執鼠今子有大樹患其無用何不樹之於無何
有之鄉廣莫之野彷徨乎無爲其側逍遙乎寢臥其下不
夭斤斧物無害者無所可用安所困苦哉以者下苦鼠野
下斧者苦爲韻　荀子大略篇流丸止於甌臾流言止於
智者　史記秦始皇紀見上　淮南子俶眞訓逮至夏桀
殷紂燔生人辜諫者爲炮烙鑄金柱　說山訓譬猶沐浴

而追征人盜財而予乞者竊簡而寫法律聯琚而誦詩書　大戴禮公符篇孝昭冠辭溥溥之土承天之神興甘風雨庶卉百穀莫不茂者　韓詩外傳肅肅鴇羽集于苞栩王事靡盬不能蓺稷黍父母何怙悠悠蒼天曷其有所予道不行邪使汝願者　漢枚乘梁王菟園賦選擇純熟挈取含苴復取其次顧賜從者　司馬相如上林賦鼓嚴簿縱獠者江河爲阹泰山爲櫓　嚴忌哀時命霧露濛濛其晨降兮雲依斐而承宇虹霓紛其朝霞兮夕淫淫而淋雨怊茫茫而無歸兮悵遠望此曠野下垂釣於谿谷兮上要求於僊者　東方朔七諫見下　王褒九懷天門兮墜戶孰由兮賢者無正兮溷厠懷德兮何覩假寐兮愍斯誰可與兮寤語　易林訟之家人戴堯扶禹從喬彭祖西遇王母道路夷易無敢難者　師之小過鄰不我顧而望玉女身多癩疾誰肯婦者　大過之泰當年少寡獨與孤處雞鳴犬吠無敢誰者我生不辰獨嬰寒苦　大壯左有螣蛇右有蠍虎前觸鐵矛後躓彊弩無可抵者　列女傳楚野

辭女頌辭女獨乘遇鄭使者鄭使折軸執女忿怒女陳其
寃亦有其序鄭使慙去不敢談語　越絶書見上　又見
㲋字下　張衡西京賦見平聲溝字下　鄙生生乎三百
之外傳聞於未聞之口文選李善本口作者音之與切
漢三公山碑文見耦字下　參同契見下　黄庭經洞房
紫極靈門戸是皆太上告我者左神公子發神語右有白
元併立處　至道不煩不旁迕靈臺通天臨中野方寸之
中至關下玉房之中神門戸既是公子教我者　南齊書
樂志見上　元周伯琦六書正譌曰者専於切古諸字別
事辭也从白𠨍自字从𠂬古旅字諧聲秦刻詛楚文如此
偕爲洲渚字掌與切又偕爲𠨍物之辭止野切既爲偕義
所専後人遂增水作渚以別之諸渚者三字古文一字也
說文書諸豬儲都豬屠渚翥䰞楮褚堵睹賭箸著緒署
皆以者得聲　按止野反𠨍掌與反秦詛楚文曰寘者冥
室又曰率者侯之兵又曰著者石章皆是諸字

堵

古音覩亦音渚　漢書地理志南陽郡堵陽韋昭曰堵音者　張釋之傳同　後漢書朱祐傳註同　左傳僖七年鄭有叔詹堵叔師叔堵丁古反又音者　襄十年司氏堵氏堵音者或丁古反　十五年鄭人奪堵狗之妻堵音者　儀禮燕禮註公父文伯飲南宮敬叔酒以路堵父爲客堵音者　今此字兩收於十姥三十五馬部中

赭

古音渚　漢書禮樂志郊祀歌天馬篇太一况天馬下霑赤汗沫流赭　王褒責髯奴辭豈若子髯既亂且赭枯槁禿瘁劬勞辛苦汗垢流離汙穢泥土　詩疏引齊語問婦人欲買赭不謂竈下有黃土　東觀漢記明德馬太后引俗語時無赭澆黃土

野　羊者切

古音墅　書禹貢荆岐既旅終南惇物至于鳥鼠原隰底績至于豬野三危既宅三苗丕敘　詩燕燕首章燕燕于飛差池其羽之子于歸遠送于野瞻望弗及泣涕如雨　叔于田見上　葛生首章葛生蒙楚蘞蔓于野予美亡此誰與獨處　株林見上　七月五章五月斯螽動股六月莎雞振羽七月在野八月在宇九月在戶十月蟋蟀入我牀下穹窒熏鼠塞向墐戶嗟我婦子曰爲改歲入此室處　東山見入聲蠋字下　鴻鴈見下　鶴鳴首章鶴鳴于九皋聲聞于野魚潛在淵或在于渚　小明首章明明上天照臨下土我征徂西至于艽野二月初吉載離寒暑心之憂矣其毒太苦念彼共人涕零如雨豈不懷歸畏此罪罟　何草不黃三章匪兕匪虎率彼曠野哀我征夫朝夕不暇　篤公劉三章京師之野于時處處于時廬旅于時言言于時語語　駉見上　閟宮二章至于文武纘大王

之緒致天之屆于牧之野無貳無虞上帝臨汝敦商之旅
克咸厥功王曰叔父建爾元子俾侯于魯大啟爾宇為周
室輔　左傳見上　孔子猗蘭操見上　楚辭離騷女嬃
之嬋媛兮申申其詈予曰鮌婞直以亾身兮終然夭乎羽
之野　穆天子傳答西王母謠予歸東土和治諸夏萬民
平均吾顧見汝比及三年將復而野　世民吟北徂西土
爰居其野虎豹為羣於鵲與處　越語范蠡對王往從其
所剛強以禦陽節不盡不死其野彼來從我固守勿與
管子地員篇凡聽羽如鳴馬在野　莊子逍遙游篇見上
在宥篇今夫百昌皆生於土而反於土故余將去女入
無窮之門以游無極之野　大戴禮曾子制言上篇近市
無賈在田無野行無據旅　五帝德篇舜之少也惡顇勞
苦二十以孝聞乎天下三十在位嗣帝所五十乃死葬於
蒼梧之野　荀子見去聲榭字下　呂氏春秋介立篇介
子推賦詩曰有龍于飛周徧天下五蛇從之為之丞輔龍
反其鄉得其處所四蛇從之得其露雨一蛇羞之槁死於

中野　逸周書小明武解上困下騰戎遷其野敓行王法
濟用金鼓　六韜農器篇故必使遂其六畜闢其田野究
其處所丈夫治田有畝數婦人織紝有尺度　淮南子原
道訓利貫金石強濟天下動溶無形之域而翺翔忽區之
上遺回川谷之間而滔騰大荒之野有餘不足與天地取
與授萬物而無所前後　卓然獨立塊然獨處上通九天
下貫九野員不中規方不中矩　俶眞訓若夫眞人則動
溶于至虛而游于滅亾之野騎飛廉而從敦圄馳於方外
休乎宇內燭十日而使風雨臣雷公役夸父妾宓妃妻織
女　地形訓自東北方曰和丘曰荒土東方曰棘林曰桑
野東南方曰大窮曰衆女南方曰都廣曰反戶西南方曰
焦僥曰炎土西方曰金丘曰沃野西北方曰一目曰沙所
北方曰積冰曰委羽凡八紘之氣是出寒暑以合八正必
以風雨　精神訓反復終始不知其端緒甘瞑太宵之宅
而覺視于昭昭之宇休息于無委曲之隅而游敖于無形
埒之野居而無容處而無所　處大廓之宇游無極之野

兵略訓故黃帝戰於涿鹿之野堯戰於丹水之浦舜伐有苗啟攻有扈　漢司馬相如上林賦煌煌扈扈照耀鉅野嚴忌哀時命見上　王襃四子講德論見去聲寇字下　易林乾之中孚舜升大禹石夷之野徵詣王庭拜治水土　師之姤多載重負捐棄于野小任其大但自勞苦咸之旅久客外野使我心苦　困之震見乇字下　震之豫見下　渙之損有莘外野不逢堯主復歸窮處心勞志苦　說苑復恩篇見下　尊賢篇詩曰緜緜之葛在於曠野良工得之以為絺紵良工不得枯死於野　談叢篇善不可以偽來惡不可以辭去近市無賈在田無野善不逆旅非仁義剛武無以定天下　揚雄逐貧賦揚子遁世離俗獨處左鄰崇山右接曠野鄰垣乞兒終貧且窶禮薄義弊相與群聚惆悵失志呼貧與語　太僕箴詩好牡馬牧於坰野輦車就牧而詩人興魯　漢書敘傳至于孝武爰赫斯怒王師雷起霆擊朔野　後漢書光武紀赤伏符劉秀發兵捕不道四夷雲集龍鬭野四七之際火為主　班

固西都賦種別羣分部曲有署罘網連紘籠山絡野列卒周帀星羅雲布　崔瑗河隄謁者箴疏爲砥柱率彼河滸大陸旣礙播于北野　張衡思玄賦躔白門而東馳兮云台行乎中野亂弱水之潺湲兮逗華陰之湍渚號馮夷俾清津兮櫂龍舟以濟予會帝軒之未歸兮悵徜徉而延佇㴔河林之蓁蓁兮偉關雎之戒女　王延壽魯靈光殿賦於是百姓昭明九族敦序乃命孝孫俾侯于魯錫介珪以作瑞宅附庸而開宇乃立靈光之祕殿配紫微而爲輔承明堂於少陽昭列顯於奎之分野　參同契上九亢龍戰德于野用九翩翩爲道規矩　郤正釋譏故君臣協美於朝黎庶欣戴於野動若重規靜若疊矩　魏陳思王東征賦循戈櫓於清流兮汎雲梯而容與禽元帥於中舟兮振靈威於東野　閒居賦入虛廓之閒館步生風之廣廡踐密邇之修除卽蔽景之玄宇翡翠翔於南枝玄鶴鳴於北野青魚躍於東沼白鳥戲於西渚　文帝誄德侔先登功侔太古上靈降瑞黃初假祜河龍雒龜陵波游下乎劭應

繩神鸞翔舞數莚階除系風扇暑皓獸素禽飛禿郊野
泰山梁甫行八方各異氣千里殊風雨劇哉邊海民寄身
於艸野妻子象禽獸行止依林阻柴門何蕭條狐兔翔我
宇　吳胡綜黃龍大牙賦見下　黃庭經見上　晉陸雲
吳故丞相陸公誄帝曰將軍整爾熊虎赫赫明明皇輿出
祖龍舟照淵旗旐應野鋪敦江濆仍執醜虜〔答兄平原
詩嚴駕東征肅遵林野夕秣乘馬朝整僕旅　潘岳離合
詩桑梓被源卉木在野錫鸞未設金石拂舉　晉書郭璞
傳民體連乾其物壯巨山潛之畜匪兕匪虎身與鬼幷精
見二午法當爲禽兩翼不許遂被一創還其本野按卦名
之是爲驢鼠　後魏高允北伐頌斧鉞暫陳馘翦厥旅積
骸填谷流血成浦元兇狐奔假息窮野爪牙既摧腹心亦
阻今魏書訛本改野爲墅　李諧述身賦迫玄冬之暮歲
歷關山之遐阻風激沙而破石雪浮河而漫野樂在志其
無端悲涉物而多緒餞宮車之晏駕改乘轅而歸予　周
禮職方氏其澤藪曰大野劉音與　說文野从里予聲

宋毛晃曰野古埜字田下巳从土後人以其僭爲郊野字遂復加土於下以別之　陳第曰野與埜同徐鍇曰埜字經典只用野野亦音常句反　楊愼曰書云天球河圖在東序班固典引御東序之祕寶王儉作褚淵碑乃云籥東野之祕寶李善曰野當作杼古序字也據此野序同音後人加土作埜不通之甚俗書至晉日繁矣　按野字自後漢郡國志隴坻歌隴頭流水流離四下念我行役飄然曠野登高望遠涕零雙墮始入哿果韻　今此字兩收於八語三十五馬部中

壄

同上　楚辭九歌國殤霾兩輪兮縶四馬援玉枹兮擊鳴鼓天時懟兮威靈怒嚴殺盡兮棄原壄　惜誓巳矣哉獨不見夫鸞鳳之高翔兮乃集太皇之壄循四極而回周兮見盛德而後下　漢司馬相如上林賦出乎椒丘之闕行

乎洲淤之浦經乎桂林之中過乎泱莽之壄汨乎混流順
阿而下赴隘陿之口東方朔七諫平生於國兮長於原
壄言語訥譅兮又無彊輔淺智褊能兮聞見又寡數言便
事兮見怨門下王不察其長利兮卒見棄乎原壄伏念思
過兮無可改者

冶

古音同上　漢馬融廣成頌然後緩節舒容裴回安步降
集波籞川衡澤虞矢魚陳罟兹飛宿沙田開古冶翬終葵
揚關斧刊重冰撥蟄戶測潛鱗踵介旅今後漢書古冶作
古蠱　漢武帝內傳披雲泛靈輿倏忽適下土崆峒滅玄
雲至感不容冶　齊武帝估客樂昔經樊鄧役阻潮梅根
冶深懷悵往事意滿辭不敘宋書百官志江南有梅根及
冶塘二冶庾信枯樹賦云南陵以梅根作冶是也近見刻
本改冶字作渚謬矣又此與金陵之冶城皆晉時冶官所

居唐孟浩然夜泊宣城界詩火熾梅根冶煙迷楊葉洲楊
用修謂冶卽野字亦非　文選傅毅舞賦貌嫽妙以妖蠱
兮紅顏曄其揚華五臣作妖冶　張衡西京賦妖蠱豔夫
夏姬美聲暢於虞氏蠱音冶　南都賦侍者蠱媚巾鞲鮮
明致飾程蠱便娟蠱並音冶

雅　五下切

古音伍　禮記樂記今夫古樂進旅退旅和正以廣弦匏
笙簧會守拊鼓始奏以文復亂以武治亂以相訊疾以雅
君子於是語於是道古修身及家平均天下　漢司馬相
如上林賦載雲罕掩羣雅悲伐檀樂樂胥修容乎禮園翱
翔乎書圃　太玄經樂次三見入聲咋字下　揚雄長楊
賦酌允鑠肴樂胥聽廟中之雍雍受神人之福祜歌投頌
吹合雅　趙充國頌詔周之宣有方有虎詩人歌功迺列
于雅在漢中興充國作武赳赳桓桓亦紹厥後　班固東

都賦若乃順時節而蒐狩簡車徒以講武則必臨之以王制考之以風雅　十八侯銘斤斤將軍忠信孔雅出身六師十二匹旅折衝扞難遂寧天下金龜章德建號傳後　張衡鮑德誄舍厥往著去風即雅濟濟京河實爲西魯　仲長統述志詩寄愁天上埋憂地下叛散五經滅棄風雅　華陽國志贊叔文播教變風爲雅道洽化遷我實西魯

莊子其土苴以治天下註苴側雅反

嘏　古馬切

古音古　詩載見思皇多祜烈文辟公綏以多福俾緝熙于純嘏　閟宮八章天錫公純嘏眉壽保魯居常與許復周公之宇　禮記禮運故玄酒在室醴醆在戶粢醍在堂澄酒在下陳其犧牲備其鼎俎列其琴瑟管磬鍾鼓修其祝嘏以降上神與其先祖以正君臣以篤父子以睦兄弟以齊上下夫婦有所是謂承天之祜　逸周書寶典解七

寬弘是謂寬宇准德以義樂獲純嘏　韻補嘏果五切以古得聲

假

古音同上　儀禮士冠禮字辭𡨋之于假永受保之曰伯某甫　禮記禮運祝嘏莫敢易其常古是謂大假　楚辭招魂娛酒不廢沈日夜些蘭膏明燭華鐙錯些結撰至思蘭芳假些人有所極同心賦些酎飲盡歡樂先故些魂兮歸來反故居些　大招瓊轂錯衡英華假只茝蘭桂樹鬱彌路只魂乎歸來恣志慮只　呂氏春秋明理篇雞卵多假有社遷處有豕生狗　淮南子兵略訓乘而勿假也追而勿舍也迫而勿去也　禮記曾子問攝主不厭祭不旅不假假讀曰嘏　按假音古格字轉上聲亦音古故易王假有家禮記王制歸假于祖禰之類皆以假爲格而詩鬷假無言中庸引之作奏格正以其音之同也

賈

古音同上　周禮犬人賈四人賈音嫁又音古　今此字兩收於十姥三十五馬部中

斝

古音同上　詩行葦見入聲臄字下　周禮鬱人大祭祀與量人受舉斝之卒爵而飲之註斝受福之嘏聲之誤也量人凡宰祭與鬱人受斝歷而皆飲之註斝讀如嘏尸之嘏

啞

烏下切

古音塢　亦作啞史記淮陰侯傳喑啞叱咤漢書作意烏猝嗟　韓非子難一篇師曠曰啞是非君人者之言也即孟子曰惡是何言也之惡音烏

下　胡雅切

古音戶　書皋陶謨達于上下敬哉有土　五子之歌皇祖有訓民可近不可下民惟邦本本固邦寧予視天下愚夫愚婦一能勝予一人三失怨豈在明不見是圖予臨兆民懍乎若朽索之馭六馬爲人上者柰何不敬按此章以下予圖馬爲一韻寧敬爲一韻　易巽九二見入聲若字下　上九巽在牀下喪其資斧　詩采蘋三章于以奠之宗室牖下誰其尸之有齊季女　殷其靁三章殷其靁在南山之下何斯違斯莫或遑處　擊鼓見上　凱風三章爰有寒泉在浚之下有子七人母氏勞苦　采苓二章采苦采苦首陽之下人之爲言苟亦無與　宛丘二章坎其擊鼓宛丘之下無冬無夏值其鷺羽　東門之枌首章東門之枌宛丘之栩子仲之子婆娑其下　七月見上　東山見入聲蠋字下　四牡三章翩翩者鵻載飛載下集于苞栩王事靡盬不遑將父　北山二章溥天之下莫非王

土　采菽三章赤芾在股邪幅在下彼交匪紓天子所予
縣見上　皇矣五章王赫斯怒爰整其旅以遏徂旅以
篤周祜以對于天下　鳧鷖三章鳧鷖在渚公尸來燕來
處爾酒既湑爾殽伊脯公尸燕飲福祿來下　烝民首章
天監有周昭假于下保茲天子生仲山甫　有駜首章振
振鷺鷺于下鼓咽咽醉言舞　易離彖傳日月麗乎天百
穀草木麗乎土重明以麗乎正乃化成天下　咸彖傳柔
上而剛下二氣感應以相與止而說男下女　恒彖傳剛
上而柔下雷風相與　乾象傳潛龍勿用陽在下也見龍
在田德施普也　隨象傳係小子弗兼與也係丈夫志舍
下也　剝象傳剝牀以足以滅下也剝牀以辨未有與也
剝之无咎失上下也　大過象傳藉用白茅柔在下也老
夫女妻過以相與也棟橈之凶不可以有輔也棟隆之吉
不橈乎下也　咸象傳咸其股亦不處也志在隨人所執
下也　困象傳來徐徐志在下也雖不當位有與也　井
象傳井泥不食下也舊井无禽時舍也井谷射鮒未有與

也　乾文言雲從龍風從虎聖人作而萬物覩本乎天者親上本乎地者親下　潛龍勿用下也見龍在田時舍也　繫辭下傳見上　雜卦傳見下　禮記曲禮將入戶視必下　禮運見上　樂記是故德成而上藝成而下行成而先事成而後是故先王有上有下有先有後然後可以有制於天下也　又見上　祭義骨肉斃于下陰爲野土　深衣短毋見膚長毋被土續衽鉤邊要縫半下　孟子孔子登東山而小魯登泰山而小天下故觀於海者難爲水游於聖人之門者難爲言魯與下爲韻海與水爲韻門與言爲韻　楚辭離騷見上　覽相觀於四極兮周流乎天余乃下望瑤臺之偃蹇兮見有娀之佚女　和調度以自娛兮聊浮游而求女及余飾之方壯兮周流觀乎上下　九歌湘君鼂騁騖兮江皋夕弭節兮北渚鳥次兮屋上水周兮堂下捐余玦兮江中遺余佩兮澧浦采芳洲兮杜若將以遺兮下女時不可兮再得聊逍遙兮容與　湘夫人帝子降兮北渚目眇眇兮愁予嫋嫋兮秋風洞庭波兮

|葉下　大司命君回翔兮以下踰空桑兮從女紛總總
兮九州何壽夭兮在予　少司命秋蘭兮蘪蕪羅生兮堂
下綠葉兮素枝芳菲菲兮襲予夫人兮自有美子蓀何以
兮愁苦　河伯乘白黿兮逐文魚與女遊兮河之渚流凘
紛兮將來下子交手兮東行送美人兮南浦波滔滔兮來
迎魚鱗鱗兮媵予　山鬼表獨立兮山之上雲容容兮而
在下杳冥冥兮羌晝晦東風飄兮神靈雨留靈脩兮憺忘
歸歲既晏兮孰華予　九章惜誦矰弋機而在上兮罻羅
張而在下設張辟以娛君兮願側身而無所　懷沙變白
而為黑兮倒上以為下鳳皇在笯兮雞鶩翔舞　九辯獨
驥伏匿而不見兮鳳皇高飛而不下鳥獸猶知懷德兮何
云賢士之不處　願沈滯而無見兮尚欲布名乎天下然
潢洋而不遇兮直怐愗而自苦　招魂二八齊容起鄭舞
些衽若交竿撫案下些竽瑟狂會搷鳴鼓些宮庭震驚發
激楚些吳歈蔡謳奏大呂些　金人銘君子知天下之不
可上也故下之知眾人之不可先也故後之　老子不出

戶知天下　修之天下其德乃普　九層之臺起於累土
千里之行始於足下　是以聖人欲上民必以其言下之
欲先民必以其身後之　善爲士者不武善戰者不怒善
勝敵者不爭善用人者爲之下　又見入聲足字下　管
子侈靡篇一上一下惟利所處　勢篇大明之祖可以代
天下索而不得求之招搖之下　內業篇道滿天下普在
民所　度地篇夏有大露原煙噎下　地員篇或高或下
各有𦬊土　若高若下不擇疇所　弟子職篇居句如矩
蒸間容蒸然者處下捧椀以爲緒　山至數篇君失大夫
爲無伍失民爲失下　揆度篇故守四方之高下國無游
賈　夫富能奪貧能予乃可以爲天下　輕重甲篇重籍
其民者失其下數欺諸侯者無權與　輕重乙篇故奪然
後予高然後下喜然後怒天下可舉　莊子逍遙游篇見
上　盜跖篇盜跖從卒九千人橫行天下侵暴諸侯穴室
樞戶驅人牛馬取人婦女貪得忘親不顧父母兄弟不祭
先祖　讓王篇見平聲家字下　晏子足走千里手[illegible]

虎伴之以力凌轢天下　吳子治兵篇其善將者如坐漏
船之中伏燒屋之下使智者不及謀勇者不及怒　必左
青龍右白虎前朱雀後玄武招搖在上從事於下　冬則
溫麃夏則涼應刻剔毛鬣譾落四下　墨子尚賢篇有能
則舉之無能則下之　大戴禮保傅篇無養乳虎將傷天
下　賈誼新書同　五帝德篇見上　荀子成相篇見去
聲榭字下　舜授禹以天下尚德推賢不失序外不避仇
內不阿親賢者予　禹溥土平天下躬親爲民行勞苦得
益皋陶橫革直成爲輔　不覺悟不知苦迷惑失指易上
下中不上達蒙揜耳目塞門戶　賦篇居則周靜致下動
則綦高以鉅圜者中規方者中矩大齊天地德厚堯禹精
微於毫毛而盈大於宙寓　韓非子主道篇故曰寂乎其
無位而處漻乎莫得其所明君無爲於上羣臣竦懼乎下
呂氏春秋介立篇見上　貞諫篇使公毋忘出奔在於
莒也使管仲毋忘束縛而在於魯也使甯戚無忘其飯牛
而居於車下　管子新序竝同　任地篇操事則苦不知

高下民乃逾處　序意篇見毋字下　六韜立將篇見去
聲鬬字下　必出篇多其火鼓若從地出若從天下三軍
勇鬬莫我能禦　逸周書允文解人知不棄𡒊守正戶上
下和協靡敵不下　小明武解立之五教以惠其下矜寡
無告寔爲之主　游觀崇臺泉池在下淫樂無旣百姓辛
苦　無受貨賂攻用弓弩上下禱祀靡神不下　無食六
畜無聚子女羣振若電造於城下鼓行參呼以正什伍上
有軒冕斧鉞在下　柔武解見去聲鬬字下　武寤解約
期于牧案用師旅商不足滅分禱上下　戰國策小而生
巨必霸天下　新序同　宋玉高唐賦妾在巫山之陽高
丘之岨旦爲朝雲暮爲行雨朝朝暮暮陽臺之下　狀侶
砥柱在巫山之下　風賦見口字下　三略敵強下之敵
佚去之　世能祖祖鮮能下下　賈誼新書容經篇能與
細細能與巨巨能與高高能與下下　成王有知而選太
公爲師周公爲傅前有與計而後有與慮也是以封于泰
山而禪于梁父朝諸侯一天下　大戴禮同　弔屈原文

鳳皇翔于千仞兮覽德煇而下之見細德之險徵兮遙增
擊而去之　司馬相如上林賦見上　東方朔七諫見上
答客難故綏之則安動之則苦尊之則爲將卑之則爲
虜抗之則在青雲之上抑之則在深淵之下用之則爲虎
不用則爲鼠雖欲盡節效情安知前後　淮南子原道訓
見上　地形訓凡八極之雲是雨天下八門之風是節寒
暑八紘八殥八澤之雲以雨九州而和中土　主術訓得
失之道權要在主是故繩正於上木直於下　繆稱訓鵲
巢知風之所起獺穴知水之高下暉目知晏陰諧知雨
又見上　道應訓見入聲祿字下　齊俗訓見上　儀必
應乎高下衣必適乎寒暑　兵略訓貪昧饕餮之人殘賊
天下萬人搔動莫寧其所　剝摲筡奮儋钁以當修戟強
弩攻城略地莫不降下　卒如雷霆疾如風雨若從地出
若從天下　下視上如父則必正天下　文子同　說山
訓三人比肩不能外出戶一人相隨可以通天下　說林
訓中夏用箑快之至冬而不知去褰衣涉水至陵而不知

下　又見上　城成於土木直於下　修務訓相土地宜
燥溼肥墝高下嘗百艸之滋味水泉之甘苦　今使人生
於辟陋之國長於窮櫚漏室之下長無兄弟少無父母目
未嘗見禮節耳未嘗聞先古獨守專室而不出門使其性
雖不愚然其知者必寡矣　合如雷電解如風雨員之中
規方之中矩破敵陷陳莫能壅御澤戰必克攻城必下
要略明攡權操柄以制羣下提名責實考之參伍所以使
人主秉數持要不妄喜怒也　鶡冠子天權篇五度既正
無事不舉招搖在上繕者作下　文子道原篇利貫金石
強淪天下有餘不足任天下取與稟受萬物而無所先後
精誠篇節四時之度正律曆之數別男女明上下使強
不掩弱衆不暴寡　道德篇卑者所以自下也退者所以
自後也　上德篇陽上而復下故爲萬物主　素問脈要
精微論彼春之暖爲夏之暑彼秋之忿爲冬之怒四變之
動脈與之上下　平人氣象論病肺脈來不上不下如循
雞羽　離合眞邪論彈而怒之抓而下之通而取之　調

經論皿弁於上氣弁於下心煩惋善怒皿弁於下氣[illegible]
上亂而喜忘　天元紀大論然天地者萬物之上下也[illegible]
右者陰陽之道路也　五常政大論吐之下之補之寫之
至眞要大論在入聲浴字下　靈樞經四時氣篇在上
脘則刺抑而下之在下脘則散而去之小腹痛腫不得小
便邪在三焦約取之　周痺篇隨脉以上隨脉以下不能
左右各當其所　脹論篇五閱五使篇並見下　論勇篇
肝肺雖舉氣衰復下故不能久怒　官能篇各處色部五
藏六府察其所痛左右上下　大熱在上推而下之從下
上者引而去之視前痛者常先取之大寒在外畱而補之
入於中者從合寫之　不知所苦兩蹻之下　史記滑稽
傳見上　漢書禮樂志郊祀歌練時日篇見上　日出入
篇見入聲若字下　天馬篇見上　五行志厥應泰山之
石顚而下聖人受命人君虜　外戚傳生男無喜生女無
怒獨不見衛子夫霸天下　匈奴傳天下歌之曰平城之
下亦誠苦七日不食不能彀弩　敘傳篇章博舉通于上

十八

下略差名號九品之敘　北平志古司秦柱下定漢章程律度之緒　楊泉物理論秦民歌生男愼勿舉生女哺用脯不見長城下尸骸相支柱　易林屯之未濟受我嬰女牽衣不與冀幸高貴反曰賤下　需之巽兌為兩豎逃匿肓上伏于膏下和不能愈　比之萃大有之晉竝見炁字下　臨之履駕龍騎虎周徧天下　觀歷山之下虞舜所處　頤之大過六龍俱怒戰于阪下蒼黃不勝旅人艱苦　鼎之夬見炁字下　震之豫金精耀怒帶劒過午徘徊高庫宿于木下兩虎相距弓弩滿野　兌之革見后字下　說苑君道篇夫有文無武無以威下有武無文民畏不親　復恩篇介子推從者懸書宮門曰有龍矯矯頃失其所五蛇從之周徧天下龍饑無食一蛇割股龍反其淵安其壤土四蛇入穴皆有處所一蛇無穴號於中野　談叢篇見上　雜言篇以富貴為人下者何人不與以富貴敬愛人者何人不親　按此二語家語改之曰以富貴而下人何人不與以富貴而愛人何人不親則文益整而韻失

矣 修文篇求必倚規而承矩負繩而準下 列女傳有虞二妃頌元始二妃帝堯之女嬪列有虞承舜於下以尊事卑終能勞苦瞽叟和寧卒享福祜 京師節女頌京師節女夫讐劫父要女間之不敢不許期處既成乃易其所殺身成仁義冠天下 魯宣繆姜頌繆姜淫泆宣伯是阻謀逐季孟欲使專魯既廢見擯心意摧下後雖善言終不能補 太玄經裝微陰據下裝而欲去 玄錯上志高沈志下交多友坐少與 玄攡仰而視之在乎上俯而窺之在乎下企而望之在乎前棄而忘之在乎後 高者下之卑者舉之饒者取之罄者與之 玄文見上陽極上陰極下氣形乖鬼神阻賢者懼小人怙 揚雄反離騷枳棘之榛榛兮蝯貁擬而不敢下靈修既信椒蘭之唼佞兮吾纍忽焉而不早睹 越絕書記范伯昔者市偸自衒於晉晉用之而勝楚伊尹負鼎入殷遂佐湯取天下 吳越春秋少好於文長習於武文治邦國武定天下 三王臣弒其君五霸子弒其父德有廣狹氣有高下 易運期言居

東西有午兩日竝光日居下其爲主人及爲輔　尚書大
傳維時洪祀六沴用咎于下是用知不畏而神之怒若六
沴作見若是共禦帝用不差神則不怒五福乃降用章于
下若六沴作見若不共禦六伐既侵六極其下　尚書帝
命驗玉弩發驚天下成類出高將下賊起蜚邪生虎　河
圖括地象西北爲天門東南爲地戶天門無上地戶無下
河圖挺佐輔百世之後地高天下不風不雨不寒不暑
民復食土皆知其母不知其父如此千歲之後而天可倚
杵　易傳聖人受命厥應鳳皇下天子虜　班固十八侯
銘見上　馬融長笛賦泣血泫流交橫而下通旦忘寐不
能自禦於是乃使魯班宋翟構雲梯抗浮柱蹉纖根跋篾
縷膺峭阤腹陘阻逮乎其上匍匐伐取挑截本末規摹彠
矩夔襄比律子野協呂十二畢具黃鍾爲主　張超誚青
衣賦生女爲妾生男爲虜歲時酹祀詣其先祖或於馬廄
廚間竈下　李尤平樂觀賦見上　許由箕山歌登彼箕
山兮瞻望天下山川麗崎萬物還普　古今樂錄八公操

見斗字下　古樂府病阿曲蘇林開天門趙尊閉地戶神靈亦道同眞官今來下　參同契循環璇璣升降上下周流六虚難可察覩　思之務令熟兮反復視上下千周燦彬彬兮萬遍將可覩神明或告人兮心靈本自悟揆端索其緒兮必得其門戶天道無適莫兮常傳於賢者　博雅見平聲明字下　黃庭經見上　魏陳思王文帝誄見上　吳韋昭鼓吹曲見下

阮籍大人先生論山東之徒虜遂起而王天下　胡綜黃龍大牙賦周之牧野漢之垓下麋不由兵克定厥緖又見下宋鮑照吳歌夏口樊城岸曹公卻月戍但觀流水還識是儂流下　齊拔蒲歌見下　梁沈約歌赤帝辭齊醍在堂笙鏞在下匪惟七百無絕終古　郊居賦藝芳枳於北渠樹修楊於南浦遷甕牖於蘭室同肩牆於華堵織宿楚以成門籍外扉而爲戶既取陰於庭樾又因籬於芳杜開閣室以遠臨闢高軒而旁覩漸沼沚於霤垂周塍陌於堂下　陳夜烏飛謠日西夜烏飛拔劒倚梁柱歸去來歸山下　韻補下後五切毛詩

下字一十有七陸德明云皆當讀如戶　陳第引魏了翁云六經凡下皆音戶舍皆音暑不特六經古音皆然　禮記聞傳芐翦不納芐音下今芐字在十姥韻音戶說文云芐从艸下聲

夏

古音同上　書洪範星有好風星有好雨日月之行則有冬有夏月之從星則以風雨　詩宛丘見上　四月首章四月維夏六月徂暑先祖匪人胡寧忍予　禮記玉藻古之君子必佩玉右徵角左宮羽趨以采齊行以肆夏周還中規折還中矩　穆天子傳荅西王母謠見上　史記秦始皇紀見上　素問生氣通天論凡陰陽之要陽密乃固兩者不和若春無秋若冬無夏因而和之是謂聖度　漢賈誼鵩賦單閼之歲兮四月孟夏庚子日斜兮鵩集余舍止于坐隅兮貌甚閒暇異物來萃兮私怪其故發書占之兮讖言其度曰野鳥入室主人將去　春秋繁露喜怒當

寒暑咸德當冬夏　易林見下　太玄經玄棿鬼神耗荒想之無方無冬無夏祭之無度　揚雄城門校尉箴答在上世有殷有夏癸辛不德而設夫險阻湯武爰征而莫過其禦　班固荅賓戲曩者王塗蕪穢周失其御侯伯方軌戰國橫騖於是七雄虓闞分裂諸夏　吳韋昭鼓吹曲摅武師斬黃祖攘夷凶族革平西夏炎炎大烈震天下　胡綜黃龍大牙賦乃自在昔黃虞是祖越歷五代繼世在下應期受命發迹南土將恢大繇革我區夏　晉陸雲盛德頌於鑠王師遵時匪怒爰赫乘釁席卷三夏　按自漢書敘傳博望杖節收功大夏貳師秉鉞身釁胡社致奴爲禍毐生作旣始以夏社二字入哥韻

寫　悉姐切

古音湑　詩蓼蕭首章蓼彼蕭斯零露湑兮我覯之子我心寫兮燕笑語兮是以有譽處兮　裳裳者華首章裳裳

者華其葉湑兮我覯之子我心寫兮我心寫兮是以有譽
處兮　車舝四章析其柞薪其葉湑兮鮮我覯爾我心寫
兮　素問三部九候論實則寫之虛則補之　離合眞邪
論候呼引鍼呼盡乃去大氣皆出故命曰寫　止而取之
無逢其衝而寫之　厥論盛則寫之虛則補之不盛不虛
以經取之　骨空論治在風府調其陰陽不足則補有餘
則寫　五常政大論見上　靈樞經脹論篇當寫則寫當
補則補如鼓應桴惡有不下者乎　邪客篇是謂因衝而
寫因衰而補如是者邪氣得去眞氣堅固是謂因天之序
官能篇見上　大惑論篇盛者寫之虛者補之必先明
知其形志之苦樂定乃取之　石鼓文宮車其寫秀弓寺
射麋豕孔庶麀鹿雉兔　周禮稻人以澮寫水劉音瀉故
反　抱朴子諺云書三寫魚爲魯虛成虎

且　七也切

古音沮　詩有客見上　按詩中且字有平上二聲如
虛其邪旣亟只且其樂只且乃見狂且狂童之狂也且匪
我思且女曰觀乎士曰旣且椒聊且遠條且悠悠昊天曰
父母且籩豆有且皆平聲也有萋有且音七序反則上聲
也卽上聲亦入語韻不入馬韻禮記檀弓祖者且也凡祖
租徂狙姐鉏苴疽咀阻俎組詛岨沮雎助之類皆從且得
聲　詩揚且之皙也音七也反徐音子餘反　會且歸矣
音七也反沈音子餘反　穀旦于差旦本亦作且王音七
也反徐音子餘反　匪且有且音七也反又子餘反　儀
禮大射禮順羽且左還古文且爲阻　禮記月令地氣沮
泄呂氏春秋作且泄　爾雅釋艸註零陵人祖曰貫之爲
樹蔬祖且也　莊子而彼且奚適也且如字舊子餘反彼
且擇日而登假且如字徐子餘反我且必爲嫫鄒且如字
徐子餘反而且說明邪且如字徐子餘反必且數昧焉且
如字徐子餘反且詭爲之宗且如字舊子餘反直且爲人
且如字舊子餘反是知凡轉語之且自漢以前皆讀沮也

集古錄商雒鼎銘皇祖考作皇且考考古圖㚖敨皇祖益公作皇且益公周敨用養乃祖考作且考博古圖商祖戊尊作且戊祖乙卣祖乙爵祖乙角竝作且乙祖丁尊瞿祖丁卣祖丁彝竝作且丁祖庚卣作且庚祖丙爵作且丙祖己爵祖己甗竝作且己周寶和鐘銘皇祖文考作皇且齊侯鎛鐘銘乃先祖作先且周毀敨乃祖考作且考　漢玄儒先生婁壽碑榮沮溺之耦耕作且弱　曲阜夫子廟中唐碑皇太子弘表徂遼海清夷九無徵發以徂字作且字用　說文且薦也从几足有二橫一其下地也象形元周伯琦說文字原曰且古俎字薦物之几也从几足有二橫木其下一地也象形莊所切後世借爲發語辭淺野切又語助辭子余切隸字既失正音遂加半肉爲俎以別之　說文伹拙也从人且聲侶魚切長箋苟伹不修飭也通用苟且省文也是苟且之且古亦讀爲沮也　今此字兩收於九魚三十五馬部中

社　常者切

古音常渚反　書甘誓用命賞于祖不用命戮于社予則孥戮汝　左傳閔二年間于兩社爲公室輔　管子揆度篇自言能爲司馬不能爲司馬者殺其身以釁其鼓自言能治田土不能治田土者殺其身以釁其社自言能爲官不能爲官者劓以爲門父　說苑辨物篇大旱則雩祭而請雨大水則鳴鼓而刼社　漢書敘傳布歷燕齊叔亦相魯民思其政或金或社　漢綏民校尉熊君碑辭漢興伐項巡行南土顯封受爵遂爾延祖絫葉休隆君胤其緒克明盛德字牧城社　魏陳思王社頌於惟太社官名后土是曰勾龍功著上古德配帝王實爲靈主　北堂書鈔引邴原別傳遼東人語邴君行仁邑路無虎邴君行廉路樹成社　白虎通社不謂之土何變名爲社別於衆土也漢廣漢太守沈子琚碑書頴川長社縣作長野野古音墅

捨 書治切

古音暑　管子内業篇得之而勿捨耳目不淫心無他圖正心在中萬物得度

舍

古音同上　詩何人斯五章爾之安行亦不遑舍爾之亟行遑脂爾車壹者之來云何其盱元熊朋來曰舍非但與車盱協音作舒便合讀作舒春秋哀六年齊陳乞弒其君荼公羊作舍字音舒此經中明證　易井象傳見上　乾文言見上　禮記曲禮將適舍求毋固　楚辭離騷余固知謇謇之爲患兮忍而不能舍也指九天以爲正兮夫惟靈修之故也　管子四稱篇見去聲榭字下　心術上篇虛其欲神將入舍掃除不潔神乃留處　内業篇夫道者所以充形也而人不能固其往不復其來不舍　耳目聰明四枝堅固可以爲精舍　又見入聲薄字下　莊子知

北游篇攝女知一女度神將來舍德將爲女美道將爲女居女瞳焉如新生之犢而無求其故　淮南子道應訓同　文子同　達生篇見入聲卻字下　庚桑楚篇有恒者人舍之天助之　荀子勸學篇騏驥一躍不能十步駑馬十駕功在不舍　韓非子揚權篇故去喜去惡虛心以爲道舍　六韜少衆篇迂其途令過深艸遠其路令會日暮前行未渡水後行未及舍發我伏兵疾擊其左右車騎擾亂其前後敵人雖衆其將可走　素問氣穴論積寒留舍榮衛不居　靈樞經五閱五使篇府藏之在中也各以次舍左右上下各如其度也　淫邪發夢篇正邪從外襲內而未有定舍反淫于藏不得定處　漢賈誼鵩賦見上　東方朔七諫哀形體之離解兮神罔兩而無舍惟椒蘭之不反兮魂迷惑而不知路　司馬相如上林賦若此者數百千處娛游往來宮宿館舍庖廚不徙後宮不移百官備具　韓詩外傳見上　淮南子俶眞訓虛無者道之舍平易者道之素　文子同　詮言訓平者道之素也虛者道

之舍也　兵略訓見上　鶡冠子世兵篇天不可與謀地不可與慮聖人捐物從理與舍　史記太史公自序有法無法因時爲業有度無度因物與舍今本誤作合漢書作舍馮衍顯志賦引此作有度無度與物趣舍　漢書天文志當出不出當入不入爲失舍不有破軍必有死王之墓郊祀志或曰東方神明之舍西方神明之墓也　翟方進傳金歷庫土逆度輔湛沒火守舍萬歲之期近慎朝暮易林乾之解暗昧冥語相傳詿誤鬼魅所舍誰知臥處屯之比獐鹿逐牧飽歸其居反還次舍無有疾故之解山林丘墓魂魄失舍　師之困天宮列宿五神所舍宮闕堅固君安其居　小畜之同人日走月步趨不同舍夫妻反目主君失居　履之睽雀行求粒暮歸屋乳反其室舍安寧如故　賁仁政不暴鳳皇來舍四時順節民安其居　復之困求犬得兔請新遇故雖不當路踰吾舊舍次之豐火中仲夏鴻鴈解舍體重難移未能高舉君子顧名不失其譽　夬之豫日趨月步周徧次舍歷險致遠無

有難處　升之咸見去聲霸字下　井之蒙跛蹄難步道不及舍露宿澤陂亡其襦袴　之歸妹穿鑿道路爲君除舍　鼎之噬嗑東行西步失其次舍乾侯野井昭君憂居　震之噬嗑心多畏惡日中止舍　節之噬嗑見夜字下　未濟之否鬼魅之居凶不可舍　之同人飛鳥逐兔各有畏惡鵰鷹爲賊亂我室舍　劉向九歎日曭曭其西舍兮陽炎炎而復顧聊假日以須臾兮何騷騷而自故上下皆韻　說苑見上　列女傳衛宗二順頌衛宗二順執行咸固妾子雖代侯養如故夫人慙辭請求出舍終不肯聽禮甚有度　太玄經閑測閑黃垁以德固也跙跙之閑惡在舍也　度陰氣日躁陽氣日舍躁躁舍舍各得其度次二澤不舍冥中度　玄文故罔者有之舍也直者文之素也蒙者亡之主也酋者生之府也　論語比考讖邑名朝歌顏淵不舍七十弟子掩目宰予獨顧由蹷墮車　魏陳琳飲馬長城窟行作書與內舍便嫁莫留住　黃庭經九室正虛神明舍存思百念視節度六府修治勿令故行

自翺翔入天路　又見平聲邪字下　韻補舍商居切說文舒郤皆以舍得聲又曰余語之舒也舍省聲公羊傳哀六年齊陳乞弑其君舍左氏穀梁傳皆作荼音舒　又曰舍春遇切釋名庫舍也故齊魯謂庫爲舍也揚之水詩序毛氏作屯戍韓氏作屯舍　宋魏了翁曰六經凡舍皆音暑平讀則音舒　史記律書舍者日月所舍舍者舒氣也後漢書竇融傳金城太守庫鈞註曰今羌中有姓庫音舍

姐　玆也切

古音沮　晉書嵇康傳恃愛肆姐何超音義姐音子據切

玉篇姐玆也祥豫二切

把　博下切

古音博五反　說苑君道篇脛大於股者難以步指大於臂者難以把　齊時拔蒲曲朝發桂蘭渚晝息桑榆下與

君同拔蒲竟日不成把

寡

古瓦切

古音古　詩鴻鴈首章鴻鴈于飛肅肅其羽之子于征劬勞于野爰及矜人哀此鰥寡　小宛見入聲穀字下　烝民五章人亦有言柔則茹之剛則吐之維仲山甫柔亦不茹剛亦不吐不侮鰥寡不畏彊禦　易雜卦傳離上而坎下也小畜寡也履不處也　穆天子傳天子作詩居樂甚寡不如遷土　吳子料敵篇軍資既竭薪芻既寡天多陰雨欲掠無所　三略見入聲若字下　史記太史公自序天下已平親屬既寡悼惠先壯實鎮東土哀王擅興發怒諸呂駟鈞暴戾京師弗許厲之內淫禍成主父　漢東方朔七諫見上　淮南子修務訓見上　兵略訓止如丘山發如風雨所陵必破靡不毀沮動如一體莫之應圉是故傷敵者衆而手戰者寡矣　文子見上　班固幽通賦紛

屯邅與蹇連兮何艱多而知寡上聖寤而後拔兮豈羣黎之所禦　張衡西京賦息行夫展車馬收禽舉胔數課衆寡置互擺牲頒賜獲鹵　後漢書黃瓊傳嶢嶢者易缺皦皦者易汙陽春之曲和者必寡盛名之下其實難副　韻補寡果五切禮記緇衣君子寡言而行以成其信鄭氏曰寡當爲顧聲之誤也漢書西域傳宛王母寡陳湯傳作毋鼓陳第曰寡音古後轉音果晉陸雲歲暮賦歲難停而易逝兮情艱多而泰寡年有來而棄予兮時無筭而非我再轉則今音　詩卷耳禮記禮器正義竝引韓詩二升曰觚觚寡也

絮

奴下切

古音女余反　說文絮从糸奴聲易曰需有衣絮今易文作袽

以上字當與八語九麌十姥通爲一韻　自齊梁以後處渚字雨與則入語麌韻野者則入馬韻垢耦後則入厚韻

而嚴忌哀時命同用之可以知後人分析之誤

也 羊者切

古音羊可反　按字彙从也者竝與它通當屬此韻　元周伯琦六書正譌曰也古匜字沃盥器也有流以注水象形款識有張仲姞也作𠃟即也字大篆李斯秦刻作也小篆省文今用之後人又作𠃟隸作也俗爲辭助辭助之用既多故正義爲所奪又加匚爲匜以別之其實一字也大抵古人因事物制字今之語助皆古人器物之字如㞢本㞢艸乎本吁气焉本鳥名之類　趙宧光曰也字始於閭里方言以之作尾聲聲長則也音自然而至如孔子呼門人名之類　按也字爲語助之辭自周以前竝無此字至文王之化被於南國而江有汜野有死麕之篇始有此字然但用之爲轉語之助而已周公作東山之詩始用之爲語盡之助至邶鄘衛鄭之詩則連章疊句累數四而不止

其古之所謂曼聲者與自是而爾雅孝經論語之書無篇不用又考二帝三王之所自起堯舜禹皆在河東湯居亳文武周公在關中故尚書及周南無也字而允也天子之頌僅一見於商說者以爲後人之追作然則斯字之與其在殷之末世鼻祖於江漢之間蕃衍於鄭衛侶續於齊魯而傳之萬世不可改矣今之學者習而不察故附論之

又按也字古人多有與邪通用者如論語子張問十世可知也宰我問曰仁者雖告之曰井有人焉其從之也皆作邪字讀莊子然則鄉之所謂知者不乃爲大盜積者也晏子景公曰此君子之服也小人之服也荀子如此者其求物也養生也粥壽也荀悅漢紀文帝謂馮唐曰公柰何衆辱我獨無間處也晉書魏舒傳有主人婦夜產俄聞有車馬之聲相問曰男也女也魏書崔浩傳議於監國之前曰先攻城也先略地也邢巒傳世宗謂巒曰卿言早生耄也守也隋書何妥傳上八事以諫曰今一人之身乃兼數職爲是國無人也爲是人不善也水經注穀水下太祖曰此

非劉楨也汝水下劣武謂傳俊曰今日疲倦諸君寧肯[illegible]竝是邪字魏書劉芳傳王肅曰此非劉石經邪北史作此非劉石經也故郭忠恕佩觿集序有邪也弗殊之說然考之於詞則有輕重如漢書龔遂傳今欲使臣勝之邪抑安之也二語竝舉意則向下故以邪爲疑辭也爲決辭顏氏家訓曰邪者未定之辭北人卽呼爲也字誤矣　又按古人有以兮字爲也字者禮記緇衣引詩淑人君子其儀一也淮南子詮言訓引詩淑人君子其儀一也其儀一也心如結也此皆方音之不正非所論於經文矣

踝　胡瓦切

古音胡可反　釋名見下

瓦　五寡切

古音五可反　詩斯干九章載弄之瓦與儀議羅爲韻　管子見平聲筌字下　釋名瓦踝也踝确堅貌也亦言腂也在外腂見也

以上字當與三十三哿三十四果通爲一韻

三十六養

三十七蕩

古與三十六養通爲一韻

莽　莫朗切

古音莫補反　楚辭離騷汩余若將不及兮恐年歲之不吾與朝搴阰之木蘭兮夕攬中洲之宿莽日月忽其不淹兮春與秋其代序惟艸木之零落兮恐美人之遲暮　九章懷沙陶陶孟夏兮艸木莽莽傷懷永哀兮汩徂南土

宋玉風賦見口字下　漢張衡西京賦結部曲整行伍燎京薪駭雷鼓縱獵徒赴長莽迾卒清候武士赫怒　宋謝靈運過瞿溪山僧詩迎旭凌絕磴映泫歸溆浦鑽燧斷山木掩岸墐石戶結架非丹甍藉田資宿莽　梁何遜宿南洲浦詩幽棲多暇豫從役知辛苦解纜及朝風落帆依瞑浦違鄉已信次江月初三五沈沈夜看流淵淵朝聽鼓霜洲渡旅鴈朔飈吹宿莽夜淚坐淫淫是夕偏懷土　按莽字自晉左思吳都賦始與晃響爲韻陸機赴雒詩與廣往響朗想爲韻　今此字兩收於十姥三十七蕩部中　當删去併入姥韻

三十八梗

此韻當分爲二

梗　古杏切

古音古盎反　詩桑柔三章國步蔑資天不我將靡所止疑云徂何往君子實維秉心無競誰生厲階至今爲梗漢黄香九宮賦巃嵸猾而蹴踐劉烝札揭而獠桔梗櫟略玃而突列蛸槁眉屈而卻梁黨　周禮女祝掌以時招梗禬禳之事鄭大夫讀梗爲亢

綆

古音同上　亦作絖漢書枚乘傳單極之絖斷幹

鯁

古音同上　郭璞註方言蟒莫鯁反

怲

兵永切

古音補往反　詩頍弁二章蔦與女蘿施于松上未見君子憂心怲怲既見君子庶幾有臧　陳第曰方丙古通音說文仿相佀也从人方聲籀文作㑂周禮八枋枋音柄春秋歸祊公羊穀梁作邴

炳

古音同上　太玄經文測彪如在上天文炳也鴻文無范恣意往也　晉郭璞山海經畢方贊畢方赤文離精是炳旱則高翔鼓翼陽景集乃流災火不炎上

邴

古音同上　春秋隱八年鄭伯使宛來歸祊祊字公羊穀梁傳竝作邴　九年公會齊侯于防公羊傳作邴　急就篇邴勝箱註邴一作祊音柄又音丙　按古字从丙从方多通用晉陸雲贈鄭曼季詩發憤潛惟㑂彿有思卽彷彿

字玉篇仿方往切一作俩籀文

秉

古音同上　淮南子原道訓物穆無窮變無形像優游委縱如響之與景登高臨下無失所秉履危行險無忘玄伏

景　居影切

古音於兩反卽影字晉葛洪始加彡　詩二子乘舟首章二子乘舟汎汎其景願言思子中心養養　山海經大荒西經正立無景疾呼無響爰有大暑不可以往　墨子魯問篇令之俯則俯令之仰則仰是佀景也處則靜呼則應是佀響也　賈誼新書大政上篇故爲人君者其出令也其如聲士民學之其如響曲折而從君其如景矣　淮南子原道訓歷遠彌高以極往經霜雪而無迹照日光而無景扶搖抮抱羊角而上　又見上　揚雄劇秦美新震聾

日景炎炎飛響　白虎通舜重瞳子是謂玄景上應攝提以象三光　晉夏侯湛抵疑九夷之從王化猶洪聲之收清響黎苗之樂函夏若游形之招惠景　陸機贈弟士龍詩存不皐物沒不增壞生若朝風死猶絕景　郭璞游仙詩翹首望太清朝雲無增景雖欲思陵化龍津未易上山海經贊見上　春秋考異郵四十五日景風至景者強也強以成之　史記高祖功臣侯年表杜衍彊侯郢人徐廣曰彊一作景　按此字古亦當有兩音其大也明也之訓當音居兩反形景之景則音於兩反

境　古音居兩反　賈誼新書守衛捍敵之臣誠死城郭封境漢書作疆

影　於丙切

古音於兩反　莊子在宥篇大人之教若形之於影聲之於響　列子天瑞篇形動不生形而生影聲動不生聲而生響　說符篇名也者響也身也者影也　荀子臣道篇政令教化形下如影應卒遇變齊給如響推類接譽以待無方曲成制象　呂氏春秋功名篇猶表之與影若呼之與響　先己篇故善響者不於響於聲善影者不於影於形　有始篇日中無影呼而無響　淮南子地形訓同　素問寶命全形論和之者若響隨之者若影道無鬼神獨來獨往　春秋繁露聲之不聞故莫得其響不見其形故莫得其影　吳越春秋追形逐影光若彿彷　道藏歌解散七玄根更法無中影七化反自然帝乙同玄響　漢史晨祠孔廟奏銘黄玉韻應洪适隸釋韻古響字今廣韻不收此字

永　于憬切

古音于兩反　詩漢廣漢之廣矣不可泳思江之永矣不可方思廣泳永方同爲一韻說文引此作江之羕矣　楊愼曰古字羕與永同韓詩江之永矣作江之羕矣博古圖永寶用亯作羕寶用亯　按永景二字自晉潘岳秋興賦始與冷屏省領騁炯靜爲韻

皿　武永切

古音武養反　說文孟从子皿聲

憬　其永切

古音其兩反　詩憬彼淮夷韓詩作獷說文作懬

巺

古音同上　今此字兩收於三十六養三十八梗部中

猛　莫杏切

古音莫兩反　太玄經彊測金剛肉柔法太傷也彊其衰勉自彊也山拔梁折終以猛也　養次七小子牽象婦人徽猛君子養病

礦　古猛切

古音居往反　說文銅鐵樸石也本作磺从石黃聲今作礦　亦作卝周禮卝人註卝之言礦也疏云從石邊廣以其金玉出於石左形右聲

穬

古音同上　說文穬从禾廣聲

獷

古音同上　說文獷从犬廣聲　今此字兩收於三十六養三十八梗部中

瑒

徒杏切

古音陽　說文瑒从玉昜聲　今此字兩收於十陽三十八梗部中

以上字當與三十六養三十七蕩通爲一韻

眚

所景切

古音所領反　說文眚从目生聲

打　德冷都挺二切

古音都挺反　穀梁傳宣十八年註挠謂捶打也陸德明音頂　說文打从手丁聲　李膺益州記曰鼎鼻山周德既衰九鼎淪散一沒於此或見其鼻故名一名打鼻山山上有城亦名鼎鼻打鼎音近也　今按舊唐書玄宗紀開元二十二年四月丁未眉州鼎鼻山下江水中得寶鼎正作鼎字　趙宧光曰打字胡音丁瓦切而世通習之反以正音爲誤　朱彝尊曰古書自六朝以前無用打字者始自莫愁樂云艇子打兩槳催送莫愁來按晉書鄧攸爲吳郡太守吳人歌曰紞如打五鼓雞鳴天欲曙鄧侯挽不留謝令推不去南史孫挹爲延陵縣令國子助教高爽詣之取筆書鼓面曰徒有此大腹了自無肝腸面皮如許厚被打未渠央則不始於莫愁曲也後漢王延壽夢賦捎魍魎拂諸渠撞縱目打三顱則又不始於晉人也若史書之文則見於宋書後廢帝紀手加撲打梁書侯景傳我在北打

賀拔勝打邵陵王於北山後周書宇文護傳被定州官二打敗自此相沿以爲戰鬭之稱矣　李因篤曰打者擊物之名若乃官府之鞭笞師儒之楚扑皆撻字也轉上聲又減筆作打是俗字　今此字兩收於三十八梗四十一迥部中

以上字當與三十九耿四十靜四十一迥通爲一韻

三十九耿

四十靜

古與三十九耿通爲一韻

四十一迥

古與三十九耿四十靜通爲一韻

四十二拯

四十三等

古與四十二拯通爲一韻

等 多肯切

古音多改反　管子侈靡篇禮其不可使因以爲民等擇其好名因使長民好而不已是以爲國紀　韓非子愛臣篇愛臣太親必危其身人臣太貴必易主位主妾無等必危嫡子兄弟不服必危社稷　賈誼新書胎教篇兩者不等各由其母　漢張衡東京賦次席紛純左右玉几襲穆而南面以聽矣然後百辟乃入司儀辨等　魏何晏景福殿賦落帶金釭此焉二等明珠翠羽往往而在　晉左思吳都賦其四野則畛畷無數膏腴兼倍原隰殊品窊隆異

等象耕鳥耘此之自與獨秀菰穗於是乎在　梁王僧孺從子永寧令謙誄悠悠越障泱泱閩海溥言銅墨蒲密斯在軌云識吏政均舊宰循猛是秉弦韋無怠補抱方服治情莫改增貲匪課歸民自倍十郡爲則百城斯採化日未逢政稱異等　今此字兩收於十五海四十三等部中

按此字在韓非子二句一韻必不可易而孟子之䚀無差等施由親始亦佀有韻之文其字从竹寺聲从竹者古人等威之辨書之於策也許愼不得其解而曰寺者官曹之等謬矣春秋以前未有名官府爲寺者其言寺皆閹寺也以此見說文亦有不可盡信者也廣韻收此字於十五海而音多改切唐時此音未泯故韓愈許國公神道碑銘有曰上之宅憂公讓太宰養安蒲坂萬邦絶等李庾西都賦乃會漢酺發周賚謚萬類渟四海遂開國以報功差子男之五等此正唐韻十五海之音當時功令許人兼用者也而後人不知以爲叶韻尤爲不學之甚或疑寺聲與多改稍遠不知待字亦寺聲也古人讀宰爲滓改爲已等亦當

如底耳　玉篇等都肯都急二切　顏之推匡謬正俗曰俗以等物爲底物等字本音都在反轉音丁兒反　當削去併入海韻

唐韻正上聲卷之九終

唐韻正上聲卷之十

四十四有

此韻當分爲二

有 云九切

古音以　書五子之歌關石和鈞王府則有荒墜厥緒覆宗絶祀　詩芣苢首章采采芣苢薄言采之采采芣苢薄言有之　葛藟二章緜緜葛藟在河之涘終遠兄弟謂他人母謂他人母亦莫我有　魚麗三章魚麗于罶鰋鯉君子有酒旨且有　六章物其有矣維其時矣　吉日三章瞻彼中原其祁孔有儦儦俟俟或羣或友悉率左右以燕天子　四月六章滔滔江漢南國之紀盡瘁以仕寧莫我有　甫田見敵字下　裳裳者華四章右之右之君子有

之惟其有之是以侶之　篤公劉六章止基廼理爰衆爰
有　有駜三章自今以始歲其有君子有穀詒孫子閟
宮八章魯侯燕喜令妻壽母宜大夫庶士邦國是有既多
受祉黃髮兒齒　玄鳥方命厥后奄有九有商之先后受
命不殆在武丁孫子　楚辭九章懷沙文質疏內兮衆不
知余之異采材樸委積兮莫知余之所有　老子生而不
有爲而不恃長而不宰　執古之道以御今之有能知古
始是謂道紀　名亦既有夫亦將知止知止所以不殆譬
道之在天下猶川谷之於江海　絕巧棄利盜賊無有
人多伎巧奇物滋起法令滋彰盜賊多有　管子水地篇
人皆有之而管子以之　莊子應帝王篇明王之治功蓋
天下而侶不自已化貸萬物而民弗恃有莫舉名使物自
喜立乎不測而游於無有者也　在宥篇見下　則陽篇
欲惡去就於是橋起雌雄片合於是庸有　隨序之相理
橋運之相使窮則反終則始此物之所有　漁父篇吾請
釋吾之所有而經子之所以　吳子料敵篇師既淹久糧

食無有百姓怨怒妖祥數起上不能止　呂氏春秋貴公篇生而弗子成而弗有萬物皆被其澤得其利而莫知其所由始　圜道篇有之而不使不若無有　下賢篇很乎其誠自有也覺乎其不疑有以也　審分篇察乘物之理則四極可有　韓非子見母字下　六韜文啟篇何窮之有終而復始　宋玉釣賦投之於瀆視之於海漫漫羣生孰非吾有　漢賈誼旱雲賦運清濁之澒洞兮正重沓而竝起嵬隆崇以崔巍兮時彷彿而有佀屈卷輪而中天兮象虎驚與龍駭相摶據而俱興兮妄倚儷而時有　賈誼新書君道篇書曰大道亶亶其去身不遠人皆有之舜獨以之　大政上篇夫民者唯君者有之爲人臣者芙君理之　修政語下篇天下壙壙一人有之萬民藂藂一人理之　枚乘七發旣登景夷之臺南望荊山北望汝海左江右湖其樂無有　司馬相如封禪頌濯濯之麟游彼靈畤孟冬十月君徂郊祀馳我君輿帝用亯祉三代之前葢未嘗有　淮南子原道訓生萬物而不有成化像而弗宰

俶眞訓禮樂爲鉤仁義爲餌投之於江浮之於海萬物紛紛孰非其有　精神訓聖人以無應有必究其理以虛受實必窮其節　文子同　主術訓是故任一人之力者則烏獲不足恃乘衆人之制者則天下不足有也　泰族訓輕者欲發重者欲止貪者欲取廉者不利非其有　文子道原篇天常之道生物而不有成化而不宰　守弱篇還而勿有法於江海　上德篇不長有故能終而復始故能長久能長久故爲天下母　自然篇反本無爲虛靜無有忽怳無際遠無所止　史記龜策傳故云彊者事之始也分之理也物之紀也所求於彊無不有也　易林屯之震龜鼈列市河海饒有長財善賈商季悅喜　蒙之大過室利居止長安富有　訟之比水流趨下欲至東海求我所有買魴與鯉　師之復淵泉隄防水道通利順注湖海邦國富有　比之觀鱣鮪鰋鯉衆多饒有一舉獲兩利得過倍　履之艮五軛四國優得饒有陳力就列騶虞悅喜謙之小畜江河淮海天之都市商人受福國家富有　賈

之升隨和重寶衆所貪有相如睍柱稽王危殆　復之无妄見畞字下　大畜之萃見去聲祐字下　坎之无妄得鹿羣㚇自然燕喜公子好游他人多有　大壯之益太姬之孫周文九子咸遂受成寵貴富有　明夷之革解之訟竝見母字下　歸妹之復室當原口漂溺爲海財產殫盡衣食無有　豐之賁日中爲市各持所有交易資賄函珠懷寶心悅歡喜　巽之睽春陽生艸夏長條肆萬物蕃滋充實益有　說苑談叢篇飢渴得食誰能不喜賑窮救急何患無有視其所以觀其所使斯可知已　政有招寇行有招恥弗爲而自至天下未有　家語見下　太玄經盛次二作不恃克大有　守測閑朋牖善持有也迷自守中無所以也　玄瑩一辟三公九卿二十七大夫八十一元士少則制衆無則治有　玄圖六甲內馴九九實有律呂孔幽歷數匿紀　揚雄反離騷夫聖哲之不遭兮固時命之所有雖增欷以於邑兮吾恐靈修之不纍改　漢書敘傳文艷用寡子虛烏有寓言淫麗托諷終始　馮衍顯志

賦行勁直以離尤兮羌前人之所有内自省而不慙兮遂定志而弗改　班固西都賦封畿之内厥上千里逴犖諸夏兼其所有　傅毅明帝誄璇璣所建靡不奄有貢篚納賦如歸父母正朔永昌冠帶儋耳　張衡西京賦繚垣緜聯四百餘里植物斯生動物斯止衆鳥翩翩羣獸駓騃散似鶩波聚似京峙伯益不能名隸首不能紀林麓之饒于何不有　蔡邕太傅胡公碑銘用能七登九命篤受介祉亮皇聖於六世嘉庶績於九有窮生民之光寵言黃耇之遐紀蹈明哲以保身與福祿于終始　濟北相崔君夫人誄見敏字下　後漢書西南夷傳遠夷慕德歌寒溫時適部人多有涉危歷險不遠萬里去俗歸德心歸慈母　東觀漢紀河内謠王稚子代未有平徭役百姓喜　漢故民吳仲山碑文惟公德美布惠州里遠近假求不言無有春秋舉貸給與無已不逆人意率導化理　文心雕龍舜祠田辭荷此長耜耕彼南畝四海俱有　宋徐蕆曰有羽軌切賄痏洧鮪皆以有得聲今按軌字古音九當作羽鬼爲

是　陳第曰囿以有得聲故封禪頌以韻喜洧以有得聲
故褰裳以韻士

右

古音同上　詩竹竿二章泉源在左淇水在右女子有行
遠父母兄弟　蒹葭二章蒹葭采采白露未已所謂伊人
在水之涘遡洄從之道阻且右遡游從之宛在水中沚
彤弓二章彤弓弨兮受言載之我有嘉賓中心喜之鍾鼓
既設一朝右之　吉日見上　甫田見敢字下　裳裳者
華見上　文王首章有周不顯帝命不時文王陟降在帝
左右　緜四章廼慰廼止廼左廼右廼疆廼理廼宣廼畝
自西徂東周爰執事　雲漢七章旱既大甚散無友紀鞫
哉庶正疚哉冢宰趣馬師氏膳夫左右靡人不周無不能
止瞻卬昊天云如何里　我將見平聲牛字下　禮記郊
特牲左之右之生之起之　楚辭九章悲回風紛容容之
無經兮罔芒芒之無紀軋洋洋之無從兮馳委移之焉止

漂翻翻其上下兮翼遙遙其左右氾濡濡其前後兮伴張弛之信期　管子四稱篇昔者有道之臣委質爲臣不賓事左右君知則仕不知則已　昔者無道之臣委質爲臣賓事左右執說以進不蘄亾已　版法解篇天地之位有前有後有左有右聖人法之以建經紀　是故文事在左武事在右聖人法之以行法令以治事理　司馬法天子之義篇故禮與法表裏也文與武左右也　吳子應變篇麾左而左麾右而右鼓之則進金之則止　荀子見下　六韜敵武篇伏我材士强弩武車驍騎爲之左右當去前後三里敵人逐我發我車騎衝其左右如此則敵人擾亂吾走者自止　素問陰陽應象大論以右治左以左治右以我知彼以表知裏以觀過與不及之理見微則過用之不殆　刺禁論肝生於左肺藏於右心部於表腎治於裏脾爲之使胃爲之市鬲肓之上中有父母　靈樞經九針十二原篇令左屬右其氣故止　周痺篇更發更止更居更起以右應左以左應右　宋玉笛賦隆崛萬丈盤㞳雙

悐丹水涌其左醴泉流其右　淮南子原道訓無所左而無所右蟠委錯紾與萬物終始　今本爲不通音者改作始終　天文訓不可迎也而可背也不可左也而可右也　要略下無方伯上無天子力征爭權勝者爲右　易林大畜之未濟符左契右相與合齒乾以坤利季生六子長大成就夙言如母　說苑談叢篇盛於彼者必衰於此長於左者必短於右喜夜臥者不能早起也　吳越春秋衞爲副使正道里也又爲受教知可否也縹爲都尉執左右也敵爲百姓不得駭也　張衡西京賦牽牛立其左織女處其右日月於是乎出入象扶桑與濛汜　蔡邕陳留太守胡公碑文乃位常伯恪處左右兼掌虎賁禁戎允理邁兹虐痾帝用悼止俾守陳留庶篤其祉王人既詔景命不俟

友

古音同上　詩關雎三章參差荇菜左右采之窈窕淑女琴瑟友之　匏有苦葉四章招招舟子人涉卬否人涉卬

否卬須我友　六月六章吉甫燕喜既多受祉來歸自鎬
我行永久飲御諸友炰鼈膾鯉侯誰在矣張仲孝友　吉
日見上　沔水首章沔彼流水朝宗于海鴥彼飛隼載飛
載止嗟我兄弟邦人諸友莫肯念亂誰無父母　雨無正
六章維曰于仕孔棘且殆云不可使得罪于天子亦云可
使怨及朋友　車舝首章雖無好友式燕且喜　皇矣見
入聲拔字下　假樂四章之綱之紀燕及朋友百辟卿士
媚于天子　抑六章惠于朋友庶民小子　楚辭九章橘
頌願歲并謝與長友兮淑離不淫梗其有理兮　管子弟
子職篇先生將息弟子皆起敬奉枕席問所何趾俶衽則
請有常則否先生既息各就其友　莊子在宥篇大同而
無已無已惡乎得有有覩有者昔之君子覩無者天地之
友　天下篇彼其充實不可以已上與造物者游而下與
外死生無終始者爲友　讓王篇夫希世而行比周而友
學以爲人教以爲己　荀子非相篇然而中君羞以爲臣
中父羞以爲子中兄羞以爲弟中人羞以爲友俄則束乎

有司而戮乎大市莫不呼天啼哭苦傷其今而后悔其始
性惡篇不知其子視其友不知其君視其左右　石鼓
文其徒旰來或羣或友悉率左右燕樂天子來嗣王始振
振復古來我攸止　宋玉笛賦嘉樂悠長俟賢士兮鹿鳴
萋萋思我友兮安心隱志可長久兮　史記田叔傳不知
其君視其所使不知其子視其所友　說苑同　龜策傳
故云取之以纍彊而治以文理無逆四時必親賢士與陰
陽化鬼神爲使通於天地與之爲友諸侯賓服民衆殷喜
邦家安寧與世更始湯武行之乃取天子春秋著之以爲
經紀　漢書禮樂志郊祀歌天馬篇體容與迣萬里今安
匹龍爲友　東方朔七諫同音者相和兮同類者相侶飛
鳥號其羣兮鹿鳴求其友　易林坤之小過初憂後喜與
福爲市八佾列陳飲御諸友　需之損臾綸汀洲釣掛魴
鯉公孫得利以富仲友　賁之節君明聖哲嗚呼其友顯
德之徒可以禮仕　无妄之噬嗑戴喜抱子與利爲友天
之所命不憂危殆　苟伯勞苦西來王母　坎之乾太王爲

父季歷孝友文武聖明仁德興起　說苑談叢篇子不孝非吾子也交不信非吾友也　家語六本篇君無爭臣父無爭子兄無爭弟士無爭友無其過者未之有也　吳越春秋夔民養士視如赤子與智者謀與仁者友　崔駰達旨游不倫黨苟以徇己汗血競時利合而友子笑我之沈滯吾亦病子屑屑而不已也　馬融長笛賦於是放臣逐子棄妻離友彭胥伯奇哀姜孝己攢乎下風收精注耳袁山松後漢書海內通士檀文友　羣輔錄同友作有會稽童謠見母字下　魏阮籍大人先生傳今吾乃飄颻於天地之外與造化爲友朝餐暘谷夕飲西海將變化遷易與道周始　晉文明王皇后哀策文見母字下

久

舉有切

古音几　詩旄丘二章何其久也必有以也　六月見上蓼莪三章缾之罄矣維罍之恥鮮民之生不如死之久

矣　易既濟象傳三年克之憊也終日戒有所疑也東鄰殺牛不如西鄰之時也實受其福吉大來也濡其首厲何可久也　雜卦傳咸速也恒久也渙離也節止也久與止爲韻　考工記輈人輈有三理一者以爲撽也二者以爲久也三者以爲利也　左傳昭三年讒鼎之銘曰昧旦丕顯後世猶怠況日不悛其能久乎怠與久爲韻　孟子可以速而速可以久而久可以處而處可以仕而仕　楚辭招魂魂兮歸來北方不可以止些層冰峨峨飛雪千里些歸來歸來不可以久些　老子天乃道道乃久沒身不殆知足不辱知止不殆可以長久　又見母字下　管子九守篇因之修理故能長久　度地篇其積薪也以事之已其作土也以事未起天地和調日有長久　孫子火攻篇晝風久夜風止　吳子見上　莊子人間世篇美成在久惡成不及改　列子天瑞篇道終乎本無始進乎本不久　荀子儒效篇井井兮其有條理也嚴嚴兮其能敬己也分分兮其有終始也猒猒兮其能長久也樂樂兮其執

道不殆也　王制篇見下　六韜兵徵篇城之氣出高而無所止用兵長久　素問通評虛實論夫虛實者皆從其物類始故五藏骨肉滑利可以長久也　氣交變大論夫道者上知天文下知地理中知人事可以長久　方盛衰論道甚明察故能長久不知此道失經絶理　靈樞經壽夭剛柔篇此謂不表不裏其形不久　宋玉笛賦見上　秦始皇鄒嶧山刻石文乃今皇帝一家天下兵不復起災害滅除黔首康定利澤長久　史記李斯傳上下合同可以長久中外若一事無表裏　賈誼新書修政語下篇故夫天下者唯有道者理之唯有道者紀之唯有道者使之唯有道者空而久之　文子上德篇天行不已終而復始故能長久　又見上　易林師之旣濟德教尚中彌世長久三聖與爲多受福祉　坎之萃履福綏厚載受福祉衰微復起繼世長久　說苑敬慎篇慎終如始乃能長久　談叢篇惡語不出口苟言不畱耳務僞不長喜虛不久　列女傳阿谷處女曰行客之人嗟然永久分其資財棄於

野鄙妾年甚少何敢受子　越絕書記策考王食禽肉坐
而待死佞諂之臣將至不久安危之兆各有明紀　魏阮
籍大人先生傳蓋無君而庶物定無臣而萬事理保身修
性不違其紀惟玆若然故能長久　楊慎曰孔子以前久
皆音几至孔子傳易方有韭音臨彖傳大亨以正天之道
也至于八月有凶消不久也乾象傳亢龍有悔盈不可久
也用九天德不可爲首也大過象傳枯楊生華何可久也
老婦士夫亦可醜也離象傳履錯之敬以辟咎也黃離元
吉得中道也日昃之離何可久也然既濟象傳以韻億疑
時來雜卦傳以韻止則几韭二音兩存之易傳矣　老子
不失其所者久死而不亾者壽按老子與夫子同時老子
書中久字三見一韻始一韻母一韻壽　漢人之文則賈
誼弔屈原賦章甫薦屨漸不可久兮嗟苦先生獨離此咎
兮劉向九歎悲故鄉而發忿兮去余邦之彌久背龍門而
入河兮登大墳而望夏首張衡西京賦巖險周固襟帶易
守得之者彊據之者久竝作韭音

玖

古音同上　詩木瓜三章投我以木李報之以瓊玖　丘中有麻三章丘中有李彼留之子彼留之子貽我佩玖

說文玖从玉久聲讀若芑　唐人凡數目之字皆以同音而多畫者代之唯九字當借用韭而用玖字甚不知玖之音几也

婦

房九切

古音房以反　詩思齊首章思齊太任文王之母思媚周姜京室之婦　載芟侯彊侯以有嗿其饁思媚其婦有依其士有略其耜俶載南畝　又氓五章三歲爲婦與寐遂知之韻上下隔句　易家人彖傳父父子子兄兄弟弟夫夫婦婦而家道正正家而天下定矣　禮記禮運各親其親各子其子貨力爲己大人世及以爲禮城郭溝池以爲

固禮義以爲紀以正君臣以篤父子以睦兄弟以和夫婦以設制度以立田里以賢勇知以功爲已故謀用是作而兵由此起　楚辭天問水濱之木得彼小子夫何惡之媵有莘之婦　荀子王制篇君臣父子兄弟夫婦始則終終則始與天地同理與萬世同久　易林屯之蹇爲季求婦家在東海　否之渙娶于姜呂駕迎新婦少齊在門夫子悅喜　隨之睽東鄰少女爲王長婦柔順利貞宜夫壽子　噬嗑之家人析薪熾酒使媒求婦和合齊宋姜子悅喜　列女傳陳寡孝婦頌孝婦處陳夫死無子母將嫁之終不聽母惠心養姑一醮不改聖王嘉之號曰孝婦　太玄經廓次三廓無子室石婦　漢班固東都賦四海之內更造夫婦肇有父子君臣初建人倫寔始　張衡西京賦商賈百族裨販夫婦鬻良雜苦蚩眩邊鄙　張超誚青衣賦書戒牝雞詩載哲婦三代之季皆由斯起晉獲驪戎斃懷恭子有夏取仍覆宗絕祀叔肸納申聽聲狼侶穆子私庚豎牛餧已黃歇之敗從李園始魯受齊樂仲尼逝矣文公

懷安姜笑其鄙周漸將衰康王晏起　蔡邕協初昏賦惟性情之至好歡莫偉乎夫婦受精靈之造化固神明之所使事深微以玄妙寔人倫之端始　濟北相崔君夫人誄昔在共姜陪臣之母勞謙紡績仲尼是紀列兹夫人帝室命婦猶日孜孜復禮克巳　漢故民吳仲山碑文收贍遺孤皆置門裏先亾爲葬幼弱娶婦　陳琳飲馬長城窟行長城何連連連連三千里邊城多健少內舍多寡婦　參同契三五既和諧八石正綱紀呼吸相含育佇息爲夫婦

按婦字自古詩昔爲倡家女今爲蕩子婦始音房九反與艸柳牖手守爲韻

負

古音同上　詩小宛三章中原有菽庶民采之螟蛉有子果蠃負之教誨爾子式穀佀之　生民六章誕降嘉種維秬維秠維穈維芑恒之秬秠是穫是畝恒之穈芑是任是負以歸肇祀　大戴禮曾子制言上篇君子之爲弟也行

則爲人負無席則寢其趾使之爲夫人則否　孫子謀攻篇知彼知已百戰不殆不知彼而知已一勝一負不知彼不知已每戰必殆　吴越春秋弓爲將軍主重負也弦爲軍師禦戰士也矢爲飛客主教使也　釋名負背也置項背也　書金縢若爾三王是有丕子之責於天史記以丕爲負索隱曰鄭玄云丕讀曰負　按負字自漢王延壽魯靈光殿賦傍夭蟜以横出互黝糾而搏負下岪蔚以璀錯上崎巇而重注始讀爲房遇反

否

方九切

古音方彼反　易否上九傾否先否後喜　鼎初六鼎顛趾利出否得妾以其子　詩葛覃見毋字下　匏有苦葉見上　小旻五章國雖靡止或聖或否民雖靡膴或哲或謀或肅或艾如彼流泉無淪胥以敗　甫田見敵字下　賓之初筵五章凡此飲酒或醉或否既立之監或佐之史彼醉不臧不醉反恥式勿從謂無俾大怠　抑十章於乎

小子未知臧否匪手攜之言示之事匪面命之言提其耳僭曰未知亦既抱子　易遯象傳遯尾之厲不往何災也執用黃牛固志也係遯之厲有疾憊也畜臣妾吉不可大事也君子好遯小人否也嘉遯貞吉以正志也肥遯无不利无所疑也　楚辭九章惜往日君含怒以待臣兮不清澂其然否蔽晦君之聰明兮虛惑誤又以欺弗參驗以考實兮遠遷臣而弗思　大戴禮見上　管子弟子職篇受業之紀必繇長始一周則然其餘則否始誦必作其次則已　又見上　史記秦始皇紀琅邪臺刻石文古之帝者地不過千里諸侯各守其封域或朝或否相侵暴亂殘伐不止猶刻金石以自為紀　陸賈新語愼微篇在心為志出口為辭矯以雅僻砥礪鈍才琱琢文彩抑定狐疑通塞理順分別然否而情得以利而性得以治　漢司馬遷悲士不遇賦沒世無聞古人惟恥朝聞夕死孰云其否逆順還周乍沒乍起無造福先無觸禍始　班固奕旨成敗臧否為仁由己　張衡西京賦若其五縣游麗辯論之士街

談苍議彈射臧否剖析毫釐擘肌分理所好生毛羽所惡
成瘡痏　吳越春秋見上　郤正釋譏於不才在朝累
紀託身所天心焉是恃樂滄海之廣淡嘆嵩嶽之高峙聞
仲尼之贊甯感鄉校之益已彼平仲之和羹亦進可而替
否　魏嵇康幽憤詩大人含弘藏垢懷恥人之多僻政不
由已惟此褊心顯明臧否感悟思愆怛若創痏　晉張華
游獵篇曰寡徒御勞賞勤課能否野饗會衆賓玄酒甘且
旨燔炙播遺芳金觴浮素蟻珍羞墜歸雲纖肴出淥水
釋名否鄙也鄙劣不能有所堪成也　易師出以律否臧
凶左傳師出否臧亦如之陸德明並音鄙

不

古音同上　荀子賦篇此夫文而不采者與簡然易知而
致有理者與君子所敬而小人所不者與性不得則若禽
獸性得之則甚雅似者與匹夫隆之則爲聖人諸侯隆之
則一四海者與　按不字古音丕从一爲平从口爲否然

古字多通用如詩中不顯亦世不顯不承之類皆是平字其未然之詞皆曰不轉而上聲則曰否易師初六否臧凶晁氏曰先儒多作不 楊慎曰書否德忝帝位註否不通言否之音義與不相通古二字多通用

臼

其九切

古音其以反 易繫辭下傳斷木爲杵掘地爲臼臼杵之利萬民以濟 淮南子說林訓解門以爲薪塞井以爲臼人之從事或時相佀

秠

方婦切

古音方以反 詩生民見上 今此字三收於六脂五旨四十四有部中以此字當與四紙之半及五旨六止通爲一韻

桺　力久切　當作力九

三國志虞翻傳注古大篆丣字讀當爲桺古桺丣同字臣松之謂劉畱聊桺同用此字以從聲故也

罶

詩苕之華三章牂羊墳首三星在罶人可以食鮮可以飽

茆

詩泮水三章思樂泮水薄采其茆魯侯戾止在泮飲酒既飲旨酒永錫難老順彼長道屈此羣醜茆音卯徐音桺陸璣疏云杜子春讀爲卯　周禮醢人茆菹釋文云茆北人音桺　今此字兩收於三十一巧四十四有部中並註曰鳧葵也巧部又註說文作茆音桺是明爲一字毛晃乃以音卯者从寅卯之卯爲鳧葵音桺者从申丣之丣義與桺

同分爲二字不知古人䎎邪芺爲一韻強生穿鑿謬矣

𨍏

唐常袞劒南節度判官崔汪墓誌銘哀哀孝婦上訴蒼昊全柩巴江歸魂蜀道田横舊曲季布餘𨍏一閉泉扃千秋蔓艸

狃

女久切　當作女九

左傳公山不狃論語作公山弗擾　說文狃从山𡈼聲

杻

詩山有樞二章山有栲隰有杻子有廷內弗洒弗埽子有鐘鼓弗鼓弗考宛其死矣他人是保　南山有臺四章南

山有栲北山有杻樂只君子遐不眉壽樂只君子德音是茂

猱

漢書司馬相如傳蛭蜩玃猱師古曰猱音乃高反又音柔今此字三收於六豪四十四有四十九宥部中

丑

敕久切　當作敕九

說文好作妞从女丑聲

肘

陟柳切

漢邊讓章華臺賦於是衆變已盡羣樂旣考歸乎生風之廣夏兮修黃軒之要道攜西子之弱腕兮援毛嬙之素肘形便娟以嬋媛兮若流風之靡艸美儀操之姣麗兮忽遺生而忘老

朽　許久切　當作許九

詩載芟見糾字下　陸賈新語德配天地光被四表功垂於無窮名傳於不朽　說文考巧二字竝從丂得聲　釋名老朽也

九　舉有切　當作舉酉

太玄經更次二時七時九軫轉其道　黃庭經經歷六合隱卯酉兩腎之神主延壽轉降適升藏初九知雄念雌可無老知白見黑急坐守　出月入日是吾道天七地三回相守升降五行一合九玉石落落是吾寶子自有之何不守　晝日照照夜自守渴自得飲飢自飽經歷六府藏卯酉轉陽之陰藏於九常能行之不知老

韭

詩七月八章四之日其蚤獻羔祭韭

首 書久切　當作書九

詩大叔于田三章叔于田乘乘鴇兩服齊首兩驂如手叔在藪火烈具阜　小弁二章踧踧周道鞫爲茂草我心憂傷惄焉如擣假寐永歎維憂用老心之憂矣疢如疾首　楚茨六章既醉既飽小大稽首神嗜飲食使君壽考　魚藻首章魚在在藻有頒其首王在在鎬豈樂飲酒　苕之華見上　江漢見平聲休字下　易乾象傳終日乾乾反復道也或躍在淵進无咎也飛龍在天大人造也亢龍有悔盈不可久也用九天德不可爲首也久字說已見上　楚辭天問惟澆在戶何求于嫂何少康逐犬而顛隕厥首　管子侈靡篇百姓無寶以利爲首　荀子見牡字下　韓非子揚權篇用一之道以名爲首　淮南子兵略訓夫飛鳥之摯也俛其首猛獸之攫也匿其爪　易林乾之漸

陽低頭陰仰首水爲凶傷我寶　太玄經戾次六夫妻反道各有守也東南射兕不得其首也準繩規矩乖其道也女不女大可醜也　漢書敘傳横雖雄材伏于海隅沐浴尸鄉北面奉首旅人慕殉義過黄烏　張超誚青衣賦畢公喟然深思古道感彼關雎性不雙侣願得周公妃以窈窕防微消漸諷諭君父孔氏大之列冠篇首晏嬰潔志不顧景女乃嫁不疑奉霍不受見尊不迷況此麗豎此用古人隔句體道窕首受爲一韻侶父女豎爲一韻　石勛作費鳳詩靜而爲治匪煩匪擾乾乾日昃矜此黔首　說文道从辵从首按从首乃聲也

手

詩擊鼓四章執子之手與子偕老　大叔于田見上　遵大路見平聲醜字下　淮南子繆稱訓故行險者不得履繩出林者不得直道夜行瞑目而前其手

守

禮記禮運天子以德爲車以樂爲御諸侯以禮相與大夫以法相序士以信相考百姓以睦相守　老子揣而銳之不可長保金玉滿堂莫之能守富貴而驕自遺其咎功成名遂身退天之道　管子白心篇和以反中形性相葆一以無貳是謂知道將欲服之必一其端而固其所守　越語范蠡對王上帝不考時反是守　列子黃帝篇欲剛必以柔守之欲彊必以弱保之　文子淮南子同　淮南子主術訓是故君人者無爲而有守也有爲而無好也　史記太史公自序聖人不巧時變是守　易林屯之同人城弱不守郭君受討　恆之大有篤心自守與喜相抱　太玄經戾次六見上　唐測唐于內無執守也唐冥之利利明道也　玄圖四與九同道五與五相守　參同契見下

黃庭經見上　伏於老門候天道近在於身還自守

醜 昌九切

易離上九見上　詩牆有茨首章牆有茨不可埽也中冓之言不可道也所可道也言之醜也　采芑見平聲雝字下　吉日見去聲戊字下　十月之交首章十月之交朔日辛卯日有食之亦孔之醜　泮水三章見上　易觀象傳初六童觀小人道也闚觀女貞亦可醜也觀我生進退未失道也　解象傳剛柔之際義无咎也九二貞吉得中道也負且乘亦可醜也自我致戎又誰咎也　漸象傳小子之厲義无咎也飲食衎衎不素飽也夫征不復離羣醜也婦孕不育失其道也利用禦寇順相保也　楚辭九章橘頌精色內白類任道兮紛緼宜脩姱而不醜兮　荀子不苟篇君子能亦好不能亦好小人能亦醜不能亦醜　淮南子詮言訓故不爲善不避醜遵天之道　文子同　說山訓桀有得事堯有遺道嫫母有所美西施有所醜　說林訓靨酺在頰則好在顙則醜　王褒四子講德論故

毛嬙西施善毀者不能蔽其好嫫姆倭傀善譽者不能掩
其醜苟有至道何必介紹　太玄經戾次六見上　玄攡
晝以好之夜以醜之　玄棿無或改造遵天之醜　揚雄
太僕箴鹿焚問人仲尼深醜孟子葢惡夫鹿多肥馬而野
有餓殍僕臣司駕敢告執皁

愀　在九切

後漢馬融廣成頌山谷蕭條原野嵺愀上無飛鳥下無走
獸　禮記哀公問孔子愀然作色而對曰愀七小反舊音
慈糾反又在由反又音秋又子了反　史記蘇秦傳齊王
愀然變色曰索隱曰愀音自酉反又子小反　莊子孔子
愀然變容曰音七小反徐在九反　孔子愀然而歎愀在
九反又七小反　按此字古與愁字通用易晉六二晉如
愁如鄭康成音子小反云變色貌　今此字兩收於三十
小四十四有部中

糗　去九切

陸璣詩艸木疏云許愼讀栲爲糗今人言考失其聲也　書費誓峙乃糗糧糗去九反一音昌紹反　周禮籩人註糗飯音丘酉反又昌紹反　禮記內則糗餌粉酏糗起九反又昌紹反　左傳哀十一年其族轅咺進稻醴梁糗腶脯焉糗起九反一音昌紹反　公羊昭二十五年傳敢致糗于從者糗丘九反又昌紹反　漢書王襃傳羹藜唅糗音丘九反又昌少反

阜　房九切

詩大叔于田見上　車攻二章田車既好四牡孔阜東有甫草駕言行狩　吉日見去聲戊字下　易林泰之漸倬然遠咎辟害高阜田獲三狐巨貝爲寶　漢桓驎七說超絕壑踰懸阜馳猛禽射勁鳥　魏王粲瑪瑙勒賦游大國

以廣觀覽希世之偉寶總衆材而課美信莫臧於[illegible][illegible]被文采之華飾雜朱綠於蒼阜　晉左思魏都賦喬雲翔龍澤馬于阜山圖其石川形其寶

缶

方久切　當作方九

詩宛丘三章坎其擊缶宛丘之道無冬無夏値其鷺翿

說文寶从宀从王从貝缶聲

輮

人九切

易說卦傳爲矯輮荀爽本作撓

舅

其九切

詩伐木二章見簋字下　崧高五章錫爾介圭以作爾寶往近王舅南土是保　漢石勛作費鳳詩中表之恩情兄

弟與甥舅鴇與女蘿性樂松之茂好　儀禮士昏禮註古文舅皆作咎　穆天子傳咎氏郭璞註咎猶舅也　荀子呂氏春秋淮南子說苑舅犯竝作咎犯　按臼舊二字竝音其以反而舅獨音咎然亦有讀其以反者易林奐之隨絜身白齒衰老復起多孫衆子安利姑舅

咎

書大禹謨民棄不保天降之咎　易小畜初九復自道何其咎　詩伐木見上　小旻三章我龜旣厭不我告猶謀夫孔多是用不集發言盈庭誰敢執其咎如匪行邁謀是用不得于道　北山見下　易乾象傳見上　同人象傳出門同人又誰咎也同人于宗吝道也　蠱象傳幹父之蠱意承考也幹母之蠱得中道也幹父之蠱義无咎也　復象傳頻復之厲義无咎也中行獨復以從道也敦復无悔中以自考也迷復之凶反君道也　離象傳履錯之敬

以辟咎也黄離元吉得中道也日昃之離何可久也然
象傳見惡人以辟咎也遇主于巷未失道也　解象傳見
上　夬象傳不勝而往咎也有戎勿恤得中道也君子夬
夬終无咎也　漸象傳見上　節象傳不節之嗟又誰咎
也安節之亨承上道也　旣濟象傳曳其輪義无咎也婦
喪其茀得中道也　大戴禮勸學篇神莫大於化道福莫
長於无咎　老子見上　莊子漁父篇可與往者與之至
於妙道不可與往者不知其道慎勿與之身乃无咎　韓
非子主道篇人主之道靜退以爲寶不自操事而知拙與
巧不自計慮而知福與咎　呂氏春秋侈樂篇知其所以
知之謂知道不知其所以知之謂棄寶棄寶者必離其咎
素問徵四失論謬言爲道更名自巧妄用砭石後遺身
咎　史記龜策傳今我聽子是無仁義之名而有暴彊之
道江河爲湯武我爲桀紂未見其利恐離其咎寡人狐疑
安事此寶　又見下　越絕書內經九術胥聞賢士邦之
寶也美女邦之咎也　吳越春秋同　易林泰之漸見上

否之比官爵相保居之無咎　咸之泰狗吠非主狼虎夜擾驚我東西不爲家咎　既濟之明夷魚鼈貪餌从于網釣受危囚寵爲身殃咎　太玄經永次三永其道未得無咎　視測視其瑕能自矯也翡翠狐鄙好作咎也

紂

除柳切

史記龜策傳見上　越絕書敘外傳記微子去者痛殷道也比干从者忠於紂也

酉

與久切　當作與九

參同契陰陽得其配兮淡泊自相守青龍處房六兮春華震東卯白虎在昴七兮秋芒兌西酉　黃庭經見上　史記律書酉者萬物之老也　淮南子天文訓酉者飽也

槱

詩棫樸首章芃芃棫樸薪之槱之濟濟辟王左右趣[illegible]

誘　詩野有死麕首章野有死麕白茅包之有女懷春吉士誘之

牖　易坎六四見簋字下　老子不窺牖見天道

莠　詩大田二章既方既皁既堅既好不稂不莠

受　殖酉切

詩月出見平聲劉字下　巷伯六章有北不受投畀有昊酌我龍受之蹻蹻王之造　宋玉笛賦芳林皓幹有奇寶兮博人通明樂斯道兮般衍瀾漫終不老兮雙枝閒麗貌甚好兮八音和調成稟受兮善善不衰爲世保兮　史記龜策傳天與不受天奪之寶　今王有德而當此寶恐不敢受王若遣之宋必有咎　太玄經中測龍出于中見其造也廓虛無因不能大受也　漢李尤平樂觀賦飛丸跳劒沸渭回擾巴渝隈一踰肩相受　張超誚青衣賦見上

壽

詩七月見入聲菽字下　南山有臺見上　江漢見平聲休字下　雝綏我眉壽介以繁祉既右烈考亦右文母壽與考爲韻　荀子見牡字下　漢書禮樂志安世房中歌加被寵咸相保德施大世曼壽　韓詩外傳勞心苦思從

欲極好靡財傷情毀名損壽　漢韓勅孔廟禮器碑神
靈祐誠竭敬之報天與厥福永享年壽　黃庭經見上
晉魯褒錢神論難朽象壽不匱象道故能長久爲世神寶
說文濤檮幬壽皆以壽得聲　顏師古匡謬正俗或問
曰年壽之字北人讀作受音南人則作授音何者爲是曰
兩音皆通詩云南山有栲北山有杻樂只君子遐不眉壽
此即音受嵇康詩云頤神養壽散髮巖岫此則音授今或
皆讀如授則失之矣陳第曰按嵇康詩亦有讀受者其贈
秀才入軍云人生壽促天長地久百年之期孰云其壽是
也

糔　息有切　當作息酉

禮記內則糔溲之以爲酏註糔讀與滫瀡之滫同音息酒
反又相流反又息了反　玉篇有滫字亦先勞思酒二切

帚　之九切

說文埽从土帚徐鍇繫傳曰帚聲也

酒

子酉切

詩叔于田二章叔于狩巷無飲酒豈無飲酒不如叔也洵美且好　女曰雞鳴二章宜言飲酒與子偕老琴瑟在御莫不靜好　七月見上　正月十二章彼有旨酒又有嘉殽　北山六章或湛樂飲酒或慘慘畏咎　信南山見牡字下　魚藻見上　抑三章顛覆厥德荒耽于酒女雖湛樂從弗念厥紹　有駜見牡字下　泮水見上　淮南子說林訓嫠熊而食之鹽嫠獺而飲之酒雖欲養之非其道　易林臨之蒙白茅醴酒靈巫拜禱神嗜飲食使君壽考　離之坎六月采芑征伐無道張仲方叔克勝飲酒田之兕鼓翼大喜行嫁飲酒嘉彼諸姜樂我皇考　參同契皮革煮成膠兮麴蘖化爲酒同類易施工兮非種難爲巧

以上字當與二十九篠三十小三十一巧三十二晧通爲

一韻

四十五厚

古與八語九麌十姥通爲一韻

厚

胡口切

古音戶　詩天保首章天保定爾亦孔之固俾爾單厚何福不除俾爾多益以莫不庶　巧言五章荏苒柔木君子樹之往來行言心焉數之蛇蛇碩言出自口矣巧言如簧顏之厚矣　卷阿三章爾土宇昄章亦孔之厚矣豈弟君子俾爾彌爾性百神爾主矣　楚辭天問湯謀易旅何以厚之覆舟斟尋何道取之　鬼谷子權篇見入聲聱字下　文子上德篇地定寧萬物形地廣厚萬物聚　地勢深厚水泉入聚　漢枚乘七發今夫貴人之子必宮居而閨

處內有保母外有傅父欲交無所歆會則溫淯甘臑腥醲肥厚衣裳則雜遝曼煖燀爍熱暑　淮南子見鬬字下　易林訟之乾文王四乳仁愛篤厚　太玄經親次五厚不厚比人將歪歪音祖　吳越春秋天有曆數德有薄厚　後漢書西南夷傳見下　繁欽征天山賦清我東南渾齊邊寓力淺效溦費薄功厚　華陽國志贊子淵豔麗蔚若華圃子山翰藻遺篇有厚

後

古音同上　詩邶谷風見下　南山有臺五章南山有枸北山有楰樂只君子遐不黃耇樂只君子保艾爾後　正月二章父母生我胡俾我瘉不自我先不自我後好言自口莠言自口憂心愈愈是以有侮　小弁見下　角弓五章老馬反爲駒不顧其後如食宜饇如酌孔取　緜九章予曰有疏附予曰有先後予曰有奔奏予曰有禦侮　瞻

卬七章不自我先不自我後藐藐昊天無不克鞏無忝皇祖式救爾後　雝宣哲維人文武維后燕及皇天克昌厥後　禮記樂記見下字下　哀公問妻也者親之主也敢不敬與子也者親之後也敢不敬與　公羊傳文十三年周公拜乎前魯公拜乎後曰生以養周公死以爲周公主　金人銘見下字下　老子見下字下　管子七法篇動之如雷電發之如風雨莫當其前莫害其後獨出獨入莫敢禁圉　白心篇左右前後周而復所執儀服象敬迎來者　莊子山木篇進不敢爲前退不敢爲後食不敢先嘗必取其緒　列子仲尼篇瞻之在前忽焉在後用之彌滿六虛廢之莫知其所　吳子應變篇見去聲鬭字下　尉繚子經卒令鼓之前如雷霆動如風雨莫敢當其前莫敢躡其後　六韜立將篇見去聲鬭字下　必出篇弱卒車騎以屬其後材士強弩隱伏而處　動靜篇車騎百里而越其前後多其旌旗益其金鼓　林戰篇林多險阻必置衝陣以備前後三軍疾戰敵人雖衆其將可走更戰更息

各按其部　少衆篇見舍字下　戰步篇見下　戰國策
韓子盧逐東郭逡環山者三騰山者五兔極於前犬廢於
後犬兔俱罷各死其處　荀子大略篇事至而後慮者謂
之後後則事不舉患至而後慮者謂之困困則禍不可禦
韓非子見下　漢枚乘七發見平聲牙字下　嚴忌哀
時命見下　韋孟諷諫詩㠯國漸卝坐烈于後迺及夷王
克奉厥緒　東方朔荅客難見下字下　淮南子原道訓
見野字下　時則訓毀宗立無後封建侯立賢輔　詮
言訓勝在於數不在於欲馳者不貪最先不恐獨後緩急
調乎手御心調乎馬欲音余矩反　隨時三年時去我先
去時三年時在我後無去無就中立其所天道無親唯德
是與　文子同　兵略訓蔽之於前望之於後出奇行陳
之間發如雷霆疾如風雨擫巨旗止鳴鼓而出入無形莫
知其端緒者也　翼輕邊利或前或後離合散聚不失行
伍　人間訓故蔡女蕩舟齊師大侵楚兩人構怨廷殺宰
子簡公遇殺身死無後陳氏代之齊乃無呂兩家鬬雞季

氏金距郈公作難魯昭公出走故師之所處生以棘楚文子見下字下　史記南越傳其後亡國徵自樛女呂嘉小忠令佗無後　滑稽傳見入聲楖字下　太史公自序不爲物先不爲物後故能爲萬物主　漢書溝洫志見下易林豫之漸衆兔俱走雄羆在後騎不能進失信寡處臨之坎人面九口長舌爲斧斲破瑚璉殷商絶後　困之震四足俱走駑疲在後俱戰不勝敗于東野　旅之坎迎福開戶喜隨我後曹伯愷悌爲宋國主　節之咸三雞搏鼠路遇前後當此之時不能脫走　太玄經更測黄菌不誕俟逑耦也縮失時坐逋後也詘節其肭内有主也竅木之振小人見侮也悔縮之復得在後也　將測將造邪危作主也將無疵易爲後也　玄錯應也今而度也古迎知前永見後　玄攡見下字下　揚雄河東賦靈祇旣鄉五位時敘絪縕玄黄將紹厥後　趙充國頌見雅字下　按此頌之亦紹厥後猶河東賦之將紹厥後也文選五臣本不通其音而改後爲緒謬矣　解難師曠之調鍾竢知音

者之在後也孔子作春秋幾君子之前睹也　班固十八侯銘洋洋丞相勢踊師旅擾攘楚魏爲漢謀主六奇解厄揚名于後　又見雅字下　白虎通民人但知其母不知其父能覆前而不能覆後卧之詓詓起之吁吁饑卽求食飽卽棄餘　馬融廣成頌若夫鷙獸毅蟲倨牙黔口大匈哨後緼巡歐紆負隅依阻莫敢嬰禦　崔瑗東觀箴三葉靖公果恧厥緒宗廟隨夷遠之荊楚麥秀之歌億載不腐史臣司藝敢告侍後　張衡西京賦見下　王延壽魯靈光殿賦　及三后淫妃亂主忠臣孝子烈士貞女賢愚成敗靡不載敘惡以誡世善以示後　胡廣侍中箴籍閎飾顏穢我神武鄧通擅鑄不終厥後　張超誚青衣賦嫡婉歡心各有先後臧獲之類蓋不足數古之贅壻尚猶塵垢況明智者欲作奴父　焦仲卿妻詩府吏馬在前新婦車在後隱隱何甸甸俱會大道口下馬入車中低頭共耳語

漢綏民校尉熊君碑辭清虛澹泊後嗣式序冠秩之應寶賴厥後　益州太守碑辭失明哲兮入坤戶名不滅兮

功罰後　魏封孔羨爲宗聖侯碑辭我皇悼之尋其世武乃建宗聖以紹厥後修復舊堂豐其甍宇莘莘學徒爰居爰處　晉陸機羽扇賦晳者武王玄覽造扇於前而五明安衆世繁於後各有託於方圓蓋受則於箑莆舍兹器而不用顧奚取於鳥羽　張子竝楊四公頌楊氏佀之爲軌爲武軌武伊何盡啟基緒穆穆天子以爲心膂於萬斯年克昌厥後　按後字古無與首爲韻者老子迎之不見其首隨之不見其後乃散文非韻也

后

古音同上　詩雝見上　易林屯之觀東鄰嫁女爲王妃后　蒙之晉有莘季女爲夏妃后　升之渙迎福開戶喜逐我后　鼎之小過蔡侯朝楚留連江渚踰時歷月思其君后　兌之革鳥鳴譆譆天火將下燔我館舍災及妃后

漢張衡思玄賦夫吉凶之相仍兮恒反側而靡所穆屆天以悅牛兮豎亂叔而幽主文斷袪而忌伯兮閹謁賊而

寧后通人闇於好惡兮豈褭惑之能剖　王延壽魯靈光殿賦見上　蔡邕太傅胡公碑辭煥文德伊朝后應期運作漢輔嘉中興膏民庶澤洪渟亶攸序　胡黃二公頌見下　司空房楨碑銘明明在公寔惟房后誕應正德式作漢輔邪慝是仇直亮是與剛則不吐柔則不茹媚茲天子以靖土宇　晉陸機吳大司馬陸公誄乃命我公誕作元輔位表百辟名茂羣后因是荆人造我寧宇　陸雲故散騎常侍陸府君誄帝曰欽哉疇咨羣后改授顯服屯騎是撫雍容皇甸綜文經武　漢高帝盛德頌咸陽克殄旣係秦后峩峩阿房乃清帝宇

部

蒲口切

古音蒲五反　六韜見上　韓非子顯學篇故明主之吏宰相必起於州部猛將必發於卒伍　靈樞經見下宰下

漢揚雄羽獵賦移圍徙陳浸淫蹵部曲隊堅重各案行伍　嚴遵座右銘口舌者禍患之門滅身之斧言語者天

命之屬形骸之部　後漢書西南夷傳遠夷慕德歌變[illegible]
所處日入之部慕義向化歸日出主聖德深恩與人富厚
冬多霜雪夏多和雨　蔡邕短人賦遂在中國形貌有部
名之侏儒生則象父　左傳部婁無松柏說文引作附婁
風俗通左傳部婁無松柏部者阜之類也今齊魯之間
田中少高卬名之爲部矣今俗書作埠　史記高祖紀註
應劭曰一爲亭父陳楚謂之亭父或云亭部　今此字兩
收於十姥四十五厚部中　今人六部之部皆讀爲蒲五
反唐時人語曰司門水部入省不數則亦未嘗不爲蒲五
也　唐張說鄯州都督安忠敬碑文麾幢按部惠流時雨
總軍扶郡入文出武三十年間式遏戎虜　權德輿祭呂
給事文禮沴既平忠勞亦著州奏南宮嘉聲載路出頒符
竹澄清遠部夕拜黃扉昭宣王度　祭盧華州文帝念長
人出臨左輔河潼襟要復此居部乃亞丞相金龜映組美
利休聲和風甘雨　李直方祭權相公文帝念儲皇輟居
調護九法闕理乃遷兵部　白居易琵琶行自言本是京

城女家在蝦蟇陵下住十三學得琵琶成名屬教坊第一部

瓿

古音扶 今此字兩收於十虞四十五厚部中

蔀

古音蒲五反 易豐六二豐其蔀日中見斗 九四豐其蔀日中見斗遇其夷主陸德明音義云蔀音部蒲戶反鄭玄薛仁貴本竝作菩云小席今菩字三收於十一模十五海四十四有部中而此韻中蔀字一音普后反註云小席

後漢書律曆志章以明之蔀以部之紀以記之元以原之

斗

當口切

古音滴主反　易豐六二九四見上　詩行葦四章曾孫
維主酒醴維醽酌以大斗以祈黃耇斗徐邈音主　淮南
子天文訓帝張四維運之以斗月徙一辰復反其所　易
林井之坎炙魚銅斗張伺夜鼠　漢書溝洫志見下　王
莽傳乘乾車駕坤馬左蒼龍右白虎前朱雀後玄武左杖
威節右負威斗　越絕書記策考日月光明歷南斗吳越
爲鄰同俗并土　外傳計倪牽牛南斗赫赫斯怒　尚書
帝命驗蒼曰靈府赤曰文祖黃曰神斗白曰顯紀黑曰玄
矩惟紀字不韻　博雅同　宋均註斗主也四行之主故
謂之神斗　古今樂錄八公操煌煌上天照下土兮知我
好道公來下兮公將與予生毛羽兮超騰青雲蹈梁甫兮
觀見瑤光過北斗兮馳乘風雲使玉女兮　周禮曾八士
嗇之大湃設斗註斗音主　漢書律歷志夫量者躍於合
合於合登於升聚於斗角於斛也皆取聲同之字斗音滴
主反近聚角音祿近斛

枓

古音同上　楊愼曰儀禮少牢饋食禮司宮設罍水于洗東有枓釋文枓音主　禮記喪大記沃水用枓枓音主今此字兩收於九麌四十五厚部中　亦作斗史記張儀傳乃令工人作爲金斗長其尾索隱曰斗音主凡方書爲斗若安長柄則名爲枓音主

妵　天口切

古音天主反　說文妵从女主聲

䳇

古音同上　說文䳇从鳥主聲

苟

古厚切

古音矩　漢蔡邕述行賦歷觀羣都尋前緒兮考之舊聞厥事舉兮登高斯賦義有取兮則善戒惡豈云苟兮　說文苟从艸句聲

玽

古音同上　說文玽从玉句聲

狗

古音同上　呂氏春秋見假字下　韓非子見下　淮南子說山訓將軍不敢騎白馬亾者不敢夜揭炬保者不敢畜噬狗　聖人用物若用朱絲約芻狗若爲土龍以求雨　說漢東方朔荅客難譬猶鼱鼩之襲狗孤豚之咋虎

文狗从犬句聲　易說卦傳艮爲指爲狗虞翻本作拘云指屈伸制物故爲拘

笱

古音同上　詩邶谷風三章毋逝我梁毋發我笱我躬不閱遑恤我後　小弁八章同　說文笱从竹句聲

垢

古音古　詩桑柔十二章大風有隧有空大谷維此良人作爲式穀維彼不順征以中垢垢音古谷與穀亦音古　左傳宣十五年伯宗引諺高下在心山藪藏疾川澤納汙瑾瑜匿瑕國君含垢　老子受國之垢是謂社稷主　淮南子見去聲夜字下　漢嚴忌哀時命務光自投於深淵兮不獲世之塵垢孰魁摧之可久兮願退身而窮處　張超誚青衣賦見上　繁欽遠戍勸戒詩肅將王事集此場土凡我同盟既文既武郁郁桓桓有規有矩務在和光同

塵共垢各竟其心爲國蕃輔誾誾侃侃非法不語可否相
濟闕則云補

詬

古音同上　楚辭離騷屈心而抑志兮忍尤而攘詬伏清
白以死直兮固前聖之所厚　漢劉向九歎誠惜芳之菲
菲兮反以玆爲腐也懷椒聊之蔎蔎兮乃逢紛以罹詬

枸

古音矩　詩南山有臺見上　宋玉風賦枳句來巢詩正
義引作枳枸　漢書西南夷傳南粤食蒙蜀枸醬晉灼曰
枸音矩　說文枸从木句聲　今此字三收於十九侯九
麌四十五厚部中

耇

古音同上 詩南山有臺行葦竝見上 漢崔篆慰志賦闢四門以博延兮彼幽牧之我舉分畫定而計決兮豈云貪乎鄙耇遂懸車以縶馬兮絕時俗之進取 晉陸機愍懷太子誄當究遐年登茲胡耇緝熙有晉克構帝宇 說文耇从老省句聲

藕 五口切

古音麌 漢司馬相如上林賦與波搖蕩奄薄水渚唼喋菁藻咀嚼菱藕

蕅

古音同上 說文蕅从艸水禺聲 張弨曰此正菱藕字俗譌作耦上加艸又以奇耦溷用桐人之偶未詳本意也

耦

古音同上　莊子齊物論篇南郭子綦隱机而坐仰天而嘘嗒焉似喪其耦　漢嚴忌哀時命與赤松而結友兮比王僑而爲耦使梟楊先導兮白虎爲之前後浮雲霧而入冥兮騎白鹿而容與　易林大過之頤三奇六耦各有所主　太玄經更測見上　揚雄反離騷初纍棄彼虙妃兮更思瑤臺之逸女抨雄鴆以作媒兮何百離而曾不壹耦　班固幽通賦東鄰虐而殲仁兮王合位虖三五戎女烈而喪孝兮伯徂歸於龍虎發還師以成命兮重醉行而自耦　王逸九思抱昭華兮寶璋欲衒鬻兮莫取言逝邁兮北徂叫我友兮配耦　志閔絕兮安如哀所求兮不耦攀天階兮下視見鄢郢兮舊宇　漢三公山碑文黃龍白虎伏在山所禽獸□□億兩爲耦艸木暢茂巨仞不數下民知禁順時而取皆受德化非性能者　說文耦从耒禺聲釋名耦遇也二人相對遇也

耦

古音同上　急就篇胂胦胸脇喉咽髃腸胃腹肝肺心主
說文髃从骨禺聲　今此字兩收於十虞四十五厚部
中　亦作腢詩車攻傳達于右腢爲上殺腢音愚又五厚
反公羊桓四年傳註作達於右髃髃魚俱反又五茍反

偶

古音同上　莊子齊物論篇彼是莫得其偶謂之道樞
晏子觀上之所欲而微爲之偶求君逼邇而陰爲之與
淮南子兵略訓獨出獨入莫能應圉疾如鏃矢何可勝偶
一晦一明孰知其端緒　易林臨之豫蜎飛蠕動各有配
偶小大相保咸得其所　旅噏之大過奇適無偶習靜獨
處所願不從心思勞苦　剝之豐三聖相輔鳥獸喜舞安
樂富有二人諧偶　姤之无妄關雎淑女賢妃聖偶　中
孚之益久鰥無偶思配織女求其非望自令寡處　後漢
書馮勤傳光武賜侯霸書崇山幽都何可偶黃鉞一下無
處所　參同契四者混沌則爲龍虎龍陽數奇虎陰數耦

漢蔡邕短人賦是以陳賦引譬比偶皆得形象誠如所語　張超誚青衣賦三族無紀綢繆不序蠻行索妃旁行求偶辱鮮媒理宗廟無主門戶不名依其在所　魏嵇康卜疑寧如伯奮仲堪二八爲偶排擯共鯀令失所乎將如箕山之夫潁水之父輕賤唐虞而笑大禹乎　晉張敏頭責子羽文且疑人其倫諭子儕偶子曾不如太原溫顒潁川荀寓范陽張華上郡劉許南陽鄒湛河南鄭詡　說文偶从人禺聲　爾雅釋言遇偶也　韻補偶五舉切周禮大宗伯冬見曰遇註遇偶也欲其若不期而偶至　史記殷本紀帝武乙無道爲偶人謂之天神索隱曰偶音寓天官書氣相遇者卑勝高索隱曰遇音偶　孟嘗君傳見木偶人與土偶人相與語索隱曰偶音遇　老莊申韓傳大抵率寓言也索隱曰皆立主客使之相對語故云偶言又音寓寓寄也　酷吏傳匈奴至爲偶人象郅都索隱曰漢書作寓人案寓即偶也　佞幸傳善仕不如遇合徐廣曰遇一作偶　漢書郊祀志木寓龍一駟木寓車馬一駟

李奇曰寓寄也寄生龍形於木也愚謂寓卽偶字古人讀偶爲寓故得相通耳史記孝武紀作木耦馬而韓延壽傳亦云賣偶車馬　匈奴傳溫偶駼王胡三省通鑑註曰按後漢書匈奴有溫禺犢王班固燕然山銘曰斬溫禺以釁鼓血尸逐以染鍔溫偶卽溫禺也當讀曰禺　後漢書劉表傳論其猶木禺之於人也禺卽偶字　管子禺筴之商日二百萬禺讀爲偶　易彖傳姤遇也說文作姤偶也六韜應遇賓客遇作偶　酸棗令劉熊碑惟德之隅作偶

乃后切

㝅

古音乳　說文㝅从子𣪊聲

⿰氵乳

古音同上　說文⿰氵乳从水乳聲

籔 蘇后切

古音所矩反　儀禮聘禮車秉有五籔十六斗曰籔十籔曰秉劉音色縷反　周禮大行人車秉有六籔劉音色縷反　說文籔从竹數聲　今此字兩收於九麌四十五厚部中

藪

古音同上　書武成爲天下逋逃主萃淵藪　詩大叔于田首章見馬字下　易林明夷之離山林麓藪非人所處鳥獸無禮使我心苦　漢張衡西京賦見下　蔡邕胡黃二公頌巖巖山嶽配天作輔降神有周生申及甫允兹漢室誕育二后曰胡曰黃方軌齊武惟道之淵惟德之藪股肱元首代作心膂　魏陳思王髑髏說曹子游乎陂塘之濱步乎蓁穢之藪蕭條潛虛經幽蹊阻　晉陸機漢高帝功臣頌舞陽道迎延帝幽藪宣力王室匪惟厥武總干鴻

門披闥帝字聳顏詣項掩淚寤主　漢書東方朔傳是寠數也蘇林曰寠音貧寠之寠數音數錢之數本亦作數楊惲傳寠數同　說文藪从艸數聲

剖

普后切

古音普　漢張衡思玄賦見上　今此字兩收於九麌四十五厚部中

歐

烏后切

古音烏呂反　見平聲

嘔

古音同上　淮南子泰族訓天地所包陰陽所嘔雨露所濡生萬物瑤碧玉珠翡翠玳瑁文彩明朗潤澤若濡摩而

不玩久而不渝　漢揚雄劇秦美新權輿天地未袪睢睢盱盱或玄而萌或黄而牙玄黄剖判上下相嘔　晉孫該琵琶賦綿駒遺嘔伎宗梁父淮南廣陵郢都激楚　釋名嘔傴也將有所吐脊曲傴也　周禮職方氏其川虖池嘔夷嘔烏侯反一音驅　史記淮陰侯傳項王見人恭敬慈愛言語嘔嘔索隱曰嘔音吁漢書作姁姁　晉書夏侯湛傳嘔喁辯佞嘔音於武反　穆天子傳陽紆之山郭璞註紆音嘔

毆

古音同上　說文毆从殳區聲

塸

古音同上　宋玉風賦動沙塸吹死灰駭溷濁揚腐餘邪薄入甕牖至於室廬塸與餘爲韻

甊　郎斗切

古音縷　晉書五行志愍帝建興中江南謡歌曰訇如白阬破合集持作甒揚州破換敗吴興覆瓿甊　宋書五行志同

嶁

漊

古音竝同上　今此二字兩收於九麌四十五厚部中

走　子苟切

古音祖　書胤征瞽奏鼓嗇夫馳庶人走　左傳昭七年正考父之鼎銘曰一命而傴再命而僂三命而俯循牆而

走亦莫余敢儔鐘於是術於是以糊余口　管子勢篇獸厭走而有伏網罟　韓非子揚榷篇腓大於股難以趣走主失其神虎隨其後主上不知虎將爲狗　六韜動靜篇吾欲令敵人將帥恐懼士卒心傷行陣不固後陣欲走前陣數顧鼓譟而乘之敵人遂走　林戰篇見上　少衆篇見舍字下　戰步篇吾無丘陵又無險阻敵人之至旣衆且武車騎翼我兩旁獵我前後吾三軍恐怖亂敗而走　呂氏春秋貴直篇先出也衣絺紵後出也滿囹圄吾今見民之洋洋然東走而不知所處　靈樞經根結篇陰陽相移何寫何補奇邪離經不可勝數不知根結五藏六府折關敗樞開闔而走陰陽大失不可復取　淮南子原道訓夫萍樹根於水木樹根於土鳥排虛而飛獸蹠實而走蛟龍水居虎豹山處　兵略訓合如兕虎敵故奔走　說山訓故使盲者語使躄者走失其所也　說林訓見虎一文不知其武見驥一毛不知善走　人間訓見上　易林坤之臨見下　蒙之坎白龍黑虎起伏暴怒戰于阪泉蚩尤

敗兮居止不殆君安其所　比之萃損上毀下鄭昭出兮
大有之晉三豕俱兮鬬于谷口白豕不勝伏于坂下
豫之蹇雒陽嫁女善逐人兮　之漸見上　觀之姤狗逐
兔兮俱入谷口與虎逢之迫不得去　大過之大有東關
二五晉君出兮　困之井桀亂無道民散不聚背室棄家
君孤出兮　之震見上　井之節避地東兮反入虎口制
于爪牙骨爲灰土　鼎之夬東行西兮瘞其犬馬南求驊
騮失駒林下　旅之大有見下　新序葉公見之棄而還
兮失其魂魄五色無主　太玄經見上　揚雄兗州牧箴
厥後陵遲顛覆厥緒西伯戡黎祖伊奔兮　越絕書本事
北陵齊楚諸侯莫敢叛者乘薛許邾婁莒旁轂懸兮越王
句踐屬芻莖養馬　崔瑗東觀箴是以明哲先識擇木而
處夏終殷摯周聃晉黍或笑或泣抱籍遁兮　張衡西京
賦見下　王逸九思見去聲詢字下　參同契扁鵲操鍼
巫咸扣鼓安能令甦復起馳兮　魏文帝校獵賦千乘靁
駭萬騎奔兮經營原隰騰越峻岨彤弓斯彀戈鋋具舉

宋書五行志引京房易妖天雨毛羽貴人出走一作奏

詩緜見上

口

苦后切

古音苦　詩正月巧言竝見上　左傳見上　宋玉風賦侵淫谿谷盛怒於土囊之口緣太山之阿舞於松柏之下飄忽淜滂激颺熛怒耾耾雷聲廻穴錯迕蹷石伐木梢殺林莽　莊子徐無鬼篇君獨爲萬乘之主以苦一國之民以養耳目鼻口　盜跖篇見平聲頭字下　漢司馬相如上林賦見壄字下　枚乘七發秋黃之蘇白露之茹蘭英之酒酌以滌口　淮南子詮言訓見梧字下　耳目鼻口不知所取去心爲之制各得其所　漢書溝洫志田於何所池陽谷口鄭國在前白渠起後舉臿如雲決渠爲雨涇水一石其泥數斗且溉且糞長我禾黍衣食京師億萬之口　易林坤之履漁父勞苦連室乾口　之臨白龍赤虎戰鬬俱怒蚩尤敗走死於魚口　大有之晉見上　臨之

坎見上　觀之姤見上　明夷之夬環堵倚鉏斗升屬口貧賤所處心寒悲苦　損之明夷穆違百里使孟奮武將軍師戰敗于殽口　姤之損夢飯不飽酒來入口嬰女雖好媒應不許　之震二桃三口莫適所與　井之節見上艮之家人山作天時陸爲海口民不安處　旅之大有東入海口循流北走一高一下五色失主七夜六日死於水浦　太玄經割次三割鼻食口喪其息主　漢馬融廣成頌見上　張衡西京賦鄙生生乎三百之外傳聞於未聞之口曾髣髴其若夢未一隅之能覩此何異於殷人屢遷前八而後五居相圯耿不常厥土盤庚作誥帥人以苦

蔡邕短人賦醉則揚聲罵詈恣口衆人患忌難與並侶

後漢書儒林尹敏傳君無口爲漢輔　吳越春秋愁心苦志懸膽於戶出入嘗之不絶於口　參同契三性既合會本性共宗祖巨勝尚延年還丹可入口　晉左思魏都賦磴流十二同源異口畜爲屯雲泄爲行雨　朱子韓文考異今建人謂口爲苦走爲祖雖出俚俗亦由音本相近

故與古暗合也

竘

古音驅雨反　今此字兩收於九麌四十五厚部中

鯫

仕垢切

古音緅　說文鯫从魚取聲　今此字兩收於十虞四十五厚部中

取

倉苟切

古音七庾反　詩角弓見上　左傳襄十四年仲虺有言曰亾者侮之亂者取之　楚辭天問見上　老子將欲取之必固與之韓非子戰國策引周書同　此字易明不備引　漢張衡西京賦摎蓼浶浪乾池滌藪上無逸飛下無

遺尩攫胎拾卵蚳蝝盡取取樂今日逞愐我後藪所矩反尩音祖後音戶後人不知反讀取爲倉九反而此部之音無不誤者矣　今此字兩收於九麌四十五厚部中　當削去併入麌韻

按此韻與上栭罍以下等字不同韻之證在南山有臺之詩甚明四章栲杻壽茂自爲一韻五章枸楰耇後自爲一韻其截然不紊如此他可以類推矣唐韓退之最爲學古知後人分析之韻可通爲一而不知古人之音有絕不可混者其所作元和聖德詩同用語麌姥厚是矣而并及有黝則非又并及哿果則更非蓋知古人之合而不知古人之分也它文類此甚多自此以後學爲古文者多以韞揣爲韻至宋大盛矣而退之實爲之祖

母

莫厚切

古音滿以反　詩葛覃三章害澣害否歸寧父母　葛藟見有字下　將仲子首章將仲子兮無踰我里無折我樹

杞豈敢愛之畏我父母　南山見下　陟岵二章陟彼屺
兮瞻望母兮　四牡四章翩翩者鵻載飛載止集于苞杞
王事靡盬不遑將母　杕杜三章陟彼北山言采其杞王
事靡盬憂我父母　南山有臺三章南山有杞北山有李
樂只君子民之父母樂只君子德音不已　沔水見友字
下　小弁三章維桑與梓必恭敬止靡瞻匪父靡依匪母
不屬于毛不離于裏天之生我我辰安在　蓼莪三章無
父何怙無母何恃父與怙爲韻母與恃爲韻　北山首章
陟彼北山言采其杞偕偕士子朝夕從事王事靡盬憂我
父母　思齊見婦字下　泂酌首章泂酌彼行潦挹彼注
茲可以餴饎豈弟君子民之父母　雝綏我眉壽介以繁
祉既右烈考亦右文母　閟宮見有字下　老子無名天
地之始有名萬物之母　忽兮若海漂兮若無所止衆人
皆有以而我獨頑以鄙我獨異於人而貴食母　獨立而
不改周行而不殆可以爲天下母　天下有始以爲天下
母既得其母以知其子既知其子復守其母沒身不殆

有國之母可以長久　莊子達生篇天地者萬物之父母也合則成體散則成始　庚桑楚篇若規規然若喪父母揭竿而求諸海也　墨子明鬼篇然而天下之陳物曰先生者先死若是則先死者非父則母非兄而姒也　荀子賦篇簪以爲父管以爲母既以縫表又以連裏夫是之謂箴理　韓非子揚權篇主不蚤止狗益無已虎成其羣以弑其母爲主而無臣奚國之有　呂氏春秋懷寵篇故義兵至則鄰國之民歸之若流水誅國之民望之若父母

素問陰陽應象大論萬物之綱紀變化之父母生殺之本始　天元紀大論同　天有八紀地有五里故能爲萬物之父母　五藏生成篇診病之始五決爲紀欲知其始先建其母　寶命全形論人能應四時者天地爲之父母知萬物者謂之天子　刺禁論見右字下　靈樞經禁服篇審察衞氣爲百病母調其虛實虛實乃止寫其血絡血盡不殆矣　賈誼新書見等字下　漢枚乘七發秉意乎南山通望乎東海虹洞兮蒼天極慮乎崖涘流攬無窮歸神

日母汨乘流而下降兮或不知其所止　司馬相如大人賦登閬風而遙集兮亢烏騰而一止低佪陰山翔以紆曲兮吾乃今日覩西王母暠然白首戴勝而穴處兮亦幸有三足烏爲之使　淮南子精神訓以天爲父以地爲母陰陽爲綱四時爲紀　文子同　說山訓烹牛以饗其里而罵其東家母德不報而身見殆　要略使人遺物反已審仁義之間通同異之理觀至德之統知變化之紀說符玄妙之中通迴造化之母也　文子見有字下　易林屯之觀莊公築館以尊主母歸于京師季姜悅喜　需之歸妹一巢九子同公共母柔順利貞出入不殆福祿所在　訟之隨三丑六子入門見母　小畜白烏銜餌鳴呼其子施枝張翅來從其母　泰之兌水壞我里東流爲海龜鼂讙囂不見慈母　大有之小畜一室十子同心異母以義防患禍災不起　謙之家人見敵字下　臨之履爲神人使西見王母不憂危殆　賁之井二人爲旅俱歸北海入門上堂拜謁王母勞賜我酒女功不喜　无妄之噬嗑見友

字下　大畜之與載風雲母游觀東海鼓翼千里見吾憂子之未濟見右字下　恒之需張牙切齒齗齧相覗禍起蕭牆牽引吾子患不可解憂驚吾母　晉之坎懸懸南海去家萬里飛兔騕褭一日見母除我憂悔　明夷之萃稷爲堯使西見王母拜請百福賜我嘉子長樂富有　解之訟入門大喜上堂見母妻子俱在兄弟饒有　姤之蠱金泉黃寶宜與我市娶嫁有息利後過母　萃之大壯生無父母入門不喜買椒失粟亾我大利　列女傳周室三母頌周室三母太姜任姒文武之興蓋由斯起太姒最賢號曰文母三姑之德亦甚大矣　魯季敬姜頌匡子過失教以法理仲尼賢焉列爲慈母　魏芒慈母頌芒卯之妻五子後母慈惠仁義扶養假子　陳寡孝婦頌見婦字下

魯孝義保頌伯御作亂由魯宮起孝公乳保臧氏之母逃匿孝公易以其子保母若斯亦誠足恃　齊義繼母頌義繼信誠公正知禮親假有罪相讓不已吏不能決王以問母據信行義卒免二子　揚雄解嘲吾聞上世之士人

綱人紀不生則已生則上尊人君下榮父母　越絕書外傳計倪與天俱起發令告民歸如父母　傅毅明帝誄見有字下　蔡邕濟北相崔君夫人誄見敏字下　又見婦字下　京兆樊惠渠頌見下　後漢書西南夷傳見有字下　會稽童謠城上烏鳴哺父母府中諸吏皆孝友　參同契六五坤承結括終始韞養衆子世爲類母　晉文明王皇后哀策文尋惟景行於穆不已海岱降靈世荷繁祉永錫祚胤篤生文母誕膺純和淑慎容止質直不渝體茲孝友詩書是悅禮籍是紀三從無違中饋允理　潘岳笙賦夫其悽唳辛酸嚶嚶關關若離鴻之鳴子也含嘲嘽諧雍雍喈喈若羣雛之從母也　按五支部孁下註曰齊人呼母音彌十一薺部嬭下註曰楚人呼母音奴禮切皆卽母之異音而後人續造之字唐李商隱李賀小傳阿彌老且病　當改入止韻　按母字定以讀滿以反爲正然亦有讀滿補反者於詩一見蝃蝀二章朝隮于西崇朝其雨女子有行遠兄弟父母是也於易一見繫辭下傳其出入

以度外内使知懼又明于憂患與故无有師保如臨父母是也於莊子一見大宗師篇父邪母邪天乎人乎是也於管子一見内業篇不言之聲疾於雷鼓心氣之形明於日月察於父母是也於呂氏春秋一見序意篇爰有大圜在上大矩在下汝能法之爲民父母是也故收入止韻而於厚韻中當竝存其一

拇

古音同上　爾雅釋訓敏拇也

畝

古音同上　詩南山三章藝麻如之何衡從其畝取妻如之何必告父母　七月首章三之日于耜四之日舉趾同我婦子饁彼南畝田畯至喜　采芑首章薄言采芑于彼新田于此菑畝方叔涖止其車三千師干之試　信南山

首章我疆我理南東其畝　甫田首章今適南畝或耘或耔黍稷薿薿攸介攸止烝我髦士　三章見敏字下　大田首章以我覃耜俶載南畝　四章見入聲黑字下　緜見右字下　生民見負字下　載芟見婦字下　良耜畟畟良耜俶載南畝　宋玉高唐賦濞洋洋而四施兮蓊湛湛而不止長風至而波起兮若麗山之孤畝　戰國策齊宣王見顏斶今夫士之高者乃稱匹夫徒步而處農畝下則鄙野監門閭里　故舜起農畝出於野鄙而爲天子　淮南子泰族訓故九州不可頃畝也八極不可道里也　易林復之无妄跨牛傷暑不能成畝艸萊不墾年歲無有　漢張衡東京賦乘鑾輅而駕蒼龍介馭間以剡耜躬三推於天田修帝籍之千畝供禘郊之粢盛必致思乎勤己兆民勸於疆場感懋力以耘耔　蔡邕京兆樊惠渠頌乃有樊君作人父母立我畎畝黃潦膏凝多稼茂止惠乃無疆如何勿喜　文心雕龍見上　張弨曰說文正作畮重文作畝元非兩字後通用重文正文僅見尒

晦

同上　楚辭離騷余既滋蘭之九畹兮又樹蕙之百畮畦留夷與揭車兮雜杜蘅與芳芷　說文畮从田每聲　以上三字當改入止韻

牡

莫厚切

古音莫九反　詩匏有苦葉見軌字下　還三章子之茂兮遭我乎峱之道兮竝驅從兩牡兮揖我謂我好兮　伐木見舅字下　信南山五章祭以清酒從以騂牡享于祖考　雝於薦廣牡相予肆祀假哉皇考綏予孝子牡與考爲韻　有駜二章有駜有駜駜彼乘牡夙夜在公在公飲酒　越語范蠡對王凡陳之道設右以爲牝益左以爲牡蚤晏無失必順天道周旋無究　荀子賦篇此夫身女好而頭馬首者與屢化而不壽者與善壯而拙老者與有父

母而無牝牡者與　淮南子說林訓栁下惠見飴曰可以養老盜跖見飴曰可以黏牡　說文牡从牛土聲詔曾言姥然詩凡五見與道咎考酒爲韻固不得背經文而從許氏也

叜　蘇后切

古音蘇九反　詩生民釋之叜叜見平聲浮字下　爾雅作溞溞郭音騷　釋名嫂叜也叜老者稱也、儀禮喪服註嫂猶叜也叜老人稱也　說文棱嫂皆以叜得聲以上二字當削去併入篠韻　當改入栁廿一韻

謏

古音同上　禮記學記足以謏聞音思了反　今此字四收於二十九篠四十五厚五十候一屋部中

趣　倉旬切

古音倉九反　詩棫樸見上　當改入桺丑一韻

四十六黝

古與二十九篠三十小三十一巧三十二晧及桺丑以下等字通爲一韻

糾

居黝切

詩月出首章月出皎兮佼人僚兮舒窈糾兮勞心悄兮　良耜其笠伊糾其鎛斯趙以薅荼蓼荼蓼朽止黍稷茂止

漢張衡思玄賦見平聲流字下　魏嵇康琴賦見平聲流字下　禮記王制周人養國老於東膠註膠之言糾也

本艸秦艽本名秦糺與糾同今艽字在五肴部

四十七寑

朕　直稔切

古音直證反　淮南子要略乃以明物類之感同氣之應陰陽之合形埒之朕　說文滕騰䲢勝賸皆以朕得聲當改入去聲證韻

四十八感

古與四十七寑通爲一韻

四十九敢

古與四十七寑四十八感通爲一韻

五十琰

古與四十七寑四十八感四十九敢通爲一韻

五十一忝

古與四十七寑四十八感四十九敢五十琰通爲一韻

五十二儼

古與四十七寑四十八感四十九敢五十琰五十一忝通爲一韻

五十三豏

古與四十七寑四十八感四十九敢五十琰五十一忝五十二儼通爲一韻

五十四檻

古與四十七寑四十八感四十九敢五十琰五十一忝五十二儼五十三豏通爲一韻

五十五范

古與四十七寑四十八感四十九敢五十琰五十一忝五十二儼五十三豏五十四檻通爲一韻

易坎六三來之坎坎險且枕入于坎窞詩大車二章大車檻檻毳衣如菼豈不爾思畏子不敢澤陂三章彼澤之陂有蒲菡萏有美一人碩大且儼寤寐無爲輾轉伏枕皆同用之證也

唐韻正去聲卷之十一

一送

鳳字从鳥凡聲亦可讀爲符貢切雖於古無所證而世說註引晉百官名諱春父鳳古人即不諱嫌名不應父子同音疑鳳字當入梵韻　張弨曰說文朋鵬並古鳳字

二宋

古與一送通爲一韻

三用

古與一送二宋通爲一韻

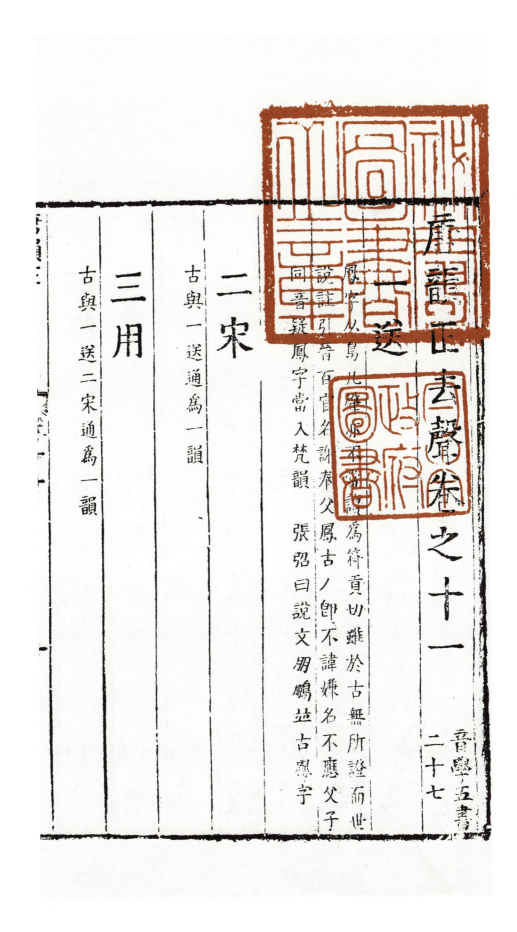

四絳

古與一送二宋三用通爲一韻

絳　古巷切

古音洪　晉張載扇賦若乃搜奇選妙絕色寡雙鵲質皦鮮玄的點絳修短雖異而光彩齊同故易稱可以爲儀詩美肅肅之容是以停之如栖鵲揮之如驚鴻飄纓蕤於軒幌發暉曜於羣龍　釋名絳工也染之難得色以得色爲工也又曰紅絳也色之侶絳者也　漢書外戚恩澤侯表師古曰據功臣表及王子侯表平帝時無紅侯唯周勃玄孫恭以元始二年紹封絳侯疑紅字當爲絳轉寫異耳楊慎引三國志南中地名三絳作三紅　按古人讀絳爲洪讀紅爲工博雅纁謂之紅纁謂之絳後人讀紅爲洪而絳字改爲古巷反其去古音遠矣

降

見平聲

虹

見平聲降字下　今此字兩收於一東四絳部中一東部註云縣名今音絳　張弨曰今猶有呼虹縣作洪音者

巷

胡絳切

古音胡貢反　詩丰首章子之丰兮俟我乎巷兮悔予不送兮　楚辭離騷啟九辯與九歌兮夏康娛以自縱不顧難以圖後兮五子用失乎家巷　揚子法言一閧之市必立之平一巷之書必立之師閧卽巷字言一巷至小必有司市之人　按巷字從共得聲說文以爲邑中所共是取其義而遺其聲矣

衖

同上　楚辭巷字一作衖　漢司隸校尉魯峻碑文以公事去官休神家衖　今京師人謂巷爲衚衕乃二合之音楊慎曰今之巷道名爲胡洞字書不載或作衚衕又作俉侗南齊書蕭鸞弑其君于西弄注弄巷也南方曰弄北曰俉侗弄者蓋衖字之轉音耳今江南人猶謂之弄

閧

古音同上　今此字兩收於一送四絳部中　亦作鬨呂氏春秋崔杼之子相與私鬨註鬨讀近鴻緩氣言之

戇　直降切

古音呼貢反　今此字兩收於一送四絳部中　亦作贛公羊傳莊二十四年註五曰贛諫贛涉降反又呼弄反又

丑用反

𨏩 直絳切
古音童　說文𨏩从車童聲

憧
古音同上　說文憧从心童聲

艟
古音同上　今此三字竝兩收於三鍾四絳部中

胖 匹絳切

古音普逢反　今人謂體肥爲肨卽古之豐字方言趙魏之郊燕之北鄙凡大人謂之豐人燕記曰豐人杼首杼首長首也燕趙之閒言圍大謂之豐　張弨曰說文無肨字廣韻肨又譌書同胖胖因說文一曰廣肉意俗竝解體肥

五寘

此韻當分爲二

寘　支義切　當作支二

詩示我周行箋示當作寘　禮記中庸治國其如示諸掌乎註示讀如寘諸河干之寘寘置也

忮

說文忮从心支聲

觶

古作觗　考工記梓人疏鄭玄曰觶字角旁支今角旁單

古書或作角旁氏

避

毗義切　當作毗二

通作辟　詩葛屨見平聲提字下

詈

力智切

詩桑柔十六章民之未戾職盜爲寇凉曰不可覆背善詈

雖曰匪予既作爾歌戾與詈爲韻

積

子智切

詩載芟載穫濟濟有實其積萬億及秭爲酒爲醴烝畀祖

妣以洽百禮

賜 斯義切　當作斯二

說文賜从貝易聲

刺 七賜切

詩葛屨見平聲提字下　瞻卬五章天何以刺何神不富舍爾介狄維予胥忌不弔不祥威儀不類人之云亡邦國殄瘁

易 以豉切

詩何人斯見平聲知字下　文王六章殷之未喪師克配上帝宜鑒于殷峻命不易　板見入聲益字下　韓奕見入聲易字下

掔 疾智切

說文掔从手此聲　詩車攻五章決拾旣佽弓矢旣調射夫旣同助我舉柴佽與柴爲韻說文引作掔

智 知義切　當作知二

今經傳通作知

企 去智切

說文企从人止聲

縊 於賜切

說文縊从糸益聲

啻　施智切

說文啻从口帝聲一曰啻諟也讀若鞮

恚　於避切

說文恚从心圭聲

瑞　是僞切　當作是位

詩輯輯佩璲傳璲瑞也

以上字當從六至七志通爲一韻

陂　彼義切

見平聲

上聲則音頗　書洪範無偏無頗遵王之義唐玄宗改頗

爲陂敕曰典謨旣作雖曰不刊文字或訛豈必相襲朕聽政之暇乙夜觀書匪徒閱於微言實欲暢於精理每讀尚書洪範至無偏無頗遵王之義三復兹句常有所疑據其下文竝皆協韻惟頗一字實則不倫又周易泰卦中无平不陂釋文云陂字亦有頗音陂之與頗訓詁無別爲陂則文亦會意爲頗則聲不成文應由煨燼之餘編簡隊缺傳受之際差舛相沿原始要終須有刊革朕雖先覺兼訪諸儒僉以爲然終非獨斷其尚書洪範無偏無頗字宜改爲陂庶使先儒之義去彼膏肓後學之徒正其魚魯仍宣示國學主者施行　宋吳棫韻補曰古義字皆音俄周官註亦音俄故古文尚書本作無偏無頗遵王之義以叶俄音唐明皇以義字今音爲乂改頗爲陂以從今音古音遂泯滅矣　鄭明選曰按古儀義二字音皆如俄正與頗叶易小象以失其義叶信如何太玄經以不偏不頗叶各得其儀書傳中此類甚多呂氏春秋引尚書作無偏無頗遵王之義此尚仍古文之舊今按史記宋世家亦作毋偏毋頗

遵王之義　宋王應麟困學紀聞曰宣和六年詔洪範復從舊文以陂爲頗然監本未嘗復舊也　按文苑英華載孟簡省試嘉禾合穎詩末句云因知輿嗣歲王道舊無頗又唐有詩人黃頗字無頗王璠傳有仲無頗則知玄宗改後頗陂二字尚是竝行至宋刻本行而古本亡於是一從陂字矣　洪範下文有人用側頗僻之句亦未嘗改　按陂字從皮亦當讀爲波詩彼澤之陂與荷何沱爲韻玄宗之改誤矣　又按尚書之文歷代皆以古文傳授至玄宗始改爲今文而其於經傳亦多任意更定如禮記則進月令於曲禮之前史傳則升老子於伯夷之上今皆爲後人所正而洪範頗字尚因循未復蓋由上無通經之主下無信古之儒故爾故備載昔人之說以俟後之君子云

詖

古音同上　說文詖辯論也古文以爲頗字从言皮聲

跛

古音布果反　今此字兩收於三十四果五寘部中

被

平義切

古音平賀反　商子賞刑篇堅者被廉者挫　漢書元帝紀自度曲被歌聲荀悅曰被聲能播樂也平聲則音婆　戰國策孟嘗君引鄙語俗車者馳之俗衣者被之　漢張衡西京賦旣定且寧焉知傾阤大駕幸乎平樂之館張甲乙而襲翠被攢珍寶之玩好紛瑰麗以侈靡臨迴望之廣場陳角觝之妙戲　漢書地理志被陽如淳曰被一作疲音罷軍之罷

寄

居義切

古音居賀反　說文寄从宀奇聲

議

宜寄切

古音魚賀反　詩斯干見平聲儀字下　北山見平聲爲字下　漢東方朔七諫見平聲移字下　淮南子俶眞訓坐而不教立而不議虛而往者實而歸故不言而能飲人以和　詮言訓動有章則詞行有迹則議故聖人掩明於不形藏迹於無爲　史記太史公自序桓公之東太史是庸及周優禾王人是議

義

古音同上　書洪範見上　易鼎象傳鼎耳革失其義也覆公餗信如何也　禮記禮運命降于社之謂殽地降于祖廟之謂仁義地音沱　表記仁者右也道者左也仁者人也道者義也　儒行言加信行加義終没吾世不敢以

儒爲戲　宋玉登徒子好色賦見平聲差字下　荀子成
相篇論臣過反其施尊主安國尚賢義拒諫飾非愚而上
同國必禍　韓非子揚㩁篇上不與義之使獨爲之　呂
氏春秋振亂篇禁之者是息有道而罰有義也是窮湯武
之事而遂桀紂之過也　恃君篇故忠臣廉士內之則諫
其君之過也外之則死人臣之義　漢司馬相如上林賦
向風而聽隨流而化芔然興道而遷義化火禾乙　淮南
子俶眞訓是故聖人內修道術而不外飾仁義不知耳目
之宣而游于精神之和　泰族訓見平聲爲字下　鬼谷
子捭闔篇陰陽其和終始其義　春秋繁露宜在我者而
後可以稱義故言義者合我與宜以爲一言以此操之義
之言我也　愛在人謂之仁義在我謂之義仁主人義主
我也故曰仁者人也義者我也　易林復之臨尚利壞義
月出平地　揚雄長楊賦見上聲靡字下　按義字自太
玄經玄圖晝夜相承夫婦繫也終始相生父子繼也日月
合離君臣義也孟季有序長幼際也兩兩相闔朋友會也

始入寘韻　諸子及漢書義多作謣謣字从宇亦當音魚賀反

戲 香義切

古音許賀反　禮記儒行見上　漢枚乘七發見上聲灑字下　張衡西京賦見上

僞 危睡切

古音訛　莊子知北游篇仁可爲也義可虧也禮相僞也　詩小雅民之譌言石經作僞言　漢書王莽傳以勸南僞師古曰僞讀曰訛　郭璞註方言僞音訛

䅜 是僞切

古音徒果反　今此字兩收於三十四果五寘部中

以上字當與三十八箇三十九過通爲一韻

賁　彼義切

古音墳　易賁卦陸德明音義云李軌府汾反傅氏云賁古班字文章貌鄭云變也文飾之貌王肅符文反云有文飾黄白色　書湯誥賁若草木徐邈音扶云反　盤庚用宏兹賁音扶云反　大誥敷賁敷前人受命賁音扶云反徐音憤　詩白駒賁然來思傳賁飾也箋引易山下有火賁徐邈並音奔　說文墳濆轒蕡豶鼖憤僨皆以賁得聲

今此字四收於八微二十文二十三魂五寘部中按易賁六四賁如皤如白馬翰如皤音蹯賁皤翰三字爲韻則賁字當從王肅音爲定　當倂入文韻

六至

古與五寘之半通爲一韻

地　徒四切

古音沱　詩斯干見平聲儀字下　易繫辭下傳古者包犧氏之王天下也仰則觀象于天俯則觀法于地觀鳥獸之文與地之宜　楚辭天問啟棘賓商九辯九歌何勤子屠母而死分竟地　九章橘頌閉心自慎終不失過兮秉德無私參天地兮　逸周書武寤解高城若地衆庶若化　素問平人氣象論平脾脉來和柔相離如鷄踐地　太玄經內上九雨降于地不得止不得過　漢揚雄羽獵賦逢之則碎近之則破鳥不及飛獸不得過軍驚師駭刮野埽地　韻補地唐過切　陳第曰按詩稱天凡一百一十有四其稱天子尚多皆鐵因反獨稱地甚少在斯干者讀褐與今音同又考說文地从土也聲也古通它故池馳虵沲皆讀沱疑地亦此音及讀屈原橘頌以過韻地過讀平聲正叶沱字楊雄羽獵賦亦同此例吳才老收地入箇韻讀爲惰則過可如字讀沱惰亦平去間耳　按斯干丸章

以地瓦儀議羅爲韻而子楊二字可不入韻不當以此證其爲今音也　又按地字自漢司馬相如子虛賦洞胷達掖絕乎心繫獲若雨獸揜艸蔽地始讀爲徒四反釋名地者底也其體底下載萬物也亦言諦也五土所生莫不信諦也亦是今音　當改入箇韻

七志

古與五寘之半及六至通爲一韻

八未

古與五寘之半及六至七志通爲一韻

九御

十遇

古與九御通爲一韻

十一暮

古與九御十遇通爲一韻

十二霽

古與五寘之半及六至七志八未通爲一韻

麗　郎計切

古音力遥反　淮南子俶眞訓夫貴賤之於身也猶條風之時麗也毁譽之於巳猶蚊虻之一過也　漢書禮樂志

郊祀歌練時日蔿衆嫭竝綷奇麗顏如荼兆逐靡　周禮小司寇以八辟麗邦法杜子春讀麗爲羅　郭璞註方言蠡音麗　當改入過韻

十三祭

古與五寘之半及六至七志八未十二霽通爲一韻

十四泰

古與五寘之半及六至七志八未十二霽十三祭通爲一韻

十五卦

古與五寘之半及六至七志八未十二霽十三祭十四泰通爲一韻

十六怪

古與五寘之半及六至七志八未十二霽十三祭十四泰十五卦通爲一韻

十七夬

古與五寘之半及六至七志八未十二霽十三祭十四泰十五卦十六怪通爲一韻

十八隊

古與五寘之半及六至七志八未十二霽十三祭十四泰十五卦十六怪十七夬通爲一韻

十九代

古與五寘之半及六至七志八未十二霽十三祭十四泰十五卦十六怪十七夬十八隊通爲一韻

二十廢

古與五寘之半及六至七志八未十二霽十三祭十四泰十五卦十六怪十七夬十八隊十九代通爲一韻

二十一震

二十二稕

古與二十一震通爲一韻

二十三問

古與二十一震二十二稕通爲一韻

二十四焮

古與二十一震二十二稕二十三問通爲一韻

近 巨靳切 上聲隱韻其謹切

古音記 詩小雅杕杜四章卜筮偕止會言近止征夫邇止 梁江淹爲蕭驃騎祭石頭戰亡文義爲行首雄實士節嗟爾驍鷙稟才蹈烈守玉不渝懷冰可折氣彰靡旗情激亂轍高墉摧堅巨醜挫銳溪痛克矜寃靈及雪隆恩殊悼臨爾以歆千秋同盡百齡一世魂而有知咸無遠近 易詩崧高往近王舅箋云近辭也聲如彼記之子之記 小畜上九月幾望子夏傳作近 中孚六四月幾望京房作近 爾雅幾近也 詩天之降罔維其幾矣箋幾近也 論語言不可以若是其幾也注王曰幾近也 左傳襄十一年不從晉國幾亡注幾近也 二十八年楚不幾十年注幾近也 禮記樂記知樂則幾於禮矣注幾近也 魯語民羸幾卒注幾近也 晉語公子幾矣注幾近也

史記畱侯世家幾敗而公事索隱曰幾音祈近也　黥布
傳人相我當刑而王幾是乎裴駰曰幾近也　賈誼傳矯
僞者出幾十萬粟師古曰幾近也　淮南子幾易助也濕
易雨也近作幾　漢書天文志有光幾中晉灼曰幾中近
踰身也　按說文別有近字古之遒人以木鐸記詩言从
辵从丌讀與記同故九經音義於近字下多註云附近之
近以示學者使讀爲其謹反而不知古人近幾二字通用
詩之會言近止往近王舅鄭康成所讀爲記者又皆附近
之近而非近也葢如祈頎之在八微旂紐之說平聲已載
之矣　當改入志韻
平聲則音祈　周禮大司馬乃以九畿之籍施邦國之政
註故書畿爲近鄭司農云近當言畿　莊子大宗師篇彼
近吾死而我不聽近蘄也齊物論篇予惡乎知夫死者不
悔其始之蘄生乎是也　水經注蘄水出江夏蘄春縣北
山山即近栭也一本作蘄栭也　古書近幾蘄同爲一字

二十五願

古與二十一震二十二稕二十三問二十四焮通爲一韻

二十六慁

古與二十一震二十二稕二十三問二十四焮二十五願通爲一韻

二十七恨

古與二十一震二十二稕二十三問二十四焮二十五願二十六慁通爲一韻

二十八翰

古與二十一震二十二稕二十三問二十四焮二十五願二十六慁二十七恨通爲一韻

二十九換

古與二十一震二十二稕二十三問二十四焮二十五願
二十六慁二十七恨二十八翰通爲一韻

竄　七亂切

古音七最反　易訟象傳不克訟歸逋竄也自下訟上患至掇也掇都𢡾反　宋玉高唐賦水澹澹而盤紆兮洪波淫淫之溶潏奔揚踊而相擊兮雲興聲之霈霈猛獸驚而跳駭兮妄奔走而馳邁虎豹豺兕失氣恐喙鵰鶚鷹鷂飛揚伏竄股戰脅息安敢妄摯　荀子正論篇庶人隱竄莫敢望視居如大神動如天帝　淮南子覽冥訓鴻鵠鶬鸛莫不憚驚伏竄注喙江裔　漢班固西都賦平原赤勇士厲獲狖失木豺狼懾竄　魏大饗碑辭赫王師征南裔蠻靈威震天外吳夷讋蜀虜竄區宇清八荒艾寧舊邦設[illegible]會皇德洽洪恩邁刋金石炎萬世　晉張協七命今八[illegible]

違世陸沈避地獨竄有生之歡滅資父之義廢愁洽百年苦溢千歲何異促鱗之游汀濘短羽之棲翳薈李善曰竄七外反字林作此讀非關叶韻　潘岳西征賦躡函谷之重阻看天險之衿帶跡諸侯之勇怯算嬴氏之利害或開關以延敵競遁逃而奔竄有禁門而莫啟不窺兵於山外
宋謝靈運撰征賦拔淵謨於潛機騁神鋒於雲旆驅斥澤而風靡蹶坑谷而鳥竄中華免夫左衽江表此焉緩帶既刻黜於肥六又作鎮於彭沛　左傳僖二十六年鬼神弗赦而自竄于夔竄七亂反字林千外反　昭二十六年竄在荆蠻竄七亂反字林七外反　史記賈生傳鸞鳳伏竄兮鴟梟翺翔索隱曰竄音七外反　又按說文𥷀塞也讀若虞書曰𥷀三苗之𥷀麤最切今書曰竄三苗于三危是竄與𥷀同音也　當改入泰韻

三十諫

古與二十一震二十二稕二十三問二十四焮二十五願
二十六慁二十七恨二十八翰二十九換通爲一韻

三十一襇

古與二十一震二十二稕二十三問二十四焮二十五願
二十六慁二十七恨二十八翰二十九換三十諫通爲一
韻

三十二霰

古與二十一震二十二稕二十三問二十四焮二十五願
二十六慁二十七恨二十八翰二十九換三十諫三十一
襇通爲一韻

三十三線

古與二十一震二十二稕二十三問二十四焮二十五願二十六慁二十七恨二十八翰二十九換三十諫三十一襉三十二霰通爲一韻

詩氓六章阮願翰换諫霰同用猗嗟三章獮阮换線同用小弁六章軫震霰同用

三十四嘯

三十五笑

古與三十四嘯通爲一韻

三十六效

古與三十四嘯三十五笑通爲一韻

三十七号

古與三十四嘯三十五笑三十六效通爲一韻

唐韻正卷之十一終

唐韻正去聲卷之十二

三十八箇

箇　古賀切

古音固　說文箇从竹固聲　當改入暮韻

三十九過

古與三十八箇通爲一韻

四十禡

此韻當分爲二

禡　莫駕切

古音暮　詩皇矣八章是類是禡是致是附四方以無侮

晉鼓吹曲仲春振旅篇師執提工執鼓坐作從節有序

盛矣允文允武蒐田表禡

罵

古音同上　鹽鐵論見下　說苑雜言篇是以孔子家兒

不知罵曾子家兒不知怒

價　古訝切

古音故　淮南子說林訓逐鹿者不顧兔決千金之貨者

不爭銖兩之價

亦作賈　越絕書記范伯夫和氏之璧求者不爭賈騏驥

之材不難阻險之路　漢書佞幸傳長安謠伊徙鴈鹿徙

蒐去牢與陳實無賈　韓勑孔廟禮器碑文漆不水解工不爭賈濴除玄汙水通口注禮器升堂天雨降澍

嫁

古音同上

平聲則音姑　漢書鼂錯傳見平聲奢字下

稼

古音同上　詩七月七章九月築場圃十月納禾稼　甫田四章曾孫之稼如茨如梁曾孫之庾如坻如京稼與庾爲韻　荀子見入聲獲字下　呂氏春秋任地篇耨柄尺此其度也其耨六寸所以間稼也　易林豐之未濟喁喁嘉艸思降甘雨景風升上沾洽時澍生我禾稼　小過之大畜陰淫所居盈溢過度傷害禾稼　陳第曰稼說文禾家聲家音姑轉去聲則讀故矣　按詩稼字俗讀唐韓愈送李愿歸盤谷序盤之中維子之宮盤之土維

之稼亦作上聲而李少卿音義序畋盤之土爲盤之下誠瞽儒之見矣

亞　衣嫁切

古音烏路反　易繫辭傳言天下之至賾而不可惡也荀爽本作亞云亞次也　宋葉少蘊避暑録話有獲玉印者其文曰周惡夫印劉原父曰此周亞夫也古亞惡二字通用史記盧綰之孫他人封亞谷侯而漢書作惡谷是也北夢瑣言梓潼縣張惡子神今圖志作亞子　說文譌从言亞聲

平聲則音烏　漢書東方朔傳見平聲互字下　宋董逌廣川書跋秦詛楚文亞駝王存乂以亞爲烏今考鍾鼎銘惡或爲亞古人之書假借從聲亞駝即滹沱也

鏬　呼訝切

古音呼故反　周禮大卜註其象似玉瓦原之璺罅劉音火家反又音呼　易解彖傳百果草木皆甲拆鄭玄註拆呼也陸德明音義呼音火訝切蓋即罅字古人讀罅爲呼　漢書高帝紀釁鼓註應劭曰殺牲以血塗鼓釁呼爲釁呼即罅字　說文罅从缶虖聲

㙤

古音同上　說文㙤从土虖聲

迓

吾駕切

古音牛倨反　漢張衡思玄賦戒庶寮以夙會兮僉恭職而並迓豐隆軒其震霆兮列缺曄其照夜雲師䨴以交分兮涷雨沛其灑塗轙琱輿而樹葩兮擾應龍以服輅百神森其備從兮屯騎羅而星布　詩鵲巢百兩御之御本亦

作訝又作迓王肅音魚據反　甫田以御田祖御音迓書牧誓弗迓克奔馬融本迓作禦史記周本紀引此亦作不禦克犇洛誥旁作穆穆迓衡馬鄭王皆音魚據反漢獻帝禪魏王詔引此作御衡不迷宋書禮志晉會舉樂東西廂歌亦作御衡不迷　禮記曲禮上君命召雖賤人大夫士必自御之註御當爲迓春秋傳曰跛者御跛者眇者御眇者皆迓也世人亂之　公羊成二年傳使跛者迓跛者使眇者迓眇者穀梁傳作御　荀子監門御旅御讀爲迓　漢班固幽通賦咎衛叔之御昆兮以御爲迓

訝

古音同上　詩鵲巢見上　儀禮士昏禮媵御沃盥交註御當爲訝　聘禮賓進訝受几于筵前註今文訝爲梧公食大夫禮從者訝受皮今文曰梧受　莊子無譽無訾呂氏春秋作無訝無訾

詫　丑亞切
古音丁故反　見下

咤　陟駕切
古音丁故反　書顧命王三宿三祭三咤音陟嫁反字亦作宅又音妒徐又音託又諸夜反說文作詫丁故反與爵也馬作詫與說文音義同

奼

宅　古音竝同上　今此二字兩收於十一暮四十禡部中

詐

側駕切

古音莊助反　晉語輿人誦惠公詐之見詐果喪其賂　荀子修身篇體倨固而心執詐術順墨而精雜汙　哀公篇見入聲豖字下　呂氏春秋情欲篇意氣易動蹻然不固矜勢好智胷中欺詐　逸周書周祝解故虎之猛也而陷於擭人之智也而陷於詐擭音護　淮南子原道訓僞瞻智故曲巧僞詐　主術訓是以上多故則下多詐上多事則下多態　齊俗訓見入聲觸字下　鹽鐵論商則長詐工則致罵內懷闚闞而心不怍是以薄夫欺而敦夫薄怍音祚薄音簿　說苑臣術篇忠正彊諫而無有姦詐去私立公而言有法度　漢揚雄衛尉箴曹子摽劒遂威其詐輒挾匕首而衛人不寤　漢書敘傳靡法靡度民肆其詐

乍

鋤駕切

古音助　淮南子說林訓虎豹之文來射蝯狖之捷來乍　繆稱詮言二篇皆作措　釋名助作也作往相助非長久也

䗬

去聲則七慮反　周禮䗬氏註䗬讀如狙司之狙　今此字兩收於九御四十禡部中

謝

辭夜切

古音祥豫反　史記龜策傳今延頸而前以當謝也縮頸而卻欲亟去也　易林大畜之中孚武王不豫周公禱謝載璧秉圭安寧如故　晉左思魏都賦有覥𥃩容神藥形茹弛氣離坐悚墨而謝

榭

古音同上　管子四稱篇昔者無道之君大其宮室高其臺榭良臣不使讒賊是舍有家不治借人爲圖政令不善墨墨若夜辟若野獸無所朝處　荀子成相篇卑其志意大其園囿高其臺榭武王怒師牧野紂卒易鄉啟乃下武王善之封之於宋立其祖　漢班固西都賦於是天子乃登屬玉之館歷長楊之榭覽山川之體勢觀三軍之殺獲獲音護　儀禮鄉射禮豫則鉤楹內堂則由楹外註豫讀如成周宣榭之榭周禮作序凡屋無室曰榭宜從榭孟子序者射也禮記王制正義序則豫也豫音榭古者序榭同字

髂　枯駕切

古音枯故反　漢揚雄解嘲折脅拉髂免於徽索翕肩蹈背扶服入橐索橐皆去聲

暇　胡駕切

古音戶　詩伐木三章有酒湑我無酒酤我坎坎鼓我蹲蹲舞我迨我暇矣飲此湑矣　小明二章昔我往矣日月方除曷云其還歲聿云莫念我獨兮我事孔庶心之憂矣憚我不暇念彼共人睠睠懷顧豈不懷歸畏此譴怒　何草不黃三章匪兕匪虎率彼曠野哀我征夫朝夕不暇　莊子達生篇見入聲卻字下　漢賈誼鵩賦見上聲夏字下　張衡東京賦所推必亾所存必固埽項軍於垓下紲子嬰於枳塗因秦宮室據其府庫作雒之制我則未暇　七辯西施之徒姿容修嫮弱顏回植妍夸閒暇形佀削成腰如束素

芐

古音同上　說文芐从艸下聲　今此字兩收於十姥四十禡部中

藉

慈夜切

古音胙　見入聲二十二昔韻

夜

羊謝切

古音羊茹反　詩行露首章厭浥行露豈不夙夜謂行多露　東方未明三章折柳樊圃狂夫瞿瞿不能辰夜不夙則莫　葛生四章夏之日冬之夜百歲之後歸于其居五章冬之夜夏之日百歲之後歸于其室　雨無正二章三事大夫莫肯夙夜邦君諸侯莫肯朝夕庶曰式臧覆出爲惡　蕩五章式號式呼俾晝作夜　振鷺在彼無惡在此無斁庶幾夙夜以永終譽　左傳見晝字下　楚辭離騷吾令鳳皇飛騰兮繼之以日夜飄風屯其相離兮帥雲霓而來御　招魂見上聲假字下　管子見上　列子周穆王篇其陰陽之審度故一寒一暑昏明之分察故一晝一夜　鬻子湯政篇日有冥有旦有晝有夜然後以爲數韓非子揚權篇使雞司夜令狸執鼠　淮南子俶眞訓

偃其聰明而抱其太素以利害爲塵垢以从生爲晝夜　兵略訓因其饑渴凍暍勞倦怠亂恐懼窘步乘之以選卒擊之以宵夜　說山訓見下　易林井之渙渙之蠱竝見晝字下　革之豫迷行晨夜道多湛露沾濡襦袴重不可步　節之噬嗑東行西步失次後舍乾侯野井昭公失居與彼作期不覺至夜　太玄經玄攡見入聲索字下　漢張衡思玄賦見上　晉陸雲歲暮賦夫何乾行之繆通兮昏明迭而載路羨飛轡之遠御兮騰六龍於天步時赴節而漸流兮氣移數而改度揮促節于短日兮振修策於長夜運悠悠其既周兮歲冉冉而告暮　子夜秋歌白露朝夕生秋風淒長夜憶郎須寒服乘月擣白素　抱朴子任命篇釋戶庭之獨潔覽二鼠而遠寤越窮谷以登高襲丹藻以改素競驚飈於清晨不盤旋以詣夜收名器於崇[illegible]饗鍾鼎之慶祚　說文夜从夕亦省聲按夜之从亦猶[illegible]之音亦也

蝑　司夜切

古音胥　今此字兩收於九魚四十禡部中

柘　之夜切

古音之恕反　詩皇矣二章啟之闢之其檉其椐攘之剔之其檿其柘帝遷明德串夷載路天立厥配受命既固

樜

本訖上同　說文樜从木庶聲　今此字兩收於九御四十禡部中

蔗

古音諸　趙宦光曰甘蔗一名甘諸南北音異也

嗻

古音之恕反　說文嗻从口庶聲

炙

古音同上　詩楚茨見入聲度字下　行葦見入聲臄字下　漢枚乘梁王菟園賦於是從容安步鬬雞走兔俛仰釣射煎熬炮炙極樂到暮　淮南子說山訓見彈而求鴞炙見卵而求時夜見齎而求成布雖其理哉亦不病暮

舍

始夜切

赦

見上聲

古音式遇反　管子版法篇正法直度罪殺不赦殺僇必信民畏而懼　七臣七主篇振主喜怒無度嚴誅無赦臣下振怒不知所錯則人反其故不許則法數日衰而國失固　荀子見入聲獲字下　呂氏春秋音律篇無射之月疾斷有罪當法勿赦無留獄訟以亟以故　淮南子時則訓姦人已得執之必固天節已幾刑殺無赦雖有盛尊之親斷以法度　敗物而弗取罪殺而不赦誠信以必堅慤以固糞除苛慝不可以曲　太玄經玄錯從也牽守也固礩拔難劇無赦

射

神夜切

古音樹　詩大叔于田二章叔善射忌又良御忌　車舝二章式燕且譽好爾無射　禮記中庸詩曰在彼無惡在此無射庶幾夙夜以永終譽　射義曾孫侯氏四正具舉大夫君子凡以庶士小大莫處御于君所以燕以射則燕

則謈　大戴禮作今日泰射四正具舉下同　孟子庠者養也校者教也序者射也金履祥曰鄉射禮行於鄉序蓋以射名其學爲序序射諧聲故曰序者射也　石鼓文見上聲寫字下　淮南子繆稱訓虎豹之文來射猨狖之捷來措　詮言訓同　說山訓見入聲度字下　漢枚乘梁王菟園賦見上　王襃四子講德論夫特達而相知者千載之一遇也招賢而處友者衆士之常路也是以空柯無刃公輸不能以斲但懸曼矰蒲且不能以射　又見寇字下　揚雄羽獵賦見候字下　按射字古有樹豫石亦四音音樹者詩大叔于田禮記射義是也音石者易雷風相薄水火不相射是也本一音而分去入其義亦同故左傳昭十三年司鐸射音食亦反又食夜反是也音豫者春秋文六年狐射姑穀梁傳作狐夜姑漢書註僕射音夜夜古音豫是也與前一義而異音音亦者詩車舝抑是也爲厭斁之意中庸引振鷺在此無斁作射又律名無射夜亦二音亦本一音而分去入也　唐人有讀樹字爲射者王勃

寒梧棲鳳賦復憶巡於竹樹與下化夜暇爲韻

霸 必駕切

古音博故反　易林升之咸日月不居重耳趨合游燕入秦晉國是霸　列女傳楚莊樊姬頌樊姬謙讓靡有嫉妬薦進美人與已同處非刺虞丘蔽賢之路楚莊用焉功業遂霸　漢揚雄青州牧箴馬殆其銜御失其度周室荒亂小白以霸　揚州牧箴夫差一誤太伯無祚周室不匡句踐入霸　越絕書德序外傳記桓公迫於外子能以覺悟句踐報於會稽能因以霸　亦作伯揚雄解嘲子胥死而吴亾種蠡存而越伯五羖入而秦喜樂毅出而燕懼范雎以折摺而危穰侯蔡澤以噤吟而笑唐舉　王延壽夢賦見入聲百字下

摦 胡化切

古音護　說文摦从手瓠聲

吳

古人但作吳字說文吳姓也亦郡也一曰吳大言也从夨口徐鍇曰大言故夨口以出聲詩曰不吳不揚今寫詩者改吳作吴又音乎化切其謬甚矣

鑊

古音同上　今此字三收於十一暮四十禡二十一麥部中

崋

古音同上　通作華白虎通西方爲華山者華之爲言穫也言萬物成熟可得穫也

檴

古音同上　說文本作樗从木雩聲

跨

苦化切

古音袴　詩駉傳驪馬白跨曰驈跨苦化反又苦故反
釋名袴跨也兩股各跨别也　今此字四收於九麻三十
五馬十一暮四十禡部中

胯

古音同上　史記淮陰侯傳出我袴下徐廣曰袴一作胯
胯股也音同漢書作跨　今此字兩收於十一暮四十禡
部中

嗄　所嫁切

古音烏路反　老子見入聲愽字下

絮　尸亞切

古音息據反　今此字四收於九御四十禡部中

以上字當與九御十遇十一暮通爲一韻

駕　古訝切

當作古㵵

詩車攻見平聲猗字下

㵵　側架切

左傳除道梁㵵高貴鄉公音側嫁反按當作側駕反

化　呼霸切

古音毀禾反　易繫辭見平聲宐字下　楚辭離騷初既與余成言兮後悔遁而有他余既不難夫離別兮傷靈修之數化　又見平聲蘺字下　天問見平聲施字下　九章思美人見平聲爲字下　九辯專思君兮不可化君不知兮可柰何　老子見平聲爲字下　管子形勢篇鴻鵠鏘鏘唯民歌之濟濟多士殷民化之　樞言篇見平聲蛇字下　兵法篇見平聲爲字下　侈靡篇賢者少不肖者多使其賢不肖惡得不化　又見平聲移字下　心術篇任法篇內業篇竝見平聲移字下　莊子天地篇見平聲爲字下　天道篇其生也天行其死也物化靜而與陰同德動而與陽同波　刻意篇同　文子同　秋水篇見平聲移字下　山木篇見平聲蛇字下　知北游篇見上聲靡字下　則陽篇見平聲爲字下宐字下　荀子天論篇因物而多之孰與騁能而化之　又見平聲畸字施字下

呂氏春秋見平聲移字下　大戴禮見平聲施字下　逸周書見平聲虧字下　素問生氣通天論見平聲爲字下　六節藏象論天地之運陰陽之化其於萬物孰少孰多　五運行大論寒暑燥溼風火在人合之柰何其於萬物何以生化　五常政大論見平聲隨字下　靈樞經見平聲隨字下　六韜見平聲移字下　三畧見平聲移字下　漢嚴忌哀時命見平聲爲字下　司馬相如上林賦見義字下　東方朔誡子詩見平聲蛇字下　淮南子原道訓見平聲虧字下　俶眞訓見平聲蛇字下　精神訓見平聲爲字下　本經訓隨自然之性而緣不得已之化洞然無爲而天下自和　氾論訓見平聲移字宜字下　兵略訓見平聲爲字移字下　修務訓見平聲爲字移字下　泰族訓見平聲爲字下　陰陽無爲故能和道以優游故能化　文子守弱篇見平聲爲字下　守樸篇見上文靡字下　道德篇見平聲爲字下　上德篇見平聲施字下　自然篇陰陽和四時化　上仁篇故積陰不生積陽

不化陰陽交接乃能成和　鬼谷子見平聲爲字下　鶡冠子道端篇夫長者之事其君也調而和之士於純厚引而化之　史記太史公自序見平聲移字下　說苑談叢篇見平聲移字下　辨物篇虚無則精以和動作則靈以化　王襃九懷見平聲蛇字下　易林臨之既濟見平聲宜字下　太玄經迎次二蛟潛于淵陵卵化之人或陰言百姓和之　唫見平聲施字下　堅測見平聲爲字下　玄瑩見平聲宜字下　家語入官篇民有小罪必求其善以赦其過民有大罪必原其故以仁輔化　越絶書見平聲移字下　馮衍顯志賦見平聲蛇字下　白虎通見平聲施字下　班固西都賦見入聲螫字下　邊讓章華臺賦爾乃妍媚遞進巧弄相加俯仰異容忽兮神化　陳琳大荒賦見平聲奇字下　三國志管輅傳家室倒懸門戶衆多藏精育毒得秋乃化　魏嵇康思親詩愁奈何兮悲思多情鬱結兮不可化　阮籍亢父賦方池邊屬兮容水湯沱穢菜惟產兮不食實多地下沈陰兮受氣匪和太陽

不周兮殖物靡嘉故其人民頑嚚檮杌下愚難化　晉傅
玄四廂樂歌教以化之樂以和之　抱朴子博喻篇卑高
不可以一概齊餐廩不可以勸沮化是以惠施患從車之
苦少莊周憂得魚之方多　釋名臥化也精神變化不與
覺時同也　路史貨字古皆作化故蔡氏化清經曰貨者
化也變化交易之物也按書懋遷有無化居化亦謂貨
按說文化字从言从口則爲訛吪从口則爲囮从貝則爲
貨古讀多從平聲　史記天官書其人逢俉化言誠然索
隱曰化當爲訛　仲尼弟子傳與時轉貨貲索隱曰家語
貨作化　梁沈約冠子祝文綢玆令日元服肇加成德既
舉童心自化行之則至無謂道賒敵以秋實會以春華無
恥下問乃致高車子孫千億廣樹厥家雖混入華車二字
而未嘗不讀化爲平聲也
以上字當與三十八箇三十九過通爲一韻　內化字夫
平聲歌韻

四十一漾

四十二宕

古與四十一漾通爲一韻

四十三映

此韻當分爲二

映　於敬切

古音於漾反　晉郭璞江賦鼋布餘糧星離沙鏡青綸競糾縟組爭映紫菜熒曄以叢被綠苔鬖髿乎研上石帆蒙籠以蓋嶼萍實時出而漂泳　宋鮑照園葵賦通畦脩直膏畝夷敞綠莖紫蔕豚耳鴨掌溝東陌西行三畦兩畹區

既鉏乃露乃映勾萌欲仲蕤牙將放　說文映从日央聲

今此字兩收於三十七蕩四十三映部中

詇

古音同上　說文詇从言央聲　今此字兩收於四十一

漾四十三映部中

鏡

居慶切

古音居漾反　莊子應帝王篇見平聲迎字下　天下篇

其靜若鏡其應若響　列子同　晉郭璞江賦見上　道

藏歌風雲隱宛微講論五岳匠硨磲精琉璃琥珀金剛鏡

竟

古音同上　漢北海相景君銘靈追嘉錫據北海相部城

十九鄰邦歸向分明好惡先以敬讓殘僞易心輕黠踰竟

鴞梟不鳴分子還養　黄庭經精神還歸老復壯俠以幽
關流下竟　春秋穀梁傳昭元年疆之爲言猶竟也　詩
七月萬壽無疆傳疆竟也　儀禮士冠禮黄耇無疆註疆
竟也　左傳成二年今吾子求合諸侯以逞無疆之欲註
疆竟也　説文滰从水竟聲其兩切今在三十六養韻
荀子可炊而𠊨也註𠊨當爲僵

競

渠敬切

古音其亮反　詩桑柔見上聲梗字下　漢王延壽夢賦
晉文盬腦國以競兮老子役鬼爲神將兮轉禍爲福永無
恙兮　黄庭經三神還精朽方壯魂魄内守不爭競神生
腹中銜玉璫靈注幽闕那得喪　抱朴子仁明篇曩六國
相吞豺虎力競高權詐而下道德尚殺伐而廢退讓　顔
師競其亮切開元五經文字讀僵去聲詩秉心無倞無倞
維人今作競

倞

古音同上　玉篇倞渠向渠命二切

慶　丘敬切

古音羌　書伊訓聖謨洋洋嘉言孔彰維上帝不常作善降之百祥作不善降之百殃爾惟德罔小萬邦惟慶　詩楚茨二章見平聲祊字下　六章爾殽既將莫怨具慶　甫田見平聲明字京字下　裳裳者華二章裳裳者華芸其黃矣我覯之子維其有章矣維其有章矣是以有慶矣　皇矣見平聲兄字下　閟宮見平聲衡字下　易坤彖傳益彖傳升彖傳竝見平聲行字下　履彖傳見平聲光字下　大畜象傳見平聲行字下　頤象傳顛頤之吉上施光也居貞之吉順以從上也元吉在上大有慶也　晉象傳睽象傳竝見平聲行字下　困象傳豐象傳竝見平

聲明字下 兌象傳來兌之凶位不當也九四之喜有慶
也孚于剝位正當也上六引兌未光也 坤文言積善之
家必有餘慶積不善之家必有餘殃 儀禮士冠禮三加
祝辭黃耉無疆受天之慶 三醮辭承天之慶受福無疆
禮記射義數與於祭而君有慶數不與於祭而君有讓
荀子正論篇故作者不祥學者受其殃非者有慶 漢
書天文志見平聲行字下 易林否之豫保佑歆亯身受
大慶 蠱之乾見迎字下 之否老復賴慶五穀爲相
大畜之大過三羊上山東至平康黃龍服箱南至魯陽完
其琱囊執綏車中行人有慶 頤之咸喜笑不常失其福
慶 夬之損畏昏不行候旦待明燎獵受福老賴其慶
巽之夬初雖驚惺後乃無傷受其福慶相孝爲王 急就
篇所不侵龍未央尹嬰齊翟回慶 太玄經上次六升于
堂顛衣到裳廷人不慶 童測蒙柴求兕得不慶也大開
帷幕覽衆明也 增次六君子慶小人傷 盛次六天錫
之光大開之疆于謙有慶 居測見豕在堂其體不慶也

舳艫安和順其疆也外其井竈三歲不育也老父攫車其體乃莊也反几雙牝家用不臧也株生蘖其類乃長也

漢揚雄元后誄興滅繼絕博立侯王親睦庶族昭穆序明帝致友屬靡有遺荒咸被祚慶

魏陳思王大魏篇積善有餘慶寵祿固天常衆喜塡門至臣子蒙福祥

黃庭經呼噏廬間以自償保守兒堅身受慶

韻補慶墟羊切蕭該漢書音義曰慶音羌今漢書亦有作羌者詩與易凡慶皆當讀如羌古慶亦與卿同故卿亦音羌

禮記祭統作率慶士以慶爲卿此古慶與卿同之證也

顏師古曰揚雄反離騷慶夭顇而喪榮讀與羌同班固幽通賦慶未得其云已文選作羌揚雄甘泉賦厥高慶而不可虖疆度慶讀曰羌

文選班固西都賦度宏規而大起李善註度或爲慶慶與羌古字通

按慶字自漢韋玄成戒子孫詩[illegible]公百僚我嘉我慶始與盛爲韻班固白雉詩永延長兮[illegible]天慶與精成爲韻漢書敘傳景十三王承文之慶與[illegible]聲盈爲韻

宋黃震日抄曰韓退之銘劉昌裔之墓云維

德不爽後人之慶爽音霜慶音羌今江西人呼慶字作羌音禮部韻平聲十陽中有慶爽二字

病

皮命切

古音平漾反　禮記檀弓子貢聞之曰泰山其頹則吾將安仰梁木其壞哲人其萎則吾將安放夫子殆將病也　儒行今衆人之命儒也妄常以儒相詬病　老子知不知上不知知病夫惟病病是以不病聖人不病以其病病是以不病　莊子達生篇下而不上則使人善怒不上不下中身當心則爲病　呂氏春秋用衆篇醜不能惡不知病矣不醜不能不惡不知尚矣　素問生氣通天論冬傷於寒春必溫病四時之氣更傷五藏　刺要論淺深不得反爲大賊内動五藏後生大病　至眞要大論病反其本得標之病治反其本得標之方　六韜兵徵篇城之氣出而覆我軍之上軍必病　淮南子繆稱訓大戟去水亭歷愈張用之不節乃反爲病張音脹　人間訓此衆人之所以

爲養也而良醫之所以爲病也　文子同　文子符言篇衆人皆知利利而不知病病唯聖人知病之爲利利之爲病故再實之木其根必傷多藏之家其後必殃　史記留侯世家且忠言逆耳利於行毒藥苦口利於病　淮南王傳毒藥苦於口利於病忠言逆於耳利於行　家語六本篇良藥苦於口而利於病忠言逆於耳而利於行湯武以諤諤而昌桀紂以唯唯而亾　說苑同　易林坤之无妄延頸遠望眯爲目病　升之否時彫歲寂君子疾病宋文無辜鄭受其殃　太玄經更次七更不更以作病　成測或躍以縮成德壯也將成之矜成道病也　養次七見上聲猛字下　急就篇瘧瘚瘀痛瘼溫病通章皆用漾韻

孟

莫更切

古音莫浪反　莊子齊物論孟浪之言徐讀武黨反或武葬反　史記秦紀擊芒卯華陽索隱引譙周云孟卯也

淮南子孟卯註引戰國策曰芒卯也　韓非子說林上顯學二篇作孟卯難三作芒卯戰國策魏致溫囿於周章作孟卯中期對秦昭王章秦約趙而伐魏章芒卯謂秦王章秦敗魏于華章竝作芒卯　書禹貢被孟豬正義曰此作孟豬左傳爾雅作孟諸周禮作望諸聲轉字異正是一地也按周禮青州其澤藪曰望諸註望諸明都也明彌郎反諸都古字通用史記被明都索隱曰明都音孟諸　史記司馬相如傳游孟諸正義曰周禮職方氏青州藪曰望諸鄭玄云望諸孟豬也

柄

陂病切

古音必漾反　周禮內史掌王之八枋之法枋本又作柄太宰以八柄詔王馭羣臣　儀禮士昏禮主人受醴面枋筵前西北面綌冪加勺皆南枋註今文枋作柄聘禮加柶于觶面枋同少牢饋食禮加二勺于二尊覆之南柄註今

文柄爲方　既夕禮柄覆加之面枋音彼向反　禮記禮運以四時爲柄柄本又作枋　戰國策公仲柄得秦師史記甘茂傳作方

怲　見上聲

詠　爲命切

古音羊向反　說文詠从言永聲

泳

古音同上　詩漢廣見上聲永字下　晉郭璞江賦見上

行 胡孟切

見平聲

倀 諸孟切

古音丑良反 說文倀从人長聲 今此字兩收於十陽
四十三映部中

榜 北孟切

古音彼朗反 說文榜从木旁聲 今此字三收於十二
庚三十七蕩四十三映部中
玉篇有搒字博忙切略也又北孟切掩也今十二庚部中
有此字註曰笞打說文又北孟切掩也而四十三映部中
無此字

以上字當與四十一漾四十二宕通爲一韻 內慶字入

平聲陽韻

敬 居慶切　當作居磬

詩閔予小子念玆皇祖陟降庭止維予小子夙夜敬止易訟象傳訟元吉以中正也以訟受服亦不足敬也大戴禮武王踐阼篇凡事不强則枉弗敬則不正强與枉爲韻敬與正爲韻

檠 渠敬切

家語子路初見篇夫人君而無諫臣則失正士而無教友則失聽御狂馬不釋策操弓不反檠木受繩則直人受諫則聖

煢 爲命切　當作爲敬

說文禜从示營省聲

偵　猪孟切

說文偵从人貞聲

以上字當與四十四諍四十五勁四十六徑通爲一韻

命　眉病切

古音彌吝反　詩蝃蝀三章乃如之人也懷昬姻也大無信也不知命也　唐揚之水三章揚之水白石粼粼我聞有命不敢以告人　采菽三章樂只君子天子命之樂只君子福祿申之　假樂首章宜民宜人受祿于天保佑命之自天申之　卷阿八章鳳皇于飛翽翽其羽亦傅于天藹藹王多吉人維君子命媚于庶人　韓奕首章奕奕梁山維禹甸之有倬其道韓侯受命王親命之　江漢五章告于文人錫山土田于周受命自召祖命虎拜稽首天子

萬年　荀子臣道篇國有大命不可以告人妨其躬者
漢北海相景君銘流德元城興利惠民強禦改節微弱蒙
恩威立澤宣化行如神帝嘉厥功授以符命守郡益州路
遐戀親　崔駰安封侯詩戎馬鳴兮金鼓震壯士激兮忘
身命　魏武帝善哉行晏子平仲積德兼仁與世沈德未
必思命　按詩命字凡九見皆與人申爲韻是古無眉病
反音或曰命與正協始自孔子繫易萃之彖傳臨晉姤之
象傳臨萃傳止一命字一正字晉傳止一命字二正字姤
傳繫于金柅柔道牽也包有魚義不及賓也其行次且行
未牽也无魚之凶遠民也九五含章中正也有隕自天志
不舍命也姤其角上窮吝也牽讀去因反而賓民吝與命
同爲一韻是夫子讀正爲震非以命叶正也及楚辭大招
曼澤怡面血氣盛只永宜厥身保壽命只室家盈廷爵祿
盛只魂乎歸徠居室定只莊子天運篇吾又奏之以無怠
之聲調之以自然之命故若混逐叢生林樂而無形布揮
而不曳幽昏而無聲動於無方居於窈冥或謂之死或謂

之生或謂之實或謂之榮行流散徙不主常聲荀子非十二子篇古之所謂處士者德盛者也能靜者也修正者也知命者也呂氏春秋圜道篇故令者人主之所以爲命也賢不肖安危之所定也文子守虛篇恬愉虛靜以終其命素問離合眞邪論因加相勝釋邪攻正絕人長命漢書禮樂志郊祀歌青陽篇霆聲發榮巗處頃聽枯槀復產迺成厥命東方朔傳令者命也壺者所以盛也齟者齒不正也老者人所敬也柏者鬼之庭也塗者漸洳徑也伊優亞者辭未定也狋吽牙者兩犬爭也自此始與正盛定徑爲韻而傳之至今反以詩之彌吝反者爲叶韻矣　當改入震韻

四十四諍

四十五勁

古與四十四諍通爲一韻

四十六徑

古與四十四諍四十五勁通爲一韻

四十七證

韻中應字於證反平聲十六蒸韻則於陵反本無可疑而夫子傳易三用入後人東韻蒙彖傳蒙亨以亨行時中也匪我求童蒙童蒙求我志應也初筮告以剛中也再三瀆瀆則不告瀆蒙也蒙以養正聖功也比彖傳比輔也下順從也原筮元永貞无咎以剛中也不寧方來上下應也後夫凶其道窮也未濟彖傳小狐汔濟未出中也濡其尾无攸利不續終也雖不當位剛柔應也或占有此音不敢從爲之解　或曰書益稷敷納以言明庶以功車服以庸誰

敢不讓敢不敬應帝不時敷同日奏罔功則侶已入後人東韻矣

四十八嶝

古與四十七證通爲一韻　按唐韻證與嶝通不得與徑通也自古已然平水劉氏於平聲蒸上聲拯俱別爲一韻至去聲則以證嶝字少併入徑韻最爲舛戾而後人因之夫音各有部部各有本豈可以字多而分字少而併者哉

唐韻正去聲卷之十二終

唐韻正去聲卷之十三

四十九宥

此韻當分爲二

宥 于救切

古音肄　說文宥从宀有聲

祐

古音同上　易大有象傳大有初九无交害也大車以載積中不敗也公用亨于天子小人害也匪其彭无咎明辯晢也厥孚交如信以發志也威如之吉易而无備也大有上吉自天祐也　損象傳已事遄往上合志也九二利貞

中以爲志也一人行三則疑也損其疾亦可喜也六五元吉自上祐也弗損益之大得志也　左傳昭元年非鬼非食惑以喪志良臣將死天命不祐食音嗣　易林復之姤行如桀紂雖禱不祐命衰絕周文君乏祀　大畜之萃周鼎和飦國富民有八極蒙祐

又

古音同上　詩南有嘉魚四章翩翩者鵻烝然來思君子有酒嘉賓式燕又思　小宛見下　賓之初筵二章見平聲能字下　五章三爵不識矧敢多又

佑

古音同上　楚辭天問驚女采薇鹿何佑北至回水萃何喜　又見入聲殺字下

囿

古音同上　荀子成相篇卑其志意大其園囿　漢司馬相如封禪頌般般之獸樂我君囿白質黑章其儀可喜　易林逝之渙雲夢苑囿萬物蕃熾犀象玳瑁荊人以富　揚雄羽獵賦帝將惟田于靈之囿開北垠受不周之制　班固西都賦爾乃盛娛游之壯觀奮大武乎上囿因玆以威戎夸狄耀威靈而講武事　太液昆明鳥獸之囿曷若辟雍海流道德之富　張衡東京賦虞人掌焉先期戒事悉率百禽鳩諸靈囿獸之所同是謂告備　吳韋昭鼓吹曲從歷數篇三光顯精耀陰陽稱至治肉角步郊畛鳳皇棲靈囿神龜游沼池圖讖摹文字　按囿字古與郁同音郁古音域故詩靈臺二章王在靈囿麀鹿攸伏而傳云囿所以域養禽獸也自楚辭大招騰駕步游獵春囿只與秀霤爲韻而後人遂讀爲于救反與郁域二字判而爲三音矣

侑

古音同上

上聲則音以　詩楚茨見入聲億字下

古右切

疚

古音几　詩采薇三章憂心孔疚我行不來　杕杜四章匪載匪來憂心孔疚　大東二章旣往旣來使我心疚召旻見下　按詩此字四與來爲韻當音几與久玖同音或疑閔予小子遭家不造嬛嬛在疚於乎皇考永世克孝似有救音愚謂此以造考孝爲一韻子疚爲一韻仍當音几爲是

平聲則音基　漢書敘傳安昌貨殖朱雲作娸博山惇慎受莽之疚

廄

古音旣　說文廄从广㱿聲

舊　巨救切

古音忌　詩蕩七章匪上帝不時殷不用舊　召旻七章昔先王受命有如召公日辟國百里今也日蹙國百里於乎哀哉維今之人不尚有舊　管子牧民篇不恭祖舊則孝悌不備　荀子見入聲絕字下　漢韋玄成戒子孫詩天子我鑒登我三事顧我傷隊爵復我舊

副　敷救切

見入聲二十四職韻

富

古音同上　詩我行其野三章見富字下　小宛二章人之齊聖飲酒溫克彼昏不知壹醉日富各敬爾儀天命不又克轉去聲音器　瞻卬見刺字下　召旻五章維昔之富不如時維今之疚不如茲富與疚爲韻　閟宮五章俾爾昌而熾俾爾壽而富黃髮台背壽胥與試　易小畜象傳有孚惕出上合志也有孚攣如不獨富也既雨既處德積載也君子征凶有所疑也　无妄象傳无妄之往得志也不耕穫未富也行人得牛邑人災也可貞无咎固有之也无妄之藥不可試也无妄之行窮之災也　升象傳允升大吉上合志也九二之孚有喜也升虛邑无所疑也王用享于岐山順事也貞吉升階大得志也冥升在上消不富也　老子知足者富強行者有志　我無事而民自富　管子見入聲克字伏字下　荀子非十二子篇發事理者也蓋獨富者也　成相篇治之志後勢富君子誠之好以待處之敢固有深藏之能遠思　韓非子愛臣篇是故諸侯之博大天子之害也羣臣之太富君主之敗也　昔

者紂之亾周之衆皆從諸侯之博大也晉之分也晉之衆
也皆以羣臣之太富也　揚權篇貴之富之偷將代之
大體篇故大人寄形於天地而萬物備歷心於山海而國
家富　穆天子傳百姓琟富官人執事　六韜文啓篇是
以天無爲而成事民無與而自富　三略犯上者尊貪鄙
者富雖有聖主不能致其治　史記秦始皇紀琅邪山刻
石文皇帝之功勤勞本事上農除末黔首是富普天之下
摶心揖志器械一量同書文字　漢司馬相如封禪文總
公卿之議詢封禪之事詩大澤之博廣符瑞之富　淮南
子詮言訓自樂於內無急於外雖天下之大不足以易其
一槩日月廋而無溉於志故雖賤如貴雖貧如富　說林
訓龜紐之璽賢者以爲佩土壤布在田能者以爲富　文
子同　易林同人之明夷大王執政歲熟民富國家豐有
王者有喜　頤之恆見入聲德字下　咸之需入年多悔
耕石不富衡門屢空使士失意　遯之渙見上　睽之同
人下流難居任失多態貞良溫柔年歲不富　升之大壯

開市作喜建造利事平準貨寶海内殷富　中孚之蹇觀
欣九子俱見大喜攜提福至王孫是富　太玄經玄圖類
聚故能富神明故至貴　史記汲黯鄭當時傳一貧一富
乃知交態　說苑同　後漢書樊曄傳涼州歌游子常苦
貧力子天所富寧見乳虎穴不入冀府寺大笑期必死忿
怒或見置嗟我樊府君安可再遭值　班固西都賦見上
馬融長笛賦詳觀夫曲胤之緐會叢雜何其富也紛葩
爛漫誠可喜也波散廣衍實可異也掌距劫遌又足怪也
崔駰司徒箴敬敷五教九德咸事嗇人用章黔氓是富
吴韋昭博弈論假令世士移博弈之力用之於詩書是
有顏閔之志也用之於智計是有良平之思也用之於資
貨是有猗頓之富也用之於射御是有將帥之備也　論
語周有大賚善人是富賚與富爲韻下文雖有周親不如
仁人百姓有過在予一人亦韻語也　按富字自三國志
鄧颺傳以官易富鄧玄茂潘岳馬汧督誄彼邊奚危城小
粟富于以眇身而裁其守始讀爲方究反

以上字當與五寘之半及六至七志通爲一韻

救　古右切　當作古柚

楚辭天問受賜兹醢西伯上告何親就上帝罰殷之命以不救　九章抽思道思作頌聊自救兮憂心不遂斯言誰告兮

究

詩唐羔裘二章羔裘豹褎自我人究究豈無他人維子之好

宙　直祐切　當作直柚

漢司馬相如上林賦軼赤電遺光耀追怪物出宇宙

疛

詩小弁惄焉如擣本或作𤸫韓詩作疛

𤸫

見上

狩

舒救切

詩叔于田見上聲酒字下　車攻見上聲阜字下　采綠三章之子于狩言韔其弓之子于釣言綸之繩狩與釣爲韻　漢班固荅賓戲顔淵樂於簞瓢孔終篇於西狩聲盈塞於天淵眞吾徒之師表

獸

左傳見平聲州字下　漢司馬相如上林賦述易道放怪獸登明堂坐清廟　封禪頌導一莖六穗於庖犧雙觡共抵之獸獲周餘放龜于岐招翠黃乘龍於沼　班固東都賦外則因原野以作苑順流泉而爲沼發蘋藻以潛魚豐圃艸以毓獸

臭

尺救切

晉語國人誦之曰貞之無報也孰是人斯而有斯臭也

岫

佀祐切　當作佀柚

魏徐幹七喩耦耕乎巖石之下棲遲乎穹谷之岫萬物不干其志王公不易其好

袖

亦作褎　詩唐羔裘見上

縐 側救切

今此字兩收於三十六效四十九宥部中

簉 初救切

左傳昭十一年僖子使助薳氏之簉簉本又作造說文作
簉从艸造聲

畜 丑救切

古音許救反　楚辭大招夏屋廣大沙堂秀只南房小壇
觀絕霤只曲屋步壛宜擾畜只　呂氏春秋適威篇闕書
曰民善之則畜也不善則讎也　淮南子道應訓同　文
子上仁篇天地之間善即吾畜也不善即吾讎也　說苑

政理篇以道導之則吾畜也不以道導之則吾讐也　家語同　禮記禮運四靈以爲畜畜許又反　祭統孝者畜也順於道不逆於倫是之謂畜　魯詩先君之思以畜寡人畜孝也　左傳僖十九年古者六畜不相爲用畜許又反　史記匈奴傳其奇畜正義曰畜許又反　釋名孝畜也畜養也

廖

力救切

左傳襄三十年括瑕廖奔晉廖力彫反又勑畱反　後漢書方術傳廖扶廖音力弔反又音力救反　今此字兩收於三蕭四十九宥部中

霤

楚辭大招見上　淮南子本經訓牢籠天地彈壓山川註牢讀屋霤之霤楚人謂牢爲霤

翏

今此字兩收於三蕭四十九宥部中

窌

左傳成二年予之石窌窌力救反一音力到反 管子囷窌之數窌力救反 今此字兩收於三十六效四十九宥部中 黃公紹以囷窌从寅窌之窌左傳石窌从申窌之窌亦是以一字分爲二字古無此說已於上聲茆字下辯之

秀

息救切

詩生民見茂字下 楚辭大招見上

繡

詩唐揚之水二章揚之水白石皓皓素衣朱繡從子于鵠既見君子云何其憂箋云繡當爲綃魯詩作朱綃　抱朴子安貧篇今先生入無儋石之儲出無束脩之調徒含章如龍鳳被文如虎豹吐之如波濤陳之如錦繡而凍餓於環堵何計疏之可弔　韻補繡先弔切儀禮士昏禮姆纚笄宵衣在其右註宵讀如詩素衣朱綃之綃特牲饋食禮主婦纚笄宵衣註詩有素衣朱宵記有玄宵衣禮記郊特牲繡黼丹朱中衣註云繡讀爲綃綃繒名也詩云素衣朱綃繡綃宵三字皆當讀如肖

就

疾僦切

楚辭九章惜誦晉申生之孝子兮父信讒而不好行婞直而不豫兮鮌功用而不就　文子上仁篇人君之道無爲

而有就也有立而無好也　易林姤之乾蒙被恩澤長大成就柔順利貞君臣合好

糅　女救切　儀禮鄉射禮白羽與朱羽糅註今文糅爲縚

復　扶富切　當作扶抽見入聲一屋韻

褎　余救切　詩生民見莪字下

售　承咒切

詩邶谷風見入聲鞠字下

以上字當與三十四嘯三十五笑三十六效三十七号通爲一韻

晝　陟救切

古音注　易雜卦傳晉晝也明夷誅也　左傳莊二十二年陳卜其晝未卜其夜　易林井之復明月作晝大人失居穀星宵亂不知所據　之渙明月照夜使暗爲晝國有仁賢君尊于故　渙之蠱獨宿憎夜嫫母畏晝平王逐戎荆子憂懼　漢張衡西京賦徼道外周千廬內附衛尉八屯警夜巡晝　當改入遇韻

咮

古音同上　詩候人三章維鵜在梁不濡其咮彼其之子不遂其媾　媾音故咮亦音注　晉郭璞山海經蓇容艸贊

谿獸櫟鳥贙有華無實萮容之樹邊谿類狗皮厭妖蠱鳥愈隱疾黑文朱咮　說文咮从口朱聲　唐張參五經文字咮之句反又陟句反　按字從朱得聲故音晝晝本音注也今反讀咮爲咒矣　楊愼曰周禮以注鳴者註注咮也鳥喙也南方朱鳥七宿柳爲鳥之咮也史記天官書柳爲鳥注律書西至于注考工記輈注則利準註謂輈之揉者形如注星則利咮之音注審矣　今此字三收於十八尤十遇四十九宥部中　當併入遇韻

噣

同上　詩小星傳三心五噣四時更見噣音張救反又都豆反　史記楚世家射噣鳥於東海索隱曰噣音晝此字從蜀得聲轉音爲注　說文噣从口蜀聲

縐

側救切

古音側具反　說文縐从糸芻聲

驟　鉏祐切

古音鉏遇反　淮南子原道訓見平聲騶字下　孝經鉤命決三皇步五帝驟三王馳五霸騖　論語譔考堯步舜驟禹馳湯騖　漢桓驎七說輪不暇轉足不及驟騰虛踰浮豁若飈霧　周禮獸醫註趨聚之節聚本亦作驟　說文驟从馬聚聲　以上三字當改入遇韻

五十候

古與九御十遇十一暮通爲一韻

候　胡遘切

古音胡故反　素問離合眞邪論在陰與陽不可爲度從而察之三部九候卒然逢之早遏其路吸則內鍼無令氣忤靜以久畱無令邪布吸則轉鍼以得氣爲故　淮南子詮言訓過則自非中則以爲候闇行繆改終身不寤　太玄經玄瑩泠竹爲管室灰爲候以揆百度百度旣設濟民不誤　漢揚雄羽獵賦欃槍爲闉明月爲候熒惑司命天弧發射鮮扁陸離駢衍佖路　釋名候護也司護諸事也　通鑑漢桓帝紀延熹二年詔尚書都護劍戟送黃門北寺獄胡三省註或曰都護當作都候

平聲則音胡　易林困之蠱升高登虛欲有望候駕之北邑與喜相扶　漢揚雄解嘲前番禺後陶塗東南一尉西北一候徽以糾墨製以鑽鈇散以禮樂風以詩書曠以歲月結以倚廬是以天下之士雷動雲合魚鱗雜襲咸營於八區

上聲則胡古反　晉楊泉蠶賦是以仲春之月吉日庚午旣差我馬惟蠶之祖編使童男作以童女溫室旣調蠶母

入處陳布說種柔和得所晞用清明浴用穀雨爰求柔桑切若細縷起止得時燥溼是候

逅

古音同上　詩綢繆二章綢繆束芻三星在隅今夕何夕見此邂逅子兮子兮如此邂逅何

寇

苦候切

古音苦故反　呂氏春秋見入聲斸字下　漢王褒四子講德論業在攻伐事在獵射兒能騎羊矛箭飛鏃逐水隨畜都無常處鳥集獸散往來馳騖周流曠野以濟嗜欲其耒耜則弓矢鞍馬播種則扞弦掌拊收秋則奔狐馳兔穫刈則顛倒殪仆追之則奔遁釋之則爲寇射音樹鏃音聚欲音裕　晉江統徙戎論使疲悴之衆徙自猜之寇以無穀之人遷乏食之虜

鷇

古音顧　淮南子氾論訓見入聲角字下　易林噬嗑之明夷鳥鳴哺鷇長欲飛去循枝上下適與風遇　漢書東方朔傳見入聲啄字下　揚雄蜀都賦鶬鴰鶂鷊鳳胎雨鷇衆物駭目單不知所禦　郭璞解方言鷇音顧

仆

匹候切

古音赴　漢王襃四子講德論見上　易林觀之需湛魚逆流至人潛去蒿蓬代柱大屋顛仆　噬嗑之否朽根枯樹華葉落去卒逢火焱相隨偃仆

豆

田候切

古音田故反　詩常棣六章儐爾籩豆飲酒之飫兄弟既具和樂且孺　賓之初筵見呶字下　呂氏春秋見入聲

斲字下　漢班固北征頌援謀夫於末言察武毅於羽豆取可杖於品象拔所用於仄陋料資器使采用先務民儀響慕羣英景附羌戎相率東胡爭驚不召而集未令而諭
後漢郡國志唐縣有都山一名豆山　今關中人讀豆爲渡　說文豎侸梪皆以豆得聲樹字从壴亦以豆得聲

竇

古音同上　左傳哀十七年衛侯卜繇閭門塞竇乃自後踰　淮南子時則訓飭羣牧謹著聚修城郭補決竇　漢書東方朔傳見入聲㕍字下　禮記儒行篳門圭窬窬徐音豆左傳篳門圭竇說文蓽字下引左傳又作篳門圭窬是古竇窬二字通用禮記註門旁穿牆爲之如圭後人以窬音窬以豆音竇而漢蔡邕京兆樊惠渠頌疏水門通竇瀆則兼二字用之矣

脰

古音同上　漢揚雄羽獵賦徒角槍題注蹶竦讋怖魂亾魄失觸輻關脰妄發期中進退履獲創淫輪夷丘累陵聚

逗

古音同上　漢書韓安國傳廷尉當恢逗橈當斬師古曰逗又音住　南史王懿傳欲行而暴雨莫知津逗逗即渡字　今此字兩收於十遇五十候部中

窬

古音俞　說文窬穿木戶也从穴俞聲一曰空中也　今此字兩收於十虞五十候部中

鬭

都豆切

古音都故反　左傳昭二十五年哀有哭泣樂有歌舞喜有施舍怒有戰鬬喜生於好怒生於惡　孫子九地篇兵士甚陷則不懼無所往則固入深則拘不得已則鬬　吳子應變篇如是佯北安行疾鬬一結其前一絕其後兩軍銜枚或左或右而襲其處　尉繚子兵教上篇令守者必固戰者必鬬姦謀不作姦民不語作則故反　呂氏春秋見入聲斲字哭字下　六韜立將篇若此則無天於上無地於下無敵於前無君於後是故智者爲之謀勇者爲之鬬氣厲青雲疾若馳鶩　必出篇見上聲下字下　逸周書柔武解善戰不鬬故曰柔武四方無拂奄有天下　淮南子繆稱訓[illegible]之叫呼也其在家老則爲恩厚其在債人則生爭鬬　兵略訓是故善守者無與禦而善戰者無與鬬　文子同　如此則智者爲之慮勇者爲之鬬氣厲青雲疾如馳鶩是故兵未交接而敵人恐懼　說林訓見入聲斲字下　修務訓蚑行蟯動之蟲喜而合怒而鬬見利而就避害而去　易林乾之遯眄雖無距與鵠爭鬬　比

之鼎飲酒醉酗距跳爭鬭　復之豫卯與石鬭糜碎無處挈瓶之使不爲憂懼　大畜之損兩虎相鬭股創無處不成仇讎行解卻去　晉郭璞流寓賦陟函谷之高關壯斯勢之險固過王城之丘墉想穀洛之合鬭惡王靈之壅流奇子喬之輕舉　說文鬭从門斲聲斲轉去聲音注

耨　奴豆切

古音奴故反　淮南子繆稱訓福生於無爲患生於多慾害生於弗備穢生於弗耨慾音裕　今萊州府昌邑縣有王耨店土人呼爲王路店

漱　蘇奏切

古音蘇故反　說文漱从水欶聲

奏　則候切

古音則故反　詩楚茨見入聲祿字下　賓之初筵二章籥舞笙鼓樂既和奏烝衎烈祖　有瞽設業設虡崇牙樹羽應田縣鼓鞉磬柷圉既備乃奏簫管備舉　漢張衡東京賦禮事展樂物具大夏闋騶虞奏決拾既次彫弓斯彀遵節蕭於暮春昭誠心以遠喻進明德而崇業滌饕餮之貪欲仁風衍而外流誼方激而遐騖

構　古候切

古音故　荀子勸學篇肉腐出蟲魚枯生蠹怠慢忘身禍災乃作彊自取柱柔自取束邪穢在身怨之所構作則故反東音絜　大戴禮同　韓詩外傳同　漢枚乘七發見入聲綠字下　淮南子見入聲哭字下　王延壽魯靈光殿賦於是詳察其棟宇觀其結構規矩應天上憲觜陬倔雲起嶔崟離樓三間四表八維九隅萬楹叢倚磊砢相

扶　魏夏侯惠景福殿賦曾櫨外闢擭梢內附或因勢以連接或邪詭以盤構　晉陸雲答兄平原詩巍巍先基重規累構赫赫重光遐風激騖

姤

古音同上　易姤彖傳雜卦傳竝云姤遇也

雊

古音句　說文雊雄雌鳴也雷始動雉鳴而句其頸从隹从句句亦聲

彀

古音故　漢張衡東京賦見上　說文彀从弓𣪊聲𣪊轉去聲音庫　張弨曰廣韻元本作彀後人誤用破體遂文

媾

古音同上　易屯六二匪寇婚媾　賁六四睽上九同
詩候人見咮字下

覯

古音同上　詩抑七章相在爾室尚不愧于屋漏無曰不
顯莫予云覯　按此章通下文格度射爲韻說見入聲度
字下

腠

古音倉故反　素問生氣通天論乃生大僂陷脉爲瘻畱
連肉腠　亦作揍淮南子兵略訓發必中詮言必合數動
必順時解必中揍

湊

古音同上　史記滑稽傳見入聲樃字下　漢班固東都賦且夫僻界西戎險阻四塞修其防禦孰與處乎土中平夷洞達萬方輻湊　王延壽魯靈光殿賦浮柱岹嵽以星懸漂嶢峴而枝柱飛梁偃蹇以虹指揭蘧蘧而騰湊層櫨磥佹以岌峩曲枅要紹而環句芝栭攢羅以戢孴枝樘杈枒而斜據傍夭蟜以横出互黝糾而負搏下岪蔚以璀錯上崎嶬而重注捷獵鱗集支離分赴縱横駱驛各有所趣　淮南子衰世湊學註湊趨也

陋

盧候切

古音魯故反　漢班固北征頌見上　張衡東京賦奢未及侈儉而不陋規遵王度動中得趣於是觀禮禮舉義具

漏

古音同上　易井九二井谷射鮒甕敝漏　詩抑見上

鏤

古音廬　漢王延壽魯靈光殿賦爾乃懸棟結阿天窻綺疏圜淵方井反植荷渠發秀吐榮菡萏披敷綠房紫菂窋咤垂珠雲楶藻梲龍桷雕鏤　晉左思吳都賦橧材悍壯此焉比廬捷若慶忌勇若專諸危冠而出竦劒而趨扈帶鮫函扶揄屬鏤　史記吳太伯世家賜子胥屬鏤之劒正義曰鏤音力于反伍子胥傳音録于反　今此字兩收於十虞五十候部中

上聲則音縷　淮南子鏤金石註云鏤讀如窶藪之窶

瘻

古音縷　素問生氣通天論見上　淮南子說山訓貍頭愈鼠雞頭已瘻䖟散積血斲木愈齲

詢

胡遘呼漏二切

古音句　太玄經釋次七震震不侮濯漱其詢　漢王逸九思起奮迅兮奔走違羣小兮謑詢載青雲兮上昇適昭明兮所處

五遘切下當有齵字考工記輪人察其菑蚤不齵音五構反又音偶今齵字在十虞部而此韻失收

以上入御遇暮者止此

茂

莫候切

古音芼　詩還見上聲牡字下　天保六章如南山之壽不騫不崩如松柏之茂無不爾或承壽與茂爲韻　南山有臺見上聲杻字下　斯干見平聲猶字下　生民五章誕后稷之穡有相之道茀厥豐草種之黃茂實方實苞實種實褎實發實秀實堅實好　良耜見上聲糾字下　爾雅釋木如木楸曰喬如竹箭曰苞如松柏曰茂如槐曰茂

韓非子揚權篇止之之道數披其木毋使枝茂　淮南子俶眞訓夫大寒至霜雪降然後知松柏之茂也據難履危利害陳于前然後知聖人之不失道也　易林履之歸妹黍稷盛茂多獲藁稻　漢班固幽通賦因行行其必凶兮免盜亂爲賴道形氣發于根柢兮柯葉彙而靈茂　按古茂戼音同故史記律書戼之爲言茂也淮南子天文訓斗指戼戼則茂茂然白虎通戼者茂也

貿

古音同上　春秋成元年王師敗績于茅戎公羊穀梁傳漢書劉向傳並作貿　張弨曰本從戼聲省作夘亦誤

戊

古音同上　詩吉日首章吉日維戊既伯既禱田車既好四牡孔阜升彼大阜從其羣醜　禮記月令註戊之言茂

也　漢書律歷志豐楙於戊　釋名戊茂也物皆茂盛也
趙宧光曰戊字本象形作𢦏籒文加戈轉注作戟小篆
又轉省戈作矛或省矛作戊矛存形去意戊存義省形分
爲二字于是形聲義訓略無同者

楙

古音同上　漢司馬相如上林賦長千仞大連抱夸條直
暢實葉葰楙

以上四字當改入号韻　又黨透二字亦當入号韻黨字
見入聲二沃部透字見一屋部

五十一幼

古與三十四嘯三十五笑三十六效三十七号通爲一韻

伊謬切

古音一笑反　逸周書寶典解三慈惠兹知長幼知長幼樂養老　漢書元帝紀窮極幼眇師古曰幼讀曰要　景十三王傳每聞幼眇之聲師古曰幼音一笑反　李夫人傳惟幼眇之相羊師古曰幼音一小反　文選司馬相如長門賦聲幼眇而復揚揚雄長楊賦憎聞鄭衛幼眇之聲李善竝音一笑切　詩斯干傳冥幼也或作窈崔音杳莊子齊物論篇叫字註郭古幼反　釋名幼小也小少也言生日少也　史記周紀後宮童妾所棄妖子徐廣曰妖一作夭夭幼少也　按說文拗窈拗皆以幼得聲

謬

靡幼切

古音彌笑反　晉陸機演連珠臣聞動循定檢天有可察應無常節身或難照是以望景揆日盈數可期撫臆論有時而謬

五十二沁

五十三勘

古與五十二沁通爲一韻

五十四闞

古與五十二沁五十三勘通爲一韻

五十五豔

古與五十二沁五十三勘五十四闞通爲一韻

五十六㮇

古與五十二沁五十三勘五十四闞五十五豔通爲一韻

五十七釅

古與五十二沁五十三勘五十四闞五十五豔五十六㮇通爲一韻

五十八陷

古與五十二沁五十三勘五十四闞五十五豔五十六㮇五十七釅通爲一韻

五十九鑑

古與五十二沁五十三勘五十四闞五十五豔五十六㮇五十七釅五十八陷通爲一韻

六十梵

古與五十二沁五十三勘五十四闞五十五豔五十六㮇
五十七釅五十八陷五十九鑑通爲一韻
宋南平王鑠過湛長史艸堂詩以贍浸禁蔭淡枕同用

三終